소방
공무원

종합적성검사
및 면접

소방공무원
종합적성검사 및 면접

개정증보판 1쇄 발행　　2021년 07월 09일
개정2판 1쇄 발행　　　 2025년 05월 27일

편 저 자 │ 공무원시험연구소
발 행 처 │ (주)서원각
등록번호 │ 1999-1A-107호
주　　소 │ 경기도 고양시 일산서구 덕산로 88-45(가좌동)
대표번호 │ 031-923-2051
주　　소 │ 031-923-3815
교재문의 │ 카카오톡 플러스 친구 [서원각]
홈페이지 │ www.goseowon.com

최종 합격까지 한걸음 더!

필기시험을 마친 공무원 수험생 여러분 진심으로 축하드립니다. 지금 이 순간 합격의 기쁨과 함께 면접의 두려움과 압박감이 있을 것이라 생각합니다. 공무원 면접은 수험생들의 주요사항을 비공개로 하는 블라인드 면접을 진행하여 수험생들의 역량을 객관적으로 평가하는 과정입니다. 이는 수험생들이 지원한 직렬과 자기소개서 등을 바탕으로 질문을 받는 것이기 때문에 필기시험만큼 중요하며 철저한 준비가 필요합니다.

"종합적성검사는 어떻게 준비해야 할까?"

"종합적성검사는 어떤 것들을 물어보는걸까?"

"면접 공부는 어떻게 시작할까?""

"면접위원이 무슨 질문을 할까?"

소방공무원 종합적성검사와 심층개별면접 전에 떠오르는 수많은 궁금증 해결을 위해 다음과 같이 책을 구성하였습니다.

- ✧ 종합적성검사에 대한 설명을 수록하였습니다.
- ✧ 인성검사의 성격유형과 질문지에 대한 분석과 함께 모의고사 1회분을 수록하였습니다.
- ✧ 적성검사의 영역별 대표유형과 함께 모의고사 1회분을 수록하였습니다.
- ✧ 평정요소 및 평가점수 등 소방공무원 면접에 대한 정보를 수록하였습니다.
- ✧ 발표면접과 인성면접을 직접 작성해볼 수 있도록 수록하였습니다.
- ✧ 발표면접과 인성면접 빈출 질문의 예상답변을 수록하였습니다.
- ✧ 소방공무원 시험에 도움이 되는 상식과 이슈를 정리하였습니다.

걷고 있는 그 걸음이 합격의 기쁨을 누리는 길로 향하고 있다고 생각합니다. 수험생 여러분들이 합격의 꽃길을 걸을 수 있도록 합격의 날까지 서원각이 항상 응원하겠습니다.

STRUCTURE

이 책 의 특 징 및 구 성

종합적성검사의 정의

종합적성검사에 대한 정보를 수록하였습니다. 응시
하기 전에 알아두어야 하는 유의사항을 정리하였습
니다.

☑ 인성검사/적성검사의 특징

☑ 종합적성검사의 운영절차

☑ 종합적성검사 응시자 주의사항

부록

소방청에 대한 정보와 함께 소방이슈를 정리하여
소방과 관련한 정보를 접할 수 있도록 하였습니다.

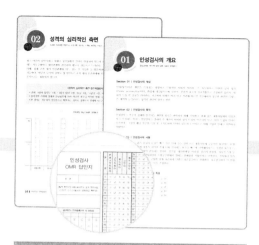

인성검사

인성검사의 개요, 목적, 시행방법 등을 정리하였습니다. 또한 소방공무원 인성검사의 특징과 어떻게 임해야 하는지를 정리하였습니다.

☑ 심리/행동/의욕 등의 성격적 특성 파악
☑ 인성검사 모의고사 수록

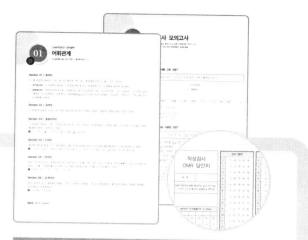

적성검사

4가지 영역 적성검사를 준비하기 전에 대표유형을 정리하여 수록하였습니다.

☑ 언어영역/수리영역/추리영역/지각영역
☑ 적성검사 모의고사 수록

인성면접

인성면접의 평정요소별로 질문을 정리하였습니다. 빈출 질문들의 답변을 적어두어 면접 준비에 도움이 되도록 하였습니다.

☑ 평정요소 별로 구분하여 질문지 수록
☑ 빈출 질문을 기반으로 질문지 구성

발표면접

발표면접의 질문으로 실전 면접에 대비할 수 있도록 적중률이 높은 예상 질문과 답변을 수록하였습니다. 각 질문에 어떻게 대답해야 하는지 포인트도 놓치지 말아야 합니다.

☑ 발표면접 준비를 위한 질문지 수록
☑ 빈출질문 예상답변 수록

CONTENTS
이 책 의 차 례

종합적성검사

종합적성검사의 준비

종합적성검사에 대한 정보를 정리하여 수록하였습니다.

Section 01 | 종합적성검사에 대비하기

(1) 인성검사

① 조직 적합도와 직무에 필요한 가치 · 동기 · 태도 · 성인지 감수성 등을 검증한다.

② 270문항의 질문이 제공된다. 40분 동안 270문항의 질문을 빠르게 읽고 이해한 후에 작성을 헤야 한다.

③ 솔직하게 답변해야 한다. 자신을 꾸미기 위해서나 좋아 보이기 위해 허위로 작성한 답은 허위성을 높이는 결과를 나오게 할 수 있다.

(2) 적성검사

① 소방업무 수행에 필요한 종합적 사고 · 학습능력 등 검증한다.

② 65문항을 80분 동안 진행한다.

③ 한 문제에 시간을 많이 소요하는 경우 문제를 전부 풀지 못할 수 있으므로 최대한 아는 문제 풀고 다음 문제로 진행한다.

Section 02 | 종합적성검사 운영절차

① 시험준비 : 시험장에 도착하면 30분간 사전교육을 듣는다.
② 시험실시
   ㉠ 인성검사 : 270문항을 40분 동안 진행된다. 인성검사 질문지를 확인하여 OMR카드에 기록한다.
   ㉡ 적성검사 : 80분 동안 진행된다. 수리영역, 언어영역, 추리영역, 지각영역으로 총 4가지 영역에서 검사를 한다. 총 65문항이고 OMR카드에 작성한 후에 제출한다.
   ㉢ 인성검사와 적성검사 OMR카드는 따로 제공된다.
   ㉣ 인성검사를 보고 15분 동안 휴식을 취한 후에 적성검사를 80분간 작성한다.
   ㉤ 적성검사가 마무리 되고 15분 동안 휴식을 취한 후에 사전조사서 작성을 30분 동안 진행한다.
③ 준비물
   ㉠ 신분증(주민등록증, 운전면허증, 모바일신분증 등)을 지참한다. 신분증 미지참자는 종합적성검사 응시가 불가하다.
   ㉡ 검은색 컴퓨터용 사인펜과 수정테이프

Section 03 | 응시자 주의사항

① 종합적성검사를 응시하지 않을 경우 면접시험에 응시할 수 없다.

② 응시자는 시험 당일 정해진 시간까지 시험장에 입장해야 한다.

③ 신분증을 미지참시 종합적성검사를 응시할 수 없다.

④ 응시자는 응시표와 신분증을 지참하고 당일 지정된 좌석에 착석한다.

⑤ 답안지는 검은색 컴퓨터용 사인펜으로만 작성해야 한다.

⑥ 답안지는 검은색 컴퓨터용 사인펜 이외의 적색 펜, 연필, 샤프 등을 사용 할 경우 마킹하지 않은(무효) 답안지로 처리될 수 있다.

⑦ 하나의 답만을 골라 그 숫자에 ●로 표기하여야 한다. 답안을 잘못 표기하였을 때는 본인이 가져온 수정 테이프를 사용하여 표기한 답안을 수정하거나 답안지를 교체하여 작성할 수 있다.

⑧ 정해진 시험 시간을 엄격하게 준수하여야 한다. 답안지는 시험종료 직후에 반드시 시험감독관에게 제출하여야 한다.

PART

02

인성검사

인성검사의 개요

CHAPTER 01

인성검사의 개념 및 목적 등에 대해서 알아본다.

Section 01 | 인성검사의 개념

인성(성격)이란 개인을 특징짓는 평범하고 일상적인 사회적 이미지, 즉 지속적이고 일관된 공적 성격 (Public-personality)이다. 환경에 대응함으로써 선천적·후천적 요소의 상호작용으로 결정화된 심리적·사회적 특성 및 경향을 의미한다. 지금까지 시행된 여러 연구 결과에 따르면 직무에서의 성공과 관련된 특성들은 개인의 능력보다는 성격과 관련이 있다고 한다.

Section 02 | 인성검사의 목적

인성검사는 직무의 성패와 연결되는 개인의 성격을 파악하기 위해 실시한다. 현재 많은 채용시험에서 인성검사를 실시하는 이유는 인성검사를 통하여 각 개인이 어떠한 성격 특성이 발달되어 있고, 어떤 특성이 얼마나 부족한지, 그것이 해당 직무의 특성 및 조직문화와 얼마나 맞는지를 알아보고 이에 적합한 인재를 선발하기 위함이다.

Section 03 | 인성검사의 시행

인성검사는 대체로 많은 유형의 문항을 빠른 시간 안에 푸는 것이 모든 채용시험에 공통적인 요소이다. 문장을 읽고 빠른 시간 안에 내용을 파악한 후에 나와 일치하는 요소를 빠르게 선택해야하므로 거짓된 요소가 들어가지 않고 빠르게 평가하여 검사하는 것이다. 성실성, 대인관계성, 이타성, 심리적 안정성, 정서적 특징 등 다방면의 인성 및 성격을 검사하면서 소방공무원에서 원하는 인재상과 적합한지를 파악한다. 검사에서 산출된 점수를 집단 평균 중심으로 구성한 뒤에 표준편차 단위로 표준점수화를 진행한다. 표준점수화가 된 인성검사 점수를 결과에 반영하여 합·불을 결정한다.

Section 04 | 인성검사에서 성격의 특성

Section 05 ㅣ 소방공무원 인성검사의 특징

단순하게 일을 잘하는 사람을 뽑고자 하는 것이 아니라 재난 현장에서 심리적인 압박을 견뎌내어 국민의 생명을 지킬 수 있는가를 주요하게 확인하기 위한 질문이다. 안정적이고 책임감 있는 사람인지를 파악하는 질문을 주요하게 한다.

① **위험 상황 대응 능력** : 위기 상황에서도 침착하게 판단할 수 있는지, 돌발 상황에 감정적으로 흔들리지 않는가를 본다.

② **스트레스 내성** : 재난 현장에서 겪는 극한 상황 속에서도 감정을 잘 조절할 수 있는지를 평가한다. 과도한 예민함이나 불안감은 감점 요소에 해당한다.

③ **협업능력** : 구조 · 진압 · 구급은 협업이 가장 중요하기 때문에 협동성, 동료 존중, 조직적응력, 성인지 감수성을 확인한다.

④ **성실성 · 책임감** : 국민의 생명과 재산을 지켜야 하기 때문에 성실성과 책임감을 확인한다.

⑤ **공격성 · 충동성** : 작은 실수가 인명사고로 이어진다. 충동조절이 잘 되는지, 지나치게 공격적이거나 즉흥성이 있다면 감정 요소에 해당한다.

⑥ **봉사정신** : 타인을 돕는 것에 기쁨을 느끼는 친사회적인 성향을 확인한다.

Section 06 ㅣ 인성검사에 임하는 자세

① 솔직하게 있는 그대로 표현한다.

② 모든 문제를 신속하게 대답한다.

③ 일관성 있게 대답한다.

④ 마지막까지 집중해서 검사에 임한다.

성격의 심리적인 측면

성격의 심리적인 측면으로 감정기복, 민감성, 자책성, 독립성, 자신감, 고양성, 허위성, 배려심, 불안도를 평가한다.

평소 마음의 당연시하는 자세나 정신상태가 얼마나 안정되어 있는지 또는 불안정한지를 측정한다. 정서의 상태는 직무수행이나 대인관계와 관련하여 태도나 행동으로 드러난다. 그러므로 정서적 측면을 측정하는 것에 의해, 장래 조직 내의 인간관계에 어느 정도 잘 적응할 수 있을까(또는 적응하지 못할까)를 예측하는 것이 가능하다. 아무리 능력이 좋아도 장기적으로 조직 내의 인간관계에 잘 적응할 수 없다고 판단되는 인재는 기본적으로는 채용되지 않는다.

〈성격의 심리적인 측면 점수채점방식〉

- '전혀 그렇지 않다'는 1점, '그렇지 않다' 2점, '보통' 3점, '그렇다' 4점, '매우 그렇다' 5점으로 점수를 책정한다.
- 심리적인 측면에 정해진 분류항목에 따라 자신의 점수를 색칠한 뒤에 그래프로 결과를 확인한다.
- 본 검사는 질문지의 일부만으로 확인하는 것으로 정확도가 실제와 다르므로 참고용으로 확인하시길 바랍니다.

심리적인 측면 그래프 그려보기

	50									
	25									
		감정기복	민감성	자책성	독립성	자신감	고양성	허위성	배려심	불안도

01 감정기복

감정변화가 자주 일어나거나, 생각이나 감정적인 면에서 불안을 느끼는 정도가 어느 정도인지를 측정하는 것이다.

	질 문	전혀 그렇지 않다	그렇지 않다	보통	그렇다	매우 그렇다
1	기분이 쉽게 변한다.	①	②	③	④	⑤
2	타인의 문제를 책임져야 할 것 같은 부담감을 느낀다.	①	②	③	④	⑤
3	의지가 약한 편이라고 생각한다.	①	②	③	④	⑤
4	금방 싫증을 내는 성격이라는 말을 자주 듣는다.	①	②	③	④	⑤
5	한 가지 일을 끝내기 어렵다.	①	②	③	④	⑤
6	힘들다고 생각이 들면 쉽게 그만둔다.	①	②	③	④	⑤
7	실수할까봐 어떤 일을 시작하는 것이 두렵다.	①	②	③	④	⑤
8	충동적으로 필요 없는 물건을 산다.	①	②	③	④	⑤
9	계획대로 일이 성사되지 않으면 초조하다.	①	②	③	④	⑤
10	물건이 선에 맞게 정리가 되어있지 않으면 불안하다.	①	②	③	④	⑤

'매우 그렇다'가 많은 경우	평가유형	감정의 기복이 많은 유형
	면접관의 평가	의지력보다 기분에 따라 행동하기 쉽다.
	면접관의 심리	'감정적인 것에 약하며, 상황에 따라 생산성이 떨어지지 않을까?'
	면접대책	주변 사람들과 항상 협조한다는 것을 강조하고 한결같은 상태로 일할 수 있다는 평가를 받도록 한다.

'전혀 그렇지 않다'가 많은 경우	평가유형	감정의 기복이 적은 유형
	면접관의 평가	감정의 기복이 없고, 안정적이다.
	면접관의 심리	'안정적으로 업무에 임할 수 있다.'
	면접대책	어떠한 일에 감정이나 정서적 스트레스의 변화의 폭이 적은 편으로 보인다. 검사결과처럼 침착하게 대응하며 면접에 임한다.

02 민감성(신경도)

꼼꼼함, 섬세함, 성실함 등의 요소를 통해 일반적으로 신경질적인지 또는 자신의 존재를 위협받는다는 불안을 갖기 쉬운지를 측정한다.

	질 문	전혀 그렇지 않다	그렇지 않다	보통	그렇다	매우 그렇다
1	배려를 자주 하는 편이라고 생각한다.	①	②	③	④	⑤
2	이메일을 수시로 정리한다.	①	②	③	④	⑤
3	실패 후에는 계속 생각이 난다.	①	②	③	④	⑤
4	세세한 것까지 신경을 쓴다.	①	②	③	④	⑤
5	이유 없이 불안할 때가 있다.	①	②	③	④	⑤
6	약속을 지키지 않는 사람을 이해할 수 없다.	①	②	③	④	⑤
7	여행을 할 경우 계획대로 움직이는 것을 좋아한다.	①	②	③	④	⑤
8	핸드폰 알림이 오면 바로바로 처리한다.	①	②	③	④	⑤
9	나에 대한 평판을 중요하게 생각한다.	①	②	③	④	⑤
10	항상 누가 지켜보고 있는 것 같다.	①	②	③	④	⑤

	평가유형	상처받기 쉬운 유형
'매우 그렇다'가 많은 경우	면접관의 평가	사소한 일에 신경 쓰고 다른 사람의 사소한 한마디 말에 상처를 받기 쉽다.
	면접관의 심리	'동료들과 잘 지낼 수 있을까?', '실패할 때마다 위축되지 않을까?'
	면접대책	신경질적이라도 능력을 발휘할 수 있다는 평가를 얻도록 한다. 주변과 충분한 의사소통이 가능하고, 결정한 것을 실행할 수 있다는 것을 보여주어야 한다.

	평가유형	정신적으로 안정적인 유형
'전혀 그렇지 않다'가 많은 경우	면접관의 평가	사소한 일에 신경 쓰지 않고 넘어가거나 빠르게 해결하며, 주위 사람의 말에 과민하게 반응하지 않는다.
	면접관의 심리	'계약할 때 필요한 유형이고, 사고 발생에도 유연하게 대처할 수 있다.'
	면접대책	자신감 있는 모습을 보여준다. 플러스 요소로 작용할 수 있지만 과하게 높은 경우는 꼼꼼하지 않다는 평가를 받을 수 있으므로 업무에 임할 때 꼼꼼하다는 것을 보여준다.

03 자책성(과민도)

자신이 한 행동에 대해서 얼마나 과민하게 생각하는지와 함께 자신의 감정과 생각을 비난하거나 책망하는 정도를 측정한다.

	질 문	전혀 그렇지 않다	그렇지 않다	보통	그렇다	매우 그렇다
1	후회하는 일이 많다.	①	②	③	④	⑤
2	자신이 하찮은 존재라 생각된다.	①	②	③	④	⑤
3	문제가 발생하면 자기의 탓이라고 생각한다.	①	②	③	④	⑤
4	무슨 일이든지 끙끙대며 진행하는 경향이 있다.	①	②	③	④	⑤
5	온순한 편이다.	①	②	③	④	⑤
6	항상 실수를 할까봐 두렵다.	①	②	③	④	⑤
7	다른 사람의 주장이 틀려도 반박하지 못한다.	①	②	③	④	⑤
8	나는 다른 사람들이 부럽다.	①	②	③	④	⑤
9	사람이 살아가는 이유에 대해서 생각하곤 한다.	①	②	③	④	⑤
10	상대방이 어떤 생각을 하는지 신경 쓰인다.	①	②	③	④	⑤

	평가유형	자책하는 유형
'매우 그렇다'가 많은 경우	면접관의 평가	비관적이고 후회하는 유형이다.
	면접관의 심리	'끙끙대며 괴로워하고, 일을 진행하지 못할 것 같다.'
	면접대책	기분이 저조해도 항상 의욕을 가지고 임하고 자신의 업무에 대한 책임감이 강하다는 것을 보여준다.

	평가유형	낙천적인 유형
'전혀 그렇지 않다'가 많은 경우	면접관의 평가	기분이 항상 밝은 편이다.
	면접관의 심리	'안정된 대인관계를 맺을 수 있고, 외부의 압력에도 흔들리지 않는다.'
	면접대책	스스로에 대한 자신감이 있고 긍정적인 사람이라는 인상을 준다. 과하게 높은 경우에는 타인의 시선에 무관심하다고 여겨질 수 있다. 타인에 대한 배려심과 이타심이 있다는 것을 보여준다.

04 독립성

어떠한 행동에 따라 주변에 대한 관심과 자신의 견해나 생각이 어느 정도로 속박하는 느낌을 가지고 있는지를 측정한다.

	질 문	전혀 그렇지 않다	그렇지 않다	보통	그렇다	매우 그렇다
1	창의적 사고방식을 가지고 있다.	①	②	③	④	⑤
2	융통성이 있는 편이다.	①	②	③	④	⑤
3	혼자 있는 편이 많은 사람과 있는 것보다 편하다.	①	②	③	④	⑤
4	개성적이라는 말을 듣는다.	①	②	③	④	⑤
5	교제는 번거로운 것이라고 생각하는 경우가 많다.	①	②	③	④	⑤
6	팀 과제보다 개인 과제를 좋아하는 편이다.	①	②	③	④	⑤
7	혼자만의 생각에 빠지곤 한다.	①	②	③	④	⑤
8	시끄러운 것을 참지 못한다.	①	②	③	④	⑤
9	혼자서 여행하는 것을 좋아한다.	①	②	③	④	⑤
10	영화를 볼 때 혼자보는 것이 집중이 더 잘된다.	①	②	③	④	⑤

	평가유형	개인적인 유형
'매우 그렇다'가 많은 경우	면접관의 평가	자기의 관점을 중요하게 생각하는 유형으로, 주위의 상황보다 자신의 느낌과 생각을 중시한다.
	면접관의 심리	'제멋대로 행동하지 않을까?', '단체활동에 회피적이지 않을까?'
	면접대책	주위 사람과 협조하여 일을 진행할 수 있다는 것과 상식에 얽매이지 않는다는 인상을 심어준다.

	평가유형	이타적인 유형
'전혀 그렇지 않다'가 많은 경우	면접관의 평가	상식적으로 행동하고 주변 사람의 시선에 신경을 쓴다.
	면접관의 심리	'다른 직원들과 협조하여 업무를 진행할 수 있겠다.'
	면접대책	협조성이 요구되는 직종에서는 좋은 평가를 받을 수 있다. 과도하게 높게 나오는 경우 의존적인 인상을 줄 수 있으므로 스스로 독립적으로 일을 잘 할 수 있다는 것을 보여준다.

05 자신감(자존심도)

어떠한 행동이나 상황에 따라서 자기 자신에 대해 얼마나 긍정적으로 자신감 있게 평가하는지와 함께 가지고 있는 자존심 정도를 측정한다.

	질 문	전혀 그렇지 않다	그렇지 않다	보통	그렇다	매우 그렇다
1	다른 사람보다 능력이 뛰어나다고 생각한다.	①	②	③	④	⑤
2	반대의견이 있어도 나만의 생각으로 행동할 수 있다.	①	②	③	④	⑤
3	나는 다른 사람보다 기세가 좋은 편이다.	①	②	③	④	⑤
4	동료가 나를 모욕해도 무시할 수 있다.	①	②	③	④	⑤
5	일을 목적한 대로 헤쳐 나아갈 수 있다고 생각한다.	①	②	③	④	⑤
6	다른 사람의 의견은 관심이 없다.	①	②	③	④	⑤
7	리더가 모든 것을 결정 한다면 버티지 못한다.	①	②	③	④	⑤
8	다른 사람 앞에 서는 것을 좋아한다.	①	②	③	④	⑤
9	모임에서 주도적으로 결정을 내리는 편이다.	①	②	③	④	⑤
10	내 의견에 반박을 하면 불쾌하다.	①	②	③	④	⑤

'매우 그렇다'가 많은 경우	평가유형	자신감이 높은 유형
	면접관의 평가	자기 능력이나 외모 등에 자신감이 있고, 비판당하는 것을 좋아하지 않는다.
	면접관의 심리	'자만하여 지시에 잘 따를 수 있을까?'
	면접대책	다른 사람의 조언을 잘 받아들이고, 겸허하게 반성하는 면이 있다는 것을 보여주고, 동료들과 잘 지내며 리더의 자질이 있다는 것을 강조한다.

'전혀 그렇지 않다'가 많은 경우	평가유형	자신감이 낮은 유형
	면접관의 평가	자신감이 없고 다른 사람의 비판에 약하다.
	면접관의 심리	'패기가 부족하지 않을까?', '쉽게 좌절하지 않을까?'
	면접대책	극도의 자신감 부족으로 평가되지는 않는다. 그러나 마음이 약한 면은 있지만 의욕적으로 일을 하겠다는 마음가짐을 보여준다.

06 고양성(분위기에 들뜨는 정도)

어떠한 상황에 따라서 흥분하는 정도와 함께 자유분방함, 명랑함과 같이 감정(기분)의 높고 낮음의 정도를 측정한다.

	질 문	전혀 그렇지 않다	그렇지 않다	보통	그렇다	매우 그렇다
1	기분이 좋으면 침착하지 못한 편이다.	①	②	③	④	⑤
2	다른 사람보다 쉽게 우쭐해진다.	①	②	③	④	⑤
3	모든 사람이 아는 유명인사가 되고 싶다.	①	②	③	④	⑤
4	모임이나 집단에서 분위기를 이끄는 편이다.	①	②	③	④	⑤
5	취미 생활이 꾸준히 지속되지 않는 편이다.	①	②	③	④	⑤
6	즉흥적인 편이다.	①	②	③	④	⑤
7	개성적이라는 소리를 들으면 기분이 좋다.	①	②	③	④	⑤
8	의욕이 넘쳐서 행동을 먼저 하는 편이다.	①	②	③	④	⑤
9	모임에 가면 벽 쪽에 있기보다 중앙으로 나간다.	①	②	③	④	⑤
10	좋아하는 것이 항상 새롭게 생긴다.	①	②	③	④	⑤

	평가유형	고양성이 높은 유형
'매우 그렇다'가 많은 경우	면접관의 평가	자극이나 변화가 있는 일상을 원하고 기분을 들뜨게 하는 사람과 친밀하게 지내는 경향이 강하다.
	면접관의 심리	'일을 진행하는 데 변덕스럽지 않을까?'
	면접대책	밝은 태도는 플러스 평가를 받을 수 있지만, 착실한 업무능력이 요구되는 직종에서는 마이너스 평가가 될 수 있다. 따라서 자기조절이 가능하다는 것을 보여준다.

	평가유형	고양성이 낮은 유형
'전혀 그렇지 않다'가 많은 경우	면접관의 평가	감정이 항상 일정하고, 속을 드러내 보이지 않는다.
	면접관의 심리	'안정적인 업무 태도를 기대할 수 있겠다.'
	면접대책	'고양성'의 낮음은 대체로 플러스 평가를 받을 수 있다. 그러나 '무엇을 생각하고 있는지 모르겠다' 등의 평을 듣지 않도록 주의한다.

07 허위성(진위성)

필요 이상으로 자기를 좋게 보이려 하거나 원하는 '이상형'에 맞춘 대답을 하고 있는 것은 아닌지 과하게 긍정적인 요소만 강조하려는 선택지는 없는지를 측정한다.

	질 문	전혀 그렇지 않다	그렇지 않다	보통	그렇다	매우 그렇다
1	약속을 깨뜨린 적이 단 한 번도 없다.	①	②	③	④	⑤
2	다른 사람을 부럽다고 생각해 본 적이 없다.	①	②	③	④	⑤
3	꾸지람을 들은 적이 없다.	①	②	③	④	⑤
4	사람을 미워한 적이 없다.	①	②	③	④	⑤
5	화를 낸 적이 한 번도 없다.	①	②	③	④	⑤
6	거짓말을 해 본 적이 없다.	①	②	③	④	⑤
7	지위가 높은 사람 앞에 있어도 긴장을 하지 않는다.	①	②	③	④	⑤
8	살아가면서 힘든 일을 겪어보지 않았다.	①	②	③	④	⑤
9	모든 일은 내가 원하는 대로 해결되었다.	①	②	③	④	⑤
10	모든 사람들이 나를 좋아한다.	①	②	③	④	⑤

'매우 그렇다'가 많은 경우	평가유형	진위성이 낮은 유형
	면접관의 평가	실제의 자기와는 다른, 말하자면 원칙으로 해답할 가능성이 있다.
	면접관의 심리	'거짓을 말하고 있다.'
	면접대책	거짓말을 하려는 마음이 없어도 결과적으로는 정직하게 답하지 않는다는 것이 되어 좋게 보이려고 하는 '거짓말쟁이'로 평가될 수 있다. 질문에 솔직하게 답하되 너무 동떨어진 이미지로 답하면 면접에서 '허위성' 질문에서 모순된 답변을 하게 된다.

'전혀 그렇지 않다'가 많은 경우	평가유형	진위성이 높은 유형
	면접관의 평가	냉정하고 정직하며, 외부의 압력과 스트레스에 강한 유형이다. '대쪽 같음'의 이미지가 굳어지지 않도록 주의한다.
	면접관의 심리	'진실성 있게 대답을 하겠다.', '과하게 좋은 사람으로 보이려고 하지 않을까?'
	면접대책	있는 그대로의 솔직한 답변을 한다.

08 배려심

타인에게 지나치게 양보를 한다거나 내 자신을 먼저 챙기지 않고 과하게 긍정적으로 선택하려고 해서 진위성이 의심받을 수 있으므로 나와 비슷한 요소를 솔직하게 측정한다.

	질 문	전혀 그렇지 않다	그렇지 않다	보통	그렇다	매우 그렇다
1	내가 해야 할 일을 끝나면 다른 사람을 돕는다.	①	②	③	④	⑤
2	키오스크에서 헤매는 어르신을 보면 방법을 직접 알려준다.	①	②	③	④	⑤
3	중요한 약속을 가는 길에 곤경에 처한 사람을 보면 돕는다.	①	②	③	④	⑤
4	내가 힘들더라도 타인이 편안해하면 기분이 좋다.	①	②	③	④	⑤
5	좁은 길에서는 타인이 먼저 지나가도록 양보하는 편이다.	①	②	③	④	⑤
6	함께 하면 금방 끝날 일이라면 퇴근시간에도 기꺼이 돕는다.	①	②	③	④	⑤
7	봉사나 기부를 하면 뿌듯하다.	①	②	③	④	⑤
8	인도에서 경로를 방해하는 쓰레기를 발견하면 치운다.	①	②	③	④	⑤
9	과자를 살 때에는 동료에게 줄 것도 생각하며 산다.	①	②	③	④	⑤
10	난감해하는 동료를 보면 도움을 준다.	①	②	③	④	⑤

	평가유형	배려심이 많은 유형
'매우 그렇다'가 많은 경우	면접관의 평가	타인에 대해 관심 많고 공감능력이 있다.
	면접관의 심리	'지나치게 타인을 위하다가 쉽게 지치지 않을까?', '타인 때문에 자신이 해야 할 일을 못하는 것은 아닐까?'
	면접대책	자기 자신을 잘 챙기면서 타인을 배려하는 모습을 보여준다. 또한 사람에 대한 공감능력을 강점으로 두면서 단체 활동에 적합한 사람이라는 것을 알린다.

	평가유형	배려심이 적은 유형
'전혀 그렇지 않다'가 많은 경우	면접관의 평가	타인에게 관심이 없고 자기 자신의 목적을 달성하기만을 위한다.
	면접관의 심리	'사람들과 갈등이 생기지는 않을까?', '민원인과 소통이 원활할까?'
	면접대책	타인에게 적절한 정도의 관심을 보여주는 인상을 보여준다. 소통능력과 타인에 대한 이해도가 높다는 것을 알 수 있도록 봉사나 선의로 누군가를 도왔던 경험을 말한다.

09 불안도

외부 스트레스에 민감하게 반응하며 불안을 잘 느끼는 성향이거나 건강하게 스트레스를 해소하지 못하는 경우 높게 나오는 경우가 많다.

	질 문	전혀 그렇지 않다	그렇지 않다	보통	그렇다	매우 그렇다
1	나는 사소한 일에도 걱정을 오래 하는 편이다.	①	②	③	④	⑤
2	특별한 이유가 없어도 가슴이 답답하거나 숨이 막힐 것 같은 느낌이 들 때가 있다.	①	②	③	④	⑤
3	사람들과의 약속이나 시험, 발표 등을 앞두면 잠을 잘 이루지 못한다.	①	②	③	④	⑤
4	누군가 나를 안 좋게 보는 것 같으면 계속 신경이 쓰인다.	①	②	③	④	⑤
5	실수에 대해 오랫동안 곱씹으며 자책하는 일이 많다.	①	②	③	④	⑤
6	내일 일에 대해 지나치게 미리 걱정하는 편이다.	①	②	③	④	⑤
7	가끔 아무 이유 없이 불안하거나 초조한 느낌이 든다.	①	②	③	④	⑤
8	예상치 못한 변화나 계획의 차질이 생기면 쉽게 당황한다.	①	②	③	④	⑤
9	몸이 피곤해도 마음이 불안해서 쉬기 어려울 때가 있다.	①	②	③	④	⑤
10	아무 일도 없을 때에도 안 좋은 일이 일어날까봐 걱정한다.	①	②	③	④	⑤

'매우 그렇다'가 많은 경우	평가유형	불안이 높은 유형
	면접관의 평가	불안수준이 높은 편에 해당한다.
	면접관의 심리	'업무를 할 때 불안하여 감정조절이 어렵지 않을까?', '불확실한 일이 자주 펼쳐지는 업무를 적응할 수 있을까?'
	면접대책	불안이 있어도 감정조절 능력과 회복력이 있다는 것을 보여준다.

'전혀 그렇지 않다'가 많은 경우	평가유형	불안이 낮은 유형
	면접관의 평가	불안수정이 낮은 안정적인 감정조절을 하는 편에 해당한다.
	면접관의 심리	'감정조절을 잘 할 수 있겠군.', '지나치게 조심성이 없지는 않을까?', '냉정하지 않을까?'
	면접대책	불안도가 낮기에 가지고 있는 차분함과 함께 인간적인 따뜻함을 갖추었음을 보여준다.

성격의 행동적인 측면

성격의 행동적인 측면으로 사교성, 침착성, 신체활동성, 근면성, 신중성, 준법성, 협동성을 평가한다.

사람의 행동 특징 자체에는 선도 악도 없으나, 일반적으로는 일의 내용에 의해 원하는 행동이 있다. 때문에 행동적 측면은 주로 직종과 깊은 관계가 있는데 자신의 행동 특성을 살려 적합한 직종을 선택한다면 플러스가 될 수 있다. 행동 특성에서 보이는 특징은 면접장면에서도 드러나기 쉬운데 본서의 모의 테스트의 결과를 참고하여 자신의 태도, 행동이 면접관의 시선에 어떻게 비치는지를 점검하도록 한다.

〈성격의 행동적인 측면 점수채점방식〉

• 'A'는 0점, 'B' 5점으로 점수를 책정한다.
• 행동적인 측면의 정해진 분류항목에 따라 자신의 점수를 색칠한 뒤에 그래프로 결과를 확인한다.
• 본 검사는 질문지의 일부만으로 확인하는 것으로 정확도가 실제와 다르므로 참고용으로 확인하시길 바랍니다.

행동적인 측면 그래프 그려보기

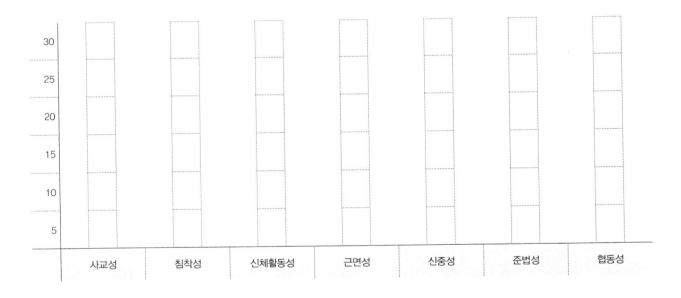

01 사교성

대인관계에서 나타나는 행동경향으로 사교적인지 낯을 가리는지를 측정한다.

	질 문	A	B
1	A : 파티에서는 사람을 소개받는 편이다. B : 파티에서는 사람을 소개하는 편이다.		
2	A : 처음 보는 사람과는 어색하게 시간을 보내는 편이다. B : 처음 보는 사람과는 즐거운 시간을 보내는 편이다.		
3	A : 자신의 의견을 말하는 경우가 적다. B : 자신의 의견을 말하는 경우가 많다.		
4	A : 사교적인 모임에 참석하는 것을 좋아하지 않는다. B : 사교적인 모임에 항상 참석한다.		
5	A : 모임에서 분위기에 따르는 편이다. B : 모임에서 분위기를 이끄는 편이다.		
6	A : 새로운 사람들과 적응하려면 시간이 오래 걸린다. B : 새로운 사람들과 적응하는 시간이 짧다.		

'A'가 많은 경우	평가유형	소극적인 유형
	면접관의 평가	내성적이고 소극적이다. 자신의 의견을 말하지 않고 조심스러운 편이다.
	면접관의 심리	'소극적인데 동료와 잘 지낼 수 있을까?'
	면접대책	대인관계를 맺는 것을 싫어하지 않고 의욕적으로 일을 할 수 있다는 것을 보여준다.

'B'가 많은 경우	평가유형	사교적인 유형
	면접관의 평가	사교적이고 자기의 생각을 명확하게 전달할 수 있다.
	면접관의 심리	'사교적이고 활동적인 것은 좋지만, 자기주장이 너무 강하지 않을까?'
	면접대책	협조성을 보여주고, 자기주장이 너무 강하다는 인상을 주지 않도록 주의한다.

02 침착성

자신의 행동과 일에 대해 감정의 기복 없이 침착하게 생각하는 정도를 측정한다.

	질 문	A	B
1	A : 시간이 걸려도 침착하게 생각하는 경우가 많다. B : 짧은 시간에 결정을 하는 경우가 많다.		
2	A : 실패의 원인을 찾고 반성하는 편이다. B : 실패를 해도 크게 개의치 않는다.		
3	A : 결론이 도출되어도 몇 번 정도 생각을 바꾼다. B : 결론이 도출되면 신속하게 행동으로 옮긴다.		
4	A : 여러 가지 생각하는 것이 능숙하다. B : 여러 가지 일을 재빨리 능숙하게 처리하는 데 익숙하다.		
5	A : 여러 가지 측면에서 사물을 검토한다. B : 행동한 후 생각을 한다.		
6	A : 메시지를 보내기 전 다시 확인한다. B : 메시지를 작성하고 바로 보낸다.		

'A'가 **많은 경우**	평가유형	감정의 기복이 많은 유형
	면접관의 평가	행동하기 보다는 생각하는 것을 좋아하고 신중하게 계획을 세워 실행한다.
	면접관의 심리	'행동으로 실천하지 못하고, 대응이 늦은 경향이 있지 않을까?'
	면접대책	직접 발로 뛰면서 활동적으로 일을 할 수 있다는 인상을 준다. 일을 더디게 한다는 인상을 주지 않도록 한다.

'B'가 **많은 경우**	평가유형	감정의 기복이 적은 유형
	면접관의 평가	차분하게 생각하는 것보다 우선 행동하는 유형이다.
	면접관의 심리	'생각하는 것을 싫어하고 경솔한 행동을 하지 않을까?'
	면접대책	계획을 세우고 행동하며 사려깊다는 인상을 남기도록 한다.

◆ 03 ◆ 신체활동성

몸을 움직이는 것을 좋아하는가와 함께 활동성 있는 일을 좋아하는가를 측정한다.

	질 문	A	B
1	A : 민첩하게 활동하는 편이다. B : 준비행동이 없는 편이다.		
2	A : 일을 척척 해치우는 편이다. B : 일을 더디게 처리하는 편이다.		
3	A : 활발하다는 말을 듣는다. B : 얌전하다는 말을 듣는다.		
4	A : 몸을 움직이는 것을 좋아한다. B : 가만히 있는 것을 좋아한다.		
5	A : 스포츠를 하는 것을 즐긴다. B : 스포츠를 보는 것을 좋아하지 않는다.		
6	A : 머리를 쓰는 것보다 몸을 쓰는 활동이 좋다. B : 땀을 흘리는 것보다 가만히 앉아있는 것이 좋다.		

	평가유형	신체활동성이 높은 유형
'A'가 많은 경우	면접관의 평가	활동적이고, 몸을 움직이게 하는 것이 컨디션이 좋다.
	면접관의 심리	'활동적으로 활동력이 좋아 보인다.', '집중력이 부족하진 않을까?'
	면접대책	활동하고 얻은 성과와 주어진 상황의 대응능력을 보여준다. 신중함이 필요한 업무에서는 실수하지 않고 집중해서 하는 일에 적합하게 잘 할 수 있다는 인상을 준다.

	평가유형	신체활동성이 낮은 유형
'B'가 많은 경우	면접관의 평가	침착한 인상으로, 차분하게 있는 타입이다.
	면접관의 심리	'일을 빠르게 처리할 수 있을까?'
	면접대책	먼저 행동하기 보다는 생각을 하고 계획하는 사람으로 '신중함'을 보여준다. 또한 일에 있어서는 빠르게 움직인다는 것을 보여줘야 한다.

04 근면성

무슨 일이든 포기하지 않고 끈기 있게 하려는 정도를 측정한다.

	질 문	A	B
1	A : 일을 하다 어려움에 부딪히면 단념한다. B : 일단 시작한 일은 시간이 걸려도 끝까지 마무리한다.		
2	A : 하기 싫은 일은 하지 않는다. B : 하기 싫더라도 주어진 일은 참고 한다.		
3	A : 금방 싫증을 낸다는 말을 듣는다. B : 인내가 강하다는 말을 듣는다.		
4	A : 재미가 없으면 하지 않는다. B : 재미가 없더라도 익숙해질 때까지 한다.		
5	A : 해결되지 않는 일은 체념하는 것이 좋다고 생각한다. B : 일이 해결될 때까지 어려워도 버텨내는 편이다.		
6	A : 궁금한 점이 있어도 금방 잊는다. B : 궁금한 점이 있으며 해결할 때까지 찾아낸다.		

'A'가 많은 경우	평가유형	끈기가 없는 유형
	면접관의 평가	뒤끝이 없고, 조그만 실패로 일을 포기하기 쉽다.
	면접관의 심리	'쉽게 질리는 경향이 있고, 일을 정확히 끝낼 수 있을까?'
	면접대책	지속적인 노력으로 성공했던 사례를 준비하도록 한다.

'B'가 많은 경우	평가유형	끈기가 있는 유형
	면접관의 평가	시작한 것은 어려움이 있어도 포기하지 않고 인내심이 높다.
	면접관의 심리	'한 가지의 일에 너무 구애되지 않을까?', '업무의 진행이 원활할까?'
	면접대책	인내력이 있는 것은 플러스 평가를 받을 수 있지만 집착이 강해 보일 수 있다.

05 신중성

자신이 처한 주변상황을 즉시 파악하고 자신의 행동이 어떤 영향을 미치는지를 측정한다.

	질 문	A	B
1	A : 여러 가지로 생각하면서 완벽하게 준비하는 편이다. B : 행동할 때부터 임기응변으로 대응을 하는 편이다.		
2	A : 신중해서 타이밍을 놓치는 편이다. B : 준비 부족으로 실패하는 편이다.		
3	A : 자신은 어떤 일에도 신중히 대응하는 편이다. B : 순간적인 충동으로 활동하는 편이다.		
4	A : 시험을 볼 때 시험시간이 끝날 때까지 재검토를 하는 편이다. B : 시험을 볼 때 시간에 딱 맞게 문제를 푸는 편이다.		
5	A : 일에 대해 계획표를 만들어 실행한다. B : 일에 대한 계획표 없이 진행한다.		
6	A : 가방 안에 물건이 잘 있는지 자주 확인한다. B : 물건을 아무 곳에다가 두는 편이다.		

	평가유형	감정의 기복이 많은 유형
'A'가 많은 경우	면접관의 평가	주변 상황에 민감하고, 예측하여 계획 있게 일을 진행한다.
	면접관의 심리	'너무 신중해서 적절한 판단을 할 수 있을까?', '다양한 업무에 불안을 느끼지 않을까?'
	면접대책	예측을 하고 실행을 하는 것은 플러스 평가가 되지만, 너무 신중하면 일의 진행이 정체될 가능성을 보이므로 추진력이 있다는 강한 의욕을 보여준다.

	평가유형	감정의 기복이 적은 유형
'B'가 많은 경우	면접관의 평가	주변 상황을 살펴보지 않고 착실한 계획 없이 일을 진행 시킨다.
	면접관의 심리	'사려 깊지 않고, 실패하는 일이 많지 않을까?', '판단이 빠르고 유연한 사고를 할 수 있을까?'
	면접대책	사전준비를 중요하게 생각하고 있다는 것 등을 보여주고, 경솔한 인상을 주지 않도록 한다. 또한 판단력이 빠르거나 유연한 사고 덕분에 일 처리를 잘 할 수 있다는 것을 강조한다.

06 준법성

법, 규칙, 규율 등과 같이 정해진 것을 잘 지킬 수 있는지 측정한다.

	질 문	A	B
1	A : 차와 사람이 없는 횡단보도에서 신호를 지키지 않는다. B : 차와 사람이 없는 횡단보도에서 신호를 지켜서 횡단보도를 건넌다.		
2	A : 차가 없다면 규정 속도 10km 정도는 넘어도 괜찮다. B : 다른 차가 경적을 울려도 규정 속도를 지킨다.		
3	A : 입장금지 현수막이 있더라도 다른 사람들이 안에 있으면 들어가 본다. B : 입장금지 현수막이 있으면 절대 들어가지 않는다.		
4	A : 친한 사람에게 업무에 대한 이야기를 자주 한다. B : 공직자에게 부정청탁을 하면 해야 하는 대처방법을 알고 있다.		
5	A : 법에 어긋나더라도 관행이라면 상사의 지시를 따른다. B : 상사의 지시가 관행이더라도 법에 어긋나면 건의를 한다.		
6	A : 약속시간에 10분 정도는 늦게 도착해도 괜찮다. B : 펜션에서 내가 사용한 쓰레기는 챙겨 나와서 쓰레기장에 버린다.		

'A'가 많은 경우	평가유형	준법정신이 부족한 유형
	면접관의 평가	자유분방하고 규칙과 규율이 기준에 맞지 않는다면 지키지 않는다.
	면접관의 심리	'회사에서 정한 규칙을 잘 지킬 수 있을까?'
	면접대책	규칙과 규율을 잘 지키기 위해서 노력할 의욕과 정직한 사람임을 보여준다.

'B'가 많은 경우	평가유형	준법정신이 투철한 유형
	면접관의 평가	규칙과 규율을 잘 지킨다.
	면접관의 심리	'융통성 없이 자신이 옳다고 생각하는 의견만 고집하지 않을까?'
	면접대책	정해진 법을 잘 지키지만 자기가 옳다고 생각하는 것만 따르려는 인상을 줄 수도 있다. 다양한 의견을 잘 수용하는 사람이이라는 인식을 보여준다.

07 협동성

조직 적응능력, 이타심, 집단주의적 사고방식, 갈등해결능력을 측정한다.

	질 문	A	B
1	A : 나는 공동의 목표를 위해 내 역할을 충실히 수행하려 노력한다. B : 내게 주어진 일을 하는 것이 가장 중요하다.		
2	A : 팀원 중 누군가 힘들어 보이면 도와주고 싶다는 생각이 든다. B : 남에게 도움을 받지 않고 스스로 힘든 일을 해결하는 편이다.		
3	A : 나의 성과보다는 팀 전체의 성과가 더 중요하다고 생각한다. B : 나의 성과가 높은 것이 팀에 도움을 주는 것이라 생각한다.		
4	A : 의견 충돌이 있어도 원활한 협업을 위해 조율하려 노력하는 편이다. B : 의견이 다른 사람을 설득하지 않고 이해하고 넘어가는 편이다.		
5	A : 나는 혼자 일하는 것보다 함께 협력하는 상황에서 더 좋은 결과를 낸다. B : 내게 주어진 일을 잘 마무리 하는 것이 협력이라 생각한다.		
6	A : 문제 상황이 생기면 먼저 상의하고 함께 해결책을 찾는 편이다. B : 문제 상황이 생기면 해결책을 찾고 나서 상의를 하는 편이다.		

	평가유형	협동성이 높은 유형
'A'가 많은 경우	면접관의 평가	조직 적응도가 높고 이타심이 높을 것이다.
	면접관의 심리	'조직에 잘 적응하여 타인과 협동하여 일을 하겠다.', '업무보다 인간관계를 중요하게 여기지는 않을까?'
	면접대책	조직에 빠른 적응을 할 수 있고 이타심을 가지고 있음을 표현한다. 하지만 지나치게 사람을 좋아하는 인상을 주면 되려 업무에 차질을 줄 것이라 생각할 수 있다.

	평가유형	협동성이 낮은 유형
'B'가 많은 경우	면접관의 평가	갈등 조율 능력이 낮고 집단 중심으로 사고하지 않을 것이다.
	면접관의 심리	'타인과 갈등 해결에 어려움을 겪지 않을까?', '협동하지 않고 독단적으로 일을 하지는 않을까?'
	면접대책	타인보다 독립적으로 혼자 좋아하는 것을 좋아하는 성향으로 보일 수 있기 때문에 독립적으로 내게 주어진 일을 열심히 하되 이타심을 가지고 있다는 것을 보여주어야 한다.

성격의 의욕적인 측면

성격의 의욕적인 측면으로 목적성, 적극성, 책임감, 지도력, 성취욕구을 평가한다.

의욕이란 우리들이 보통 말하고 사용하는 '하려는 의지'와는 뉘앙스가 다르다. '하려는 의지'란 그 때의 환경이나 기분에 따라 변화하는 것이지만, 여기에서는 조금 더 변화하기 어려운 특징, 말하자면 정신적 에너지의 양으로 측정하는 것이다.

의욕적 측면은 행동적 측면과는 다르고, 전반적으로 어느 정도 점수가 높은 쪽을 선호한다. 모의검사의 의욕적 측면의 결과가 낮다면, 평소 일에 몰두할 때 조금 의욕 있는 자세를 가지고 서서히 개선하도록 노력해야 한다.

〈성격의 의욕적인 측면 점수채점방식〉

• 'A'는 0점, 'B' 5점으로 점수를 책정한다.
• 의욕적인 측면의 정해진 분류항목에 따라 자신의 점수를 색칠한 뒤에 그래프로 결과를 확인한다.
• 본 검사는 질문지의 일부만으로 확인하는 것으로 정확도가 실제와 다르므로 참고용으로 확인하시길 바랍니다.

의욕적인 측면 그래프 그려보기

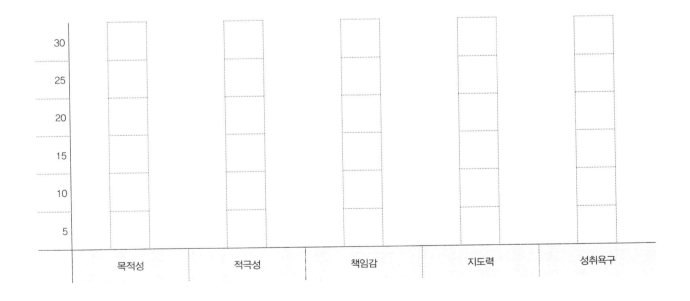

01 목적성

목적의식을 가지고 높은 이상을 가지고 있는지를 측정한다.

	질 문	A	B
1	A : 경쟁심이 강한 편이다. B : 경쟁심이 약한 편이다.		
2	A : 어떤 한 분야에서 1인자가 되고 싶다고 생각한다. B : 어느 분야에서든 성실하게 임무를 진행하고 싶다고 생각한다.		
3	A : 규모가 큰일을 해보고 싶다. B : 맡은 일에 충실히 임하고 싶다.		
4	A : 아무리 노력해도 실패한 것은 아무런 도움이 되지 않는다. B : 가령 실패했을 지라도 나름대로의 노력이 있었으므로 괜찮다.		
5	A : 높은 목표를 설정하여 수행하는 것이 의욕적이다. B : 실현 가능한 정도의 목표를 설정하는 것이 의욕적이다.		
6	A : 결과가 과정보다 중요하다. B : 과정이 있어야 결과가 있다고 생각한다.		

	평가유형	목적의 달성 의욕이 높은 유형
'A'가 많은 경우	면접관의 평가	큰 목표와 높은 이상을 가지고 승부욕이 강한 편이다.
	면접관의 심리	'열심히 일을 해줄 것 같은 유형이다.'
	면접대책	달성의욕이 높다는 것은 어떤 직종이라도 플러스 평가가 된다. 다만 너무 강하게 의견을 제시하는 고집이 느껴지는 인상을 주지 않도록 한다.

	평가유형	목적의 달성 의욕이 낮은 유형
'B'가 많은 경우	면접관의 평가	현재의 생활을 소중하게 여기고 비약적인 발전을 위하여 기를 쓰지 않는다.
	면접관의 심리	'외부의 압력에 약하고, 기획입안 등을 하기 어려울 것이다.'
	면접대책	일을 통하여 하고 싶은 목표에 대한 의지를 표현한다. 목적을 위해 성취하려는 뚜렷한 계획이 있다는 인상을 보여준다.

02 적극성

자신에게 잠재된 에너지의 크기로, 정신적인 측면의 활동력이라 할 수 있다.

	질 문	A	B
1	A : 하고 싶은 일을 실행으로 옮기는 편이다. B : 하고 싶은 일을 좀처럼 실행할 수 없는 편이다.		
2	A : 어려운 문제를 해결해 가는 것이 좋다. B : 어려운 문제를 해결하는 것을 잘하지 못한다.		
3	A : 일반적으로 결단이 빠른 편이다. B : 일반적으로 결단이 느린 편이다.		
4	A : 곤란한 상황에도 도전하는 편이다. B : 사물의 본질을 깊게 관찰하는 편이다.		
5	A : 시원시원하다는 말을 잘 듣는다. B : 꼼꼼하다는 말을 잘 듣는다.		
6	A : 새로운 것을 만나면 도전하고 싶다. B : 새로운 것에 도전하고 싶지 않다.		

'A'가 많은 경우	평가유형	활동의욕이 높은 유형	
	면접관의 평가	꾸물거리는 것을 싫어하고 재빠르게 결단해서 행동하는 타입이다.	
	면접관의 심리	'일을 처리하는 솜씨가 좋고, 일을 척척 진행할 수 있을 것 같다.'	
	면접대책	활동의욕이 높은 것은 플러스가 되므로 사교성과 활동성이 강하다는 것을 보여준다.	

'B'가 많은 경우	평가유형	활동의욕이 낮은 유형	
	면접관의 평가	안전하고 확실한 방법을 모색하고 차분하게 시간을 아껴서 일하는 타입이다.	
	면접관의 심리	'재빨리 행동을 못하고, 일의 처리속도가 느린 것이 아닐까?'	
	면접대책	활동성이 있는 것을 좋아하고 움직임이 더디다는 인상을 주지 않도록 한다.	

◆03 책임감

주어진 것을 포기하지 않고 끝가지 해내는 지를 측정한다.

	질 문	A	B
1	A : 선약이 해야 하는 일보다 중요하다. B : 주어진 일이 있다면 다른 것은 생각하지 않는다.		
2	A : 하고 싶은 것이 있다면 즉흥적으로 시도한다. B : 하고 싶은 것은 하고 있던 일을 끝내고 한다.		
3	A : 실수를 할까봐 불안하다. B : 실수를 했다면 해결하는 방법을 찾는다.		
4	A : 타인의 비판을 듣는 것보다 직접 공부하는 것이 좋다. B : 타인의 비판을 수용하여 반영한다.		
5	A : 요청하지 않는 이상 동료가 한 실수를 도와주지 않는다. B : 내가 한 잘못이 아니더라도 동료의 실수는 함께 해결한다.		
6	A : 업무량이 많아지면 혼란스럽다. B : 단체가 함께한 일의 결과를 함께 제재를 받는다.		

	평가유형	책임감이 낮은 유형
'A'가 많은 경우	면접관의 평가	책임을 지기보다 제재 없이 일을 하는 것을 좋아한다.
	면접관의 심리	'어려운 업무를 회피하지 않고 해낼 수 있을까?'
	면접대책	어렵더라도 극복해낸 경험을 이야기하면서 쉽게 포기하는 유형은 아님을 보여준다.

	평가유형	책임감이 높은 유형
'B'가 많은 경우	면접관의 평가	목표 지향적이고 주어진 것을 포기하지 않고 인내력이 강하다.
	면접관의 심리	'지나치게 책임지다가 금방 지치지 않을까?', '스트레스가 많지 않을까?'
	면접대책	주어진 업무를 계획적으로 잘 해내고 있으며 정신적으로 스트레스를 잘 관리하는 것을 보여주도록 한다. 주어진 일을 강박적으로 하는 인상을 보여주지 않도록 한다.

타인을 통솔하고 이끌면서 책임지는 것에 재능이 있는지를 측정한다.

질 문	A	B
1 A : 어려운 일이 있으면 혼자 공부한다. B : 어려운 일이 있을 때에 사람들에게 물어본다.		
2 A : 목표가 있다면 주변을 보지 않는다. B : 뒤처지는 사람이 있으면 기다린다.		
3 A : 나와 의견이 다른 사람과 대화하는 것을 즐기지 않는다. B : 나와 의견이 다른 사람을 이해시키기 위해 노력할 때 열정이 생긴다.		
4 A : 친구들과 있을 때 무엇을 할지 선택을 하지 않는 편이다. B : 친구들과 있을 때 주도적으로 나서서 선택을 한다.		
5 A : 나의 의견을 주장하지 않는다. B : 나의 의견에 사람들이 따라오게 하는 것이 편하다.		
6 A : 다수의 의견에 따라서 행동하는 것이 편하다. B : 사람들이 우왕좌왕할 때 먼저 나서서 상황을 해결하는 편이다.		

	평가유형	지도력이 낮은 유형
'A'가 많은 경우	면접관의 평가	주도적으로 선택하기보다는 따르는 것을 편하게 생각한다.
	면접관의 심리	'선택을 할 때 회피하지 않을까?', '후임이 들어오면 잘 통솔할까?'
	면접대책	다수의 사람을 이끌기는 어렵더라도 가까운 사람들을 잘 챙긴다는 것을 강조한다. 또한 지도력은 부족하더라도 해야 하는 업무를 주도적으로 잘 이행할 수 있음을 보여준다.

	평가유형	지도력이 높은 유형
'B'가 많은 경우	면접관의 평가	사람을 통솔하여 뒤처지는 사람이 없이 잘 이끌어간다.
	면접관의 심리	'지나치게 사교적이라서 일보다 사람을 더 좋아하지 않을까?', '과도하게 주도적으로 행동하여 동료를 불편하게 하지는 않을까?'
	면접대책	높은 지도력으로 업무에 최대한 도움을 줄 수 있다는 인상을 보여준다.

07 성취욕구

목표를 이뤄내기 위한 욕구가 강한가를 측정한다.

	질 문	A	B
1	A : 나는 설정한 목표는 어떤 일이 있어도 끝까지 이루려고 한다. B : 계획은 유동적으로 변경할 수 있다고 생각한다.		
2	A : 어려운 과제일수록 오히려 도전 의식이 생긴다. B : 결과보다는 과정이 중요하다고 생각한다.		
3	A : 남들보다 더 나은 결과를 내고 싶다는 마음이 있다. B : 경쟁을 좋아하지 않는다.		
4	A : 맡은 일은 완벽하게 마무리하려는 편이다. B : 주어진 일은 내가 할 수 있는 만큼 하는 것이 최선이다.		
5	A : 나의 한계를 시험해보는 것을 두려워하지 않는다. B : 성장보다 지금의 일상을 유지하는 것을 선호한다.		
6	A : 꾸준히 성장하고 발전하고 있다는 느낌이 들 때 뿌듯하다. B : 쉬는 날에 편안하게 누워서 쉴 때 뿌듯하다.		

	평가유형	성취욕구가 강한 유형
'A'가 많은 경우	면접관의 평가	목표를 위해서 끈기와 열의를 가지고 임할 것이라 생각한다.
	면접관의 심리	'도전정신을 가지고 새로운 일이 주어져도 최선을 다 하지 않을까?', '지나치게 욕심을 부려 조직의 분위기를 와해시키지는 않을까?'
	면접대책	성취욕구가 강하다는 것은 그만큼 끈기와 도전정신이 강하다는 것이다. 목표지향성이 강한 것은 자신의 목표를 위해 조직의 목표를 뒤로 하지 않을 것인가에 대한 우려를 자아내기도 하므로 협동성이 높다는 것을 표현해야 한다.

	평가유형	성취욕구가 낮은 유형
'B'가 많은 경우	면접관의 평가	목표에 대한 집중도가 낮은 것이라고 생각을 한다.
	면접관의 심리	'발전적으로 일을 하지 않고 혁신을 이루지 않으려 하지 않을까?', '변화와 혁신 속에서 적응을 못하지 않을까?'
	면접대책	성취욕구가 낮기 때문에 혁신적인 생각을 하지 않고 주어진 일만 할 것이라는 인상이 남을 수 있다. 목표를 이뤄냈던 경험과 실패에 극복했던 경험을 설명하며 주어진 일에 최선을 다함을 보여준다.

05 조직부적응검사

조직에 적응할 수 있는가 여부를 검사한다.

CHAPTER

조직부적응검사는 조직에 원활하게 적응하고 협업할 수 있는지를 평가하는 심리검사이다. 규율과 협업이 중요한 소방공무원 직무에서는 주요하게 확인하고 있는 유형이기도 하다. 상사 및 동료와의 갈등 가능성, 규칙 위반 가능성, 일탈 가능성, 명령 불이행, 권위에 대한 반감 등을 총체적으로 확인하는 것이다.

※ 해당 질문은 약식으로 일부만 작성한 것이므로 의학적 진단용이 아닌 조직적응과 안정성 평가 목적을 위한 것이다. 해당 그래프가 높게 나왔다 하더라도 척도가 높은 것이 아니다.

〈조직부적응검사 점수채점방식〉

• '전혀 그렇지 않다'는 1점, '그렇지 않다' 2점, '보통' 3점, '그렇다' 4점, '매우 그렇다' 5점으로 점수를 책정한다.
• 항목에 따라 자신의 점수를 색칠한 뒤에 그래프로 결과를 확인한다.
• 본 검사는 질문지의 일부만으로 확인하는 것으로 정확도가 실제와 다르므로 참고용으로 확인하시길 바랍니다.

조직부적응검사 그래프 그려보기

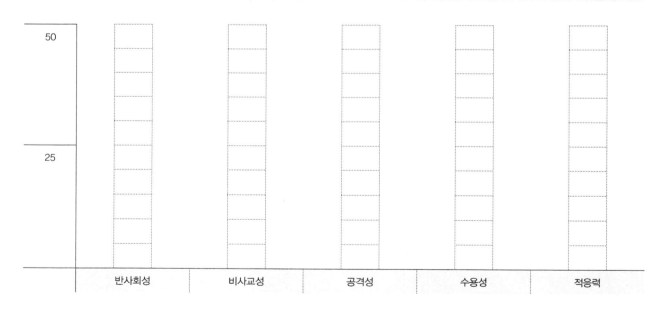

01 반사회성

타인의 권리를 대수롭지 않게 여기고 침해하며, 반복적인 범법행위나 거짓말, 사기성, 공격성, 무책임함을 보이는 성격을 측정한다.

	질 문	전혀 그렇지 않다	그렇지 않다	보통	그렇다	매우 그렇다
1	나는 가끔 규칙을 어겨도 별일 없다고 생각한다.	①	②	③	④	⑤
2	실수나 잘못을 인정하기보다는 상황 탓을 하는 편이다.	①	②	③	④	⑤
3	남의 감정에 너무 신경 쓰면 오히려 내가 손해 본다고 느낀다.	①	②	③	④	⑤
4	순간의 충동을 참지 못해 후회한 적이 자주 있다.	①	②	③	④	⑤
5	내가 원하는 걸 위해 거짓말을 한 적이 있다.	①	②	③	④	⑤
6	사람을 이용할 수 있다면 어느 정도는 괜찮다고 생각한다.	①	②	③	④	⑤
7	실수한 후 죄책감을 느끼기보다는 잊고 넘어가는 편이다.	①	②	③	④	⑤
8	계획보다 즉흥적으로 행동할 때가 많다.	①	②	③	④	⑤
9	반복적으로 법이나 규칙을 위반한 경험이 있다.	①	②	③	④	⑤
10	감정 없이 싸움을 주도하거나 상대를 자극한 적이 있다.	①	②	③	④	⑤

	평가유형	반사회성이 강한 유형
'매우 그렇다'가 많은 경우	면접관의 평가	규칙 무시, 조직질서 위협, 타인도구화, 충동성, 공격성, 거짓말 경향, 책임감·죄책감 결여 등을 우려할 수 있다.
	면접대책	규칙과 책임을 중시하는 태도를 주요하게 보여준다. 규칙에 순응하고 건설적으로 개선을 제안하는 능력을 어필한다. 또한 공감능력이 있는 사례와 팀워크를 이뤄낸 경험을 보여준다. 과거 단점이나 사례를 통해 진심으로 반성하고 성숙해 졌다는 것을 보여준다. '불합리하면 따르지 못합니다.'나 '제 성격은 솔직해서 거짓말 못 하고 바로 대응해야 합니다.'와 같은 자세는 피한다.

02 비사교성

사교적으로 집단생활에 적응을 잘 할 수 있는가를 주요하게 질문하여 측정한다.

	질 문	전혀 그렇지 않다	그렇지 않다	보통	그렇다	매우 그렇다
1	처음 만나는 사람과 대화하는 것이 부담스럽다.	①	②	③	④	⑤
2	여러 사람이 모인 자리에서는 말없이 있는 편이다.	①	②	③	④	⑤
3	새로운 사람과 친해지기까지 시간이 오래 걸린다.	①	②	③	④	⑤
4	친한 사람 외에는 사적인 얘기를 꺼내기 어렵다.	①	②	③	④	⑤
5	혼자 있는 시간이 가장 편하다.	①	②	③	④	⑤
6	모임이나 회식 자리에 가는 것이 귀찮거나 불편하다.	①	②	③	④	⑤
7	다른 사람과 갈등이 생길까 봐 말을 아끼는 편이다.	①	②	③	④	⑤
8	다른 사람에게 먼저 말을 거는 것이 어렵다.	①	②	③	④	⑤
9	단체보다는 개인 활동을 선호한다.	①	②	③	④	⑤
10	새로운 환경에 적응하는 데 시간이 많이 걸린다.	①	②	③	④	⑤

	평가유형	비사교적인 유형
'매우 그렇다'가 많은 경우	면접관의 평가	사회적인 거리감이나 대인관계에 긴장과 불편감을 느끼는 성향으로 생각할 수 있다.
	면접대책	내향적인 성향이지만 조직 내에서는 거리감을 두지 않고 적극적으로 협동하는 성향이 있음을 보여준다. 또한 대인관계에서 처음 보는 사람과는 친해지는 것에 시간이 많이 걸리지만 사람에 대한 우호적인 생각을 가지고 있음 보여준다.

03 공격성

육체적 폭력행위를 나타내는 폭행 척도, 악의 있는 험담이나 짓궂은 장난을 나타내는 간접적 공격성, 언어를 사용하여 위협하고 저주하는 언어적 공격성을 측정한다.

	질 문	전혀 그렇지 않다	그렇지 않다	보통	그렇다	매우 그렇다
1	화가 나면 말보다 행동으로 표현할 때가 있다.	①	②	③	④	⑤
2	작은 일에도 쉽게 짜증이 나는 편이다.	①	②	③	④	⑤
3	누가 나를 무시하면 반드시 반응해야 직성이 풀린다.	①	②	③	④	⑤
4	말을 예의 있게 하는 것보다 솔직하게 말하는 게 더 중요하다고 생각한다.	①	②	③	④	⑤
5	감정이 격해지면 큰 소리로 말하거나 언성을 높이는 일이 종종 있다.	①	②	③	④	⑤
6	누군가 잘못하면 바로 지적하거나 따지는 편이다.	①	②	③	④	⑤
7	참는 것보다 속 시원히 표현하는 게 낫다고 생각한다.	①	②	③	④	⑤
8	과거에 누군가에게 물리적 위협을 가한 적이 있다.	①	②	③	④	⑤
9	욱하는 성격이라는 말을 들어본 적이 있다.	①	②	③	④	⑤
10	내가 참기만 하면 손해 본다는 생각이 자주 든다.	①	②	③	④	⑤

	평가유형	공격성이 강한 유형
'매우 그렇다'가 많은 경우	면접관의 평가	감정조절이 어렵고 상대방을 위협할 정도의 분노를 표출하거나 자극적인 표현을 하지 않을까 우려한다.
	면접대책	자기조절 능력이 있다는 것을 보여준다. 충동성을 인지적으로 통제하면서 변화하고 있다는 것을 보여준다. 또한 감정 표현보다 문제 해결을 중요하게 생각한다는 태도를 보여준다. 타인에 대한 존중감과 소통의 의지를 보여준다. '싸움은 싫더라도 필요하다면 할 말은 해야 한다.'나 '억울하면 참을 수 없다'는 정의감보다는 공격성을 보여줄 수 있으니 주의한다.

05 수용성

조직에서 이해하고 포용하면서 갈등을 유연하게 해결할 수 있는가를 측정한다.

	질 문	전혀 그렇지 않다	그렇지 않다	보통	그렇다	매우 그렇다
1	조직에 잘 어울리지 않는 동료를 보면 그 사람의 단점만 주요하게 보인다.	①	②	③	④	⑤
2	모든 사람이 조직에 똑같이 잘 적응할 수 있다.	①	②	③	④	⑤
3	규율을 어기는 사람은 강력한 처벌이 필요하다.	①	②	③	④	⑤
4	이상한 행동을 하는 사람을 보면 이해가 가지 않는다.	①	②	③	④	⑤
5	나와 다른 성향의 사람과는 잘 어울리지 않는다.	①	②	③	④	⑤
6	융화되지 않으려는 사람과는 어울리려는 노력을 하지 않는다.	①	②	③	④	⑤
7	조직분위기를 해치는 사람은 조직의 능력을 떨어뜨린다고 생각한다.	①	②	③	④	⑤
8	직장 내에서 문제를 일으키는 동료에게는 기회를 주는 것을 반대한다.	①	②	③	④	⑤
9	업무에 임하고 일정기간이 지나면 모두가 동일하게 적응해야 한다고 생각한다.	①	②	③	④	⑤
10	갈등 상황에는 내 입장을 고수하는 편이다.	①	②	③	④	⑤

'매우 그렇다'가 많은 경우	평가유형	수용적이지 않은 유형
	면접관의 평가	타인을 수용하지 못하고 갈등을 유연하게 해결하지 못하지 않을까 생각한다.
	면접대책	타인을 배척하지 않고 나와 다르더라도 협동하고 수용적인 태도를 가지고 있음을 사례를 통해서 설명한다.

06 적응력

조직에 적응을 잘 할 수 있는가를 측정한다.

	질 문	전혀 그렇지 않다	그렇지 않다	보통	그렇다	매우 그렇다
1	하기 싫은 일은 최대한 피하려는 편이다.	①	②	③	④	⑤
2	반복적인 업무는 금방 지루해진다.	①	②	③	④	⑤
3	힘들거나 맞지 않는 일은 빨리 그만두는 게 낫다고 생각한다.	①	②	③	④	⑤
4	누군가 지시하는 방식대로 일하는 것이 답답할 때가 많다.	①	②	③	④	⑤
5	일이 재미없으면 성과보다 빨리 끝내는 걸 우선하게 된다.	①	②	③	④	⑤
6	내가 하는 일이 조직에 어떤 영향을 미치는지 잘 모르겠다.	①	②	③	④	⑤
7	분위기나 사람이 마음에 안 들면 오래 버티기 어렵다.	①	②	③	④	⑤
8	나에게 맞는 환경이 아니면 미련 없이 떠나는 편이다.	①	②	③	④	⑤
9	한 가지 일만 계속하면 내가 발전하지 못한다고 느낀다.	①	②	③	④	⑤
10	직장에서 스트레스를 받으면 당장이라도 그만두고 싶어진다.	①	②	③	④	⑤

'매우 그렇다'가 많은 경우	평가유형	적응력이 떨어지는 유형
	면접관의 평가	인내심, 스트레스 회피성향, 직무 몰입도, 적응력을 확인한다. 조직 지속성과 조기 이탈 가능성에 대해 평가한다.
	면접대책	조직에 적응하지 못하고 나갈 수 있다는 우려를 하게 된다. 책임감을 강조하고 조직 적응력을 보여준다. 또한 직무에 대한 장기적인 동기 부여를 강조하여 지속성이 있음을 보여준다.

정신건강검사

정신 건강을 검사하여 지원자를 파악합니다.

CHAPTER 06

외상 후 스트레스 장애, 스트레스 반응, 우울증, 불안장애, 강박장애, 정신분열장애 등을 평가하여 정신 건강을 확인하는 것이다.

※ 해당 질문은 약식으로 일부만 작성한 것이므로 의학적 진단용이 아니다.

〈정신검사검사 점수채점방식〉

• '전혀 그렇지 않다'는 1점, '그렇지 않다' 2점, '보통' 3점, '그렇다' 4점, '매우 그렇다' 5점으로 점수를 책정한다.
• 항목에 따라 자신의 점수를 색칠한 뒤에 그래프로 결과를 확인한다.
• 본 검사는 질문지의 일부만으로 확인하는 것으로 정확도가 실제와 다르므로 참고용으로 확인하시길 바랍니다.

정신건강검사 그래프 그려보기

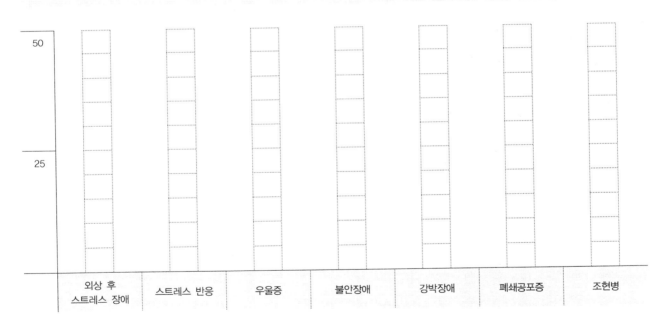

01 외상 후 스트레스 장애(PTSD)

외상 후 스트레스 장애는 처음에 군인이나 사고 후에 일어나는 독특한 정신 증상을 설명하기 위한 진단명이었다. 과거에는 전투 피로증, 총체적 스트레스 반응, 신경증적 반응, 상황반응 등 다양한 용어로 설명했으나 1980년대 이후 외상 후 스트레스 장애로 진단하고 있다. 재난 현장, 사고, 인명 구조 등을 다루는 소방공무원에게 매우 중요한 평가 요소이다.

	질 문	전혀 그렇지 않다	그렇지 않다	보통	그렇다	매우 그렇다
1	과거의 충격적인 장면이 반복적으로 떠오를 때가 있다.	①	②	③	④	⑤
2	특정 소리나 장소가 과거 사건을 떠올리게 해 불안해진다.	①	②	③	④	⑤
3	악몽이나 잠에서 깨어나는 일이 자주 있다.	①	②	③	④	⑤
4	별일 없어도 극도로 예민하고 날카롭게 반응할 때가 있다.	①	②	③	④	⑤
5	과거 겪은 힘든 일을 누가 떠올리게 하면 회피하고 싶어진다.	①	②	③	④	⑤
6	다른 사람들과의 감정 교류가 무뎌졌다는 느낌이 든다.	①	②	③	④	⑤
7	긴장이나 경계심을 자주 느끼며, 편하게 쉬기 어렵다.	①	②	③	④	⑤
8	특정 사건이 계속 머릿속을 떠나지 않고 괴롭다.	①	②	③	④	⑤
9	불안이나 공포로 인해 활동을 피하거나 제한한 적이 있다.	①	②	③	④	⑤
10	충격적인 사건 이후, 내 감정이나 성격이 예전과 달라졌다고 느낀다.	①	②	③	④	⑤

'매우 그렇다'가 많은 경우	면접관의 평가	'재난 현장에서 충격을 받을 경우 감정적으로 무너지지 않을까?', '스트레스 회복이 느려 조직 활동에 영향을 주지 않을까?', '자신이나 타인의 생명에 위협이 되는 순간, 안정적으로 대응할 수 있을까'
	면접대책	힘든 경험이 있었으나 문제가 없고 괜찮다고 말하는 것 보다 자기 회복력을 보여주면서 어떻게 자기 관리를 하고 있는지를 보여준다. 또한 감정조절을 위한 실제적인 노력과 경험을 알려준다.

02 스트레스 반응

정신적·육체적 균형과 안정을 깨뜨리려고 하는 자극에서 원래의 안정 상태를 유지하고자 자극에 저항하는 반응을 측정한다.

	질 문	전혀 그렇지 않다	그렇지 않다	보통	그렇다	매우 그렇다
1	스트레스를 받으면 몸이 아프거나 피곤해지는 편이다.	①	②	③	④	⑤
2	일이 뜻대로 되지 않으면 쉽게 예민해진다.	①	②	③	④	⑤
3	스트레스를 받으면 잠을 제대로 자지 못한다.	①	②	③	④	⑤
4	작은 일에도 불안하거나 초조한 감정을 느낀다.	①	②	③	④	⑤
5	스트레스를 받으면 사람을 피하거나 연락을 끊고 싶어진다.	①	②	③	④	⑤
6	스트레스 상황에서 누군가 말 걸면 짜증이 나기도 한다.	①	②	③	④	⑤
7	감정이 격해지면 말이나 행동으로 드러나는 편이다.	①	②	③	④	⑤
8	스트레스가 쌓이면 쉽게 무기력해지고 집중력이 떨어진다.	①	②	③	④	⑤
9	스트레스 상황에서는 실수가 잦아지는 편이다.	①	②	③	④	⑤
10	스트레스를 받을 때 해결보다는 피하려는 경향이 있다.	①	②	③	④	⑤

'매우 그렇다'가 많은 경우	면접관의 평가	'압박 상황에서 감정이 무너져 현장 대응에 지장 생기지 않을까?', '협업 중 예민해져서 동료와 갈등을 일으키진 않을까?', '스트레스 회복이 느려 지속근무에 부담이 있진 않을까?'
	면접대책	스트레스를 잘 받는 예민한 성향이 있다는 것을 알고 있는 자기인식을 잘 설명한다. 또한 이러한 성향에 따른 스트레스를 잘 관리하고 있다는 것을 강조하는 것이 중요하다. 스트레스 제거는 불가능하더라도 견디는 힘이 있음을 보여준다.

03 우울증

우울증은 일시적으로 기분만 저하된 상태를 뜻하는 것이 아니라 생각의 내용, 사고과정, 동기, 의욕, 관심, 행동, 수면, 신체활동 등 전반적인 정신기능이 저하된 상태를 말한다.

	질 문	전혀 그렇지 않다	그렇지 않다	보통	그렇다	매우 그렇다
1	요즘은 내가 가치 있는 사람인지 의문이 들 때가 있다.	①	②	③	④	⑤
2	무기력하고 아무것도 하기 싫은 날이 자주 있다.	①	②	③	④	⑤
3	예전엔 즐겁던 일이 지금은 전혀 흥미롭지 않다.	①	②	③	④	⑤
4	가끔 이유 없이 눈물이 날 것 같은 기분이 든다.	①	②	③	④	⑤
5	실수하거나 잘못하면 자기비판이 멈추지 않는다.	①	②	③	④	⑤
6	남들과 어울리는 게 피곤하고 부담스럽게 느껴진다.	①	②	③	④	⑤
7	어떤 일을 해도 만족감이 없고 허무함이 든다.	①	②	③	④	⑤
8	자주 피로하거나 기운이 없고, 잠도 제대로 못 잔다.	①	②	③	④	⑤
9	내 기분이 다른 사람에게 짐이 될까 걱정된다.	①	②	③	④	⑤
10	세상에 혼자 남은 것 같은 외로움을 느낄 때가 많다.	①	②	③	④	⑤

'매우 그렇다'가 많은 경우	면접관의 평가	'이 지원자는 업무 스트레스에 쉽게 침체되지 않을까?', '자존감이 낮아 위기 상황에서 주도적으로 행동하지 못할 수도 있겠다.'
	면접대책	나의 성향에 대해서 알고 있음을 표현하는 것이 중요하다. 기분에 기복이 있다는 것을 인정하고 스스로 잘 조절하고 있음을 보여주어야 한다. '어떤 일이든 즐겁지 않게 느껴질 때가 많습니다.'와 같은 발언보다는 슬럼프에서도 스스로 방향을 잡는 힘이 있음을 보여준다.

04 불안장애

만성적으로 걱정, 근심이 많은 병으로 여러 가지 신체적인 증상이나 정신적인 증상이 나타나는 질환이다. 일반 인구의 약 25% 정도가 불안장애를 경험하고 있으며, 여성이 남성보다 2배정도 더 많고 우울증과 함께 나타나는 경우도 있다.

	질 문	전혀 그렇지 않다	그렇지 않다	보통	그렇다	매우 그렇다
1	사소한 일도 오래 걱정하며 반복해서 생각하는 편이다.	①	②	③	④	⑤
2	미래에 대한 불확실성 때문에 자주 불안해진다.	①	②	③	④	⑤
3	중요한 일을 앞두면 심장이 빨리 뛰는 편이다.	①	②	③	④	⑤
4	남들이 나를 어떻게 볼지 지나치게 신경 쓴다.	①	②	③	④	⑤
5	실수를 하면 계속 머릿속에서 되새기며 자책한다.	①	②	③	④	⑤
6	무언가 잘못될 것 같은 불안감이 자주 든다.	①	②	③	④	⑤
7	낯선 환경이나 변화에 쉽게 긴장한다.	①	②	③	④	⑤
8	불안한 상황을 피하려고 회피하거나 미루는 편이다.	①	②	③	④	⑤
9	잠들기 전, 걱정이 많아져 잠을 설치는 경우가 있다.	①	②	③	④	⑤
10	이유 없이 불안하거나 가슴이 두근거릴 때가 있다.	①	②	③	④	⑤

'매우 그렇다'가 많은 경우	면접관의 평가	'위기나 스트레스 상황에서 과도한 긴장으로 판단력 저하되지 않을까?', '사회적 불안감으로 인해 민원 응대나 협업 시 어렵지 않을까?'
	면접대책	불안을 인식하고 있는 태도가 중요하다. 불안보다 그것을 조절하는 역량을 강조하여 보여준다. 또한 불안이라는 감정 반응에도 침착함을 잃지 않음을 보여주는 것이 핵심이다. 불안을 통해 자기성찰을 하고 성장했다는 태도를 강조하는 것이 좋다.

05 강박장애(OCD)

반복적으로 원하지 않는 강박적인 사고와 행동을 특징적으로 하는 것이다. 잦은 손 씻기, 숫자세기, 확인하기, 청소하기 등의 행동을 반복하여 강박사고를 막거나 생각을 머리에서 지우려는 경우가 많다.

	질 문	전혀 그렇지 않다	그렇지 않다	보통	그렇다	매우 그렇다
1	어떤 일을 하기 전, 머릿속으로 여러 번 시뮬레이션을 해야 안심된다.	①	②	③	④	⑤
2	내가 원하는 방식이 아니면 일을 다시 해야 직성이 풀린다.	①	②	③	④	⑤
3	사소한 실수도 계속 마음에 남아 신경 쓰인다.	①	②	③	④	⑤
4	손을 씻거나 물건을 정리하는 행동을 반복하는 편이다.	①	②	③	④	⑤
5	계획대로 일이 흘러가지 않으면 불편함을 크게 느낀다.	①	②	③	④	⑤
6	일정이 어긋나면 기분이 흐트러지고 집중이 잘 안 된다.	①	②	③	④	⑤
7	실수하거나 틀리는 것을 매우 두려워한다.	①	②	③	④	⑤
8	완벽하게 끝내지 않으면 일이 마무리된 것 같지 않다.	①	②	③	④	⑤
9	내 방식대로 해야 마음이 편하고 결과도 좋다고 믿는다.	①	②	③	④	⑤
10	비효율적이라도 정해진 절차를 지키지 않으면 불안하다.	①	②	③	④	⑤

'매우 그렇다'가 많은 경우	면접관의 평가	'융통성이 부족하거나 상황 변화에 쉽게 스트레스를 받을 수 있다.', '작은 실수나 변수에도 과도하게 반응할 수 있어 현장 대응에 문제가 될 수 있다.'
	면접대책	성향을 장점으로 전환하여 감추기보다는 실무에서 큰 장점으로 나타날 수 있다고 말한다. 꼼꼼함과 완벽주의로 실수를 없애기 위한 태도와 함께 유연성을 기르기 위한 연습을 해야 한다고 말한다. 내 방식만 고수하는 태도를 보여주지 않고 불안함에도 상황에 따라 변화하는 유연성을 보여주려고 한다.

06 폐쇄공포증

엘리베이터, 터널, 비행기 등과 같은 밀폐된 공간에서 불안을 호소하는 것으로 두렵고 불안감을 이기지 못하는 경우 공황발작을 일으킬 수 있는 불안장애 중 공포장애에 해당한다.

	질 문	전혀 그렇지 않다	그렇지 않다	보통	그렇다	매우 그렇다
1	엘리베이터처럼 닫힌 공간에 오래 있으면 불안하거나 답답하다.	①	②	③	④	⑤
2	창문이 없는 방에 혼자 오래 있으면 불편하다.	①	②	③	④	⑤
3	지하철이나 터널을 지날 때 불안한 감정이 든다.	①	②	③	④	⑤
4	비행기나 버스처럼 탈출이 어려운 공간에서 불안감을 느낀다.	①	②	③	④	⑤
5	사람이 꽉 찬 공간에서는 숨이 막히는 느낌이 든다.	①	②	③	④	⑤
6	혼잡한 장소나 밀폐된 공간에서는 머리가 어지럽거나 식은땀이 난다.	①	②	③	④	⑤
7	공간이 좁거나 출구가 없을 때 공포를 느낀 적이 있다.	①	②	③	④	⑤
8	혼자 엘리베이터를 타는 것을 피하려고 한 적이 있다.	①	②	③	④	⑤
9	작은 방에서 문을 닫고 있으면 긴장되거나 불안하다.	①	②	③	④	⑤
10	폐쇄된 공간을 피하기 위해 일부 장소나 활동을 기피한 적이 있다.	①	②	③	④	⑤

'매우 그렇다'가 많은 경우	면접관의 평가	'폐쇄된 공간에서 구조 작업 시 문제 생기지 않을까?', '불안으로 인해 업무 회피나 이탈 가능성이 있지 않을까?'
	면접대책	자기 인식을 하는 것을 보여준다. 또한 그에 맞게 적절하게 훈련하고 연습을 하고 있다는 것을 보여준다.

07 조현병

말, 행동, 감정, 인지 등 다양한 영역에서 복합적인 증상들이 나타나는 정신병적 상태로 사고의 장애, 망상, 환각, 현실과의 괴리감, 기이한 행동 등의 증상을 갖는 상태를 말한다. 인간의 인지, 지각, 정동, 의지, 행동, 사회활동 등의 다양한 정신기능에 이상을 초래하는 정신과적 질환으로서 증상뿐만 아니라 경과, 치료반응, 예후로 다양하게 나타난다.

	질 문	전혀 그렇지 않다	그렇지 않다	보통	그렇다	매우 그렇다
1	가끔 누가 나를 감시하거나 해치려는 것 같다는 생각이 든다.	①	②	③	④	⑤
2	내 생각이 다른 사람에게 전달되고 있다고 느낄 때가 있다.	①	②	③	④	⑤
3	텔레비전이나 라디오가 나에게 메시지를 보내는 것처럼 느껴진 적이 있다.	①	②	③	④	⑤
4	혼잣말을 자주 하거나, 누군가와 대화하듯 말할 때가 있다.	①	②	③	④	⑤
5	주변 사람들이 나를 의도적으로 배척하거나 속이려 한다고 생각한 적이 있다.	①	②	③	④	⑤
6	머릿속이 복잡해 생각을 정리하기 어렵거나, 다른 사람이 내 생각을 조종하는 것 같을 때가 있다.	①	②	③	④	⑤
7	어떤 일이든 나에게 특별한 의미가 있는 징조처럼 느껴지는 일이 있다.	①	②	③	④	⑤
8	감정이 무뎌져서 슬프거나 기뻐도 크게 반응하지 않게 된 것 같다.	①	②	③	④	⑤
9	생각이 정리되지 않거나 문장을 연결해서 말하는 것이 어려울 때가 있다.	①	②	③	④	⑤
10	혼자 있는 시간이 많고, 사람들과 어울리는 것이 힘들게 느껴진다.	①	②	③	④	⑤

'매우 그렇다'가 많은 경우	면접관의 평가	'의사소통이 어려울 수 있고, 조직 내 갈등이나 오해를 초래하지 않을까?'
	면접대책	사고의 일관성을 어필하고 공감능력과 사회성을 보여준다.

CHAPTER 07

실전 모의고사

인성검사를 실전 모의고사를 통해서 실제 시험감각을 익힐 수 있다.

Section 01 | 인성검사 모의고사 푸는 방법

① 모의고사 한 회당 40분 안에 풀어보세요.

② '매우 그렇다', '그렇다', '보통이다', '그렇지 않다', '전혀 그렇지 않다' 중에서 자신과 가깝다고 느껴지는 곳에 체크하세요.

③ 최대한 솔직하게 작성하여야 합니다.

④ 정답은 없으므로 자신에 대한 것을 솔직하게 작성하는 것이 가장 중요합니다.

Section 02 | 인성검사 유의사항

① 허구성 척도 질문 파악

인성검사의 질문에는 허구성 척도를 측정하기 위한 질문이 숨어있음을 유념해야 한다. 허구성을 측정하는 질문에 다소 거짓으로 '그렇다'라고 답하는 것은 전혀 문제가 되지 않는다. 하지만 지나치게 좋은 성격을 염두에 두고 허구성을 측정하는 질문에 전부 '그렇다'고 대답을 한다면 허구성 척도의 득점이 극단적으로 높아지며 불성실한 답변으로 신뢰성이 의심받게 된다.

② 솔직하고 신속하게 답변한다.

인성검사는 평범한 일상생활 내용들을 다룬 짧은 문장과 어떤 대상이나 일에 대한 선호를 선택하는 문장으로 구성되었으므로 평소에 자신이 생각한 바를 너무 골똘히 생각하지 말고 문제를 보는 순간 떠오른 것을 표현한다. 또한 간혹 반복되는 문제들이 출제되기 때문에 일관성 있게 답하지 않으면 감점될 수 있으므로 유의한다.

③ 모든 문제를 신속하게 대답한다.

인성검사는 개인의 성격과 자질을 알아보기 위한 검사이기 때문에 정답이 없다만, 채용기관에서 생각하거나 기대되는 결과가 있을 뿐이다. 따라서 시간에 쫓겨서 대충 대답을 하는 것은 바람직하지 못하다.

④ 자신의 성향과 사고방식을 미리 정리한다.

소방공무원의 인재상을 기초로 하여 일관성, 신뢰성, 진실성 있는 답변을 염두에 두고 꼼꼼히 풀다보면 분명 시간의 촉박함을 느낄 것이다. 따라서 각각의 질문을 너무 골똘히 생각하거나 고민하지 말자. 대신 시험 전에 여유 있게 자신의 성향이나 사고방식에 대해 정리해보는 것이 필요하다.

⑤ 마지막까지 집중해서 임한다.

장시간 진행되는 검사에 지칠 수 있으므로 마지막까지 집중해서 솔직하게 답할 수 있도록 해야 한다.

Section 03 | 인성검사 모의고사(제한시간 : 40분)

[001 ~ 270] 다음 자신에게 가까운 것을 골라서 표기하시오.

- '전혀 그렇지 않다'는 ①, '그렇지 않다' ②, '보통' ③, '그렇다' ④, '매우 그렇다' ⑤으로 하나의 답만을 골라서 그 숫자에 '●'으로 표기한다.
- 본 검사는 40분 내에 인성검사 내용을 파악하고 마킹을 하여 시간 안에 끝내는 것으로 정해진 정답이 없다.
- p.65에 있는 OMR 답안지를 절취하여 직접 표기하면서 정해진 시간 안에 인성검사를 마무리 한다.

001 사람들이 붐비는 도시보다 한적한 시골이 좋다. ······ ① ② ③ ④ ⑤

002 전자기기를 잘 다루지 못하는 편이다. ······ ① ② ③ ④ ⑤

003 인생에 대해 깊이 생각해 본 적이 없다. ······ ① ② ③ ④ ⑤

004 혼자서 식당에 들어가는 것은 전혀 두려운 일이 아니다. ······ ① ② ③ ④ ⑤

005 이익을 위해 사람을 이용하기도 한다. ······ ① ② ③ ④ ⑤

006 걸음걸이가 빠른 편이다. ······ ① ② ③ ④ ⑤

007 육류보다 채소류를 더 좋아한다. ······ ① ② ③ ④ ⑤

008 소곤소곤 이야기하는 것을 보면 자기에 대해 험담하고 있는 것으로 생각된다. ······ ① ② ③ ④ ⑤

009 여럿이 어울리는 자리에서 이야기를 주도하는 편이다. ······ ① ② ③ ④ ⑤

010 집에 머무는 시간보다 밖에서 활동하는 시간이 더 많은 편이다. ······ ① ② ③ ④ ⑤

011 적응을 못하는 사람에게 먼저 다가가서 말을 거는 편이다. ······ ① ② ③ ④ ⑤

012 남이 나를 무시한다고 느끼면 참기 어렵다. ······ ① ② ③ ④ ⑤

013 내 의견이 무시당하면 오랫동안 마음에 남는다. ······ ① ② ③ ④ ⑤

014 사소한 지적도 자존심이 상하는 경우가 있다. ······ ① ② ③ ④ ⑤

015 일정이 어긋나면 기분이 흐트러지고 집중이 잘 안 된다. ······ ① ② ③ ④ ⑤

016 사소한 실수도 계속 마음에 남아 신경 쓰인다. ······ ① ② ③ ④ ⑤

017 자신이 맡은 일에 반드시 책임을 지는 편이다. ······ ① ② ③ ④ ⑤

018 누군가 나를 낮게 본다는 느낌만으로 불편함을 느낀다. ······ ① ② ③ ④ ⑤

019 운동신경이 뛰어난 편이다. ······ ① ② ③ ④ ⑤

020 생각나는 대로 말해버리는 편이다. ······ ① ② ③ ④ ⑤

021 나는 싫어하는 사람이 없다. ······ ① ② ③ ④ ⑤

022 학창시절 필수과목보다 예체능 과목을 더 좋아했다. ······ ① ② ③ ④ ⑤

023 손을 씻거나 물건을 정리하는 행동을 반복하는 편이다. ································ ① ② ③ ④ ⑤

024 내 생각이 다른 사람에게 전달되고 있다고 느낄 때가 있다. ························ ① ② ③ ④ ⑤

025 나는 공동의 목표를 위해 내 역할을 충실히 수행하려 노력한다. ················· ① ② ③ ④ ⑤

026 사소한 일도 오래 걱정하며 반복해서 생각하는 편이다. ···························· ① ② ③ ④ ⑤

027 팀원 중 누군가 힘들어 보이면 도와주고 싶다는 생각이 든다. ··················· ① ② ③ ④ ⑤

028 어떠한 경우에도 화낸 적이 없다. ·· ① ② ③ ④ ⑤

029 좀처럼 아픈 적이 없다. ··· ① ② ③ ④ ⑤

030 나의 성과보다는 팀 전체의 성과가 더 중요하다고 생각한다. ··················· ① ② ③ ④ ⑤

031 의견 충돌이 있어도 원활한 협업을 위해 조율하려 노력하는 편이다. ·········· ① ② ③ ④ ⑤

032 동료의 의견이 내 생각과 달라도 먼저 경청하려고 한다. ························· ① ② ③ ④ ⑤

033 자기주장이 강한 편이다. ··· ① ② ③ ④ ⑤

034 나는 설정한 목표는 어떤 일이 있어도 끝까지 이루려고 한다. ················· ① ② ③ ④ ⑤

035 새로운 기술이 출시되면 아주 능숙하게 사용하는 편이다. ······················· ① ② ③ ④ ⑤

036 실패를 경험해도 다시 시도해보려는 마음이 든다. ······························· ① ② ③ ④ ⑤

037 남들보다 더 나은 결과를 내고 싶다는 마음이 있다. ····························· ① ② ③ ④ ⑤

038 과정보다 결과가 더 중요하다고 생각한다. ··· ① ② ③ ④ ⑤

039 위기 상황일수록 오히려 더 침착해지려 한다. ······································· ① ② ③ ④ ⑤

040 동료가 어려움에 처하면 돕고 싶은 마음이 든다. ·································· ① ② ③ ④ ⑤

041 맡은 일은 누가 보지 않아도 끝까지 책임지려 한다. ····························· ① ② ③ ④ ⑤

042 어떤 일이라도 바로 시작하는 타입이다. ··· ① ② ③ ④ ⑤

043 감정에 휘둘리지 않고 이성적으로 판단하려 노력한다. ···························· ① ② ③ ④ ⑤

044 생각하고 나서 행동하는 편이다. ·· ① ② ③ ④ ⑤

045 쉬는 날은 밖으로 나가는 경우가 많다. ·· ① ② ③ ④ ⑤

046 반복적인 업무도 성실히 수행할 수 있다. ·· ① ② ③ ④ ⑤

047 위험한 상황에서도 지시를 따를 수 있다. ·· ① ② ③ ④ ⑤

048 남의 고통을 보면 그냥 지나치지 못한다. ·· ① ② ③ ④ ⑤

049 팀의 목표를 위해 개인적인 감정을 내려놓은 적이 있다. ························· ① ② ③ ④ ⑤

050 많은 사람들과 왁자지껄하게 식사하는 것을 좋아하지 않는다. ················· ① ② ③ ④ ⑤

051 피곤하거나 지쳐도 맡은 임무는 반드시 수행하려 한다. ································· ① ② ③ ④ ⑤

052 타인의 실수에 대해 쉽게 화를 내기보다는 이해하려 한다. ······················ ① ② ③ ④ ⑤

053 혼자 결정하기보다는 팀과 협의하며 일하는 것을 선호한다. ················· ① ② ③ ④ ⑤

054 스스로 모임에서 회장에 어울린다고 생각한다. ································· ① ② ③ ④ ⑤

055 입신출세의 성공이야기를 좋아한다. ·· ① ② ③ ④ ⑤

056 어떠한 일도 의욕을 가지고 임하는 편이다. ···································· ① ② ③ ④ ⑤

057 주변 상황이 바뀌어도 유연하게 대처하는 편이다. ························· ① ② ③ ④ ⑤

058 항상 무언가를 생각하고 있다. ··· ① ② ③ ④ ⑤

059 스포츠는 보는 것보다 하는 게 좋다. ·· ① ② ③ ④ ⑤

060 문제 상황을 바르게 인식하고 현실적이고 객관적으로 대처한다. ········ ① ② ③ ④ ⑤

061 흐린 날은 반드시 우산을 가지고 간다. ·· ① ② ③ ④ ⑤

062 여러 명보다 1 : 1로 대화하는 것을 선호한다. ······························· ① ② ③ ④ ⑤

063 현장에서 지시를 받으면 불만이 있어도 일단 따른다. ····················· ① ② ③ ④ ⑤

064 불합리한 경우에는 해야 할 말을 반드시 하는 편이다. ··················· ① ② ③ ④ ⑤

065 너무 신중해서 기회를 놓친 적이 있다. ·· ① ② ③ ④ ⑤

066 실수나 잘못을 했을 때 솔직히 인정하는 편이다. ·························· ① ② ③ ④ ⑤

067 아무도 모르는 실수는 조용히 넘어가는 편이 많다. ······················ ① ② ③ ④ ⑤

068 어딘가를 방문할 때는 반드시 사전에 미리 계획을 확인한다. ··········· ① ② ③ ④ ⑤

069 아무리 노력해도 결과가 따르지 않는다면 의미가 없다. ················· ① ② ③ ④ ⑤

070 특이한 행동을 하는 사람을 이해하려고 노력하는 편이다. ··············· ① ② ③ ④ ⑤

071 유행에 둔감하다고 생각한다. ··· ① ② ③ ④ ⑤

072 정해진 대로 움직이는 것은 시시하다. ·· ① ② ③ ④ ⑤

073 꿈을 계속 가지고 있고 싶다. ·· ① ② ③ ④ ⑤

074 질서보다 자유를 중요시하는 편이다. ··· ① ② ③ ④ ⑤

075 혼자서 취미에 몰두하는 것을 좋아한다. ······································· ① ② ③ ④ ⑤

076 규칙과 절차는 반드시 지켜야 한다고 생각한다. ··························· ① ② ③ ④ ⑤

077 과도한 절차를 이행하여 속도가 늦어진다면 먼저 행동하는 편이다. ······ ① ② ③ ④ ⑤

078 시대의 흐름에 역행해서라도 나의 의견을 관철시키고 싶다. ·············· ① ② ③ ④ ⑤

079 다른 사람의 소문에 관심이 없다. ⋯⋯⋯⋯⋯⋯⋯⋯⋯⋯⋯⋯⋯⋯⋯⋯ ① ② ③ ④ ⑤

080 위험한 상황에서도 동료를 먼저 생각한다. ⋯⋯⋯⋯⋯⋯⋯⋯⋯⋯ ① ② ③ ④ ⑤

081 내가 먼저 잘 해야 조직에 도움이 되는 것이라 생각한다. ⋯⋯⋯⋯ ① ② ③ ④ ⑤

082 융통성이 있다고 생각한다. ⋯⋯⋯⋯⋯⋯⋯⋯⋯⋯⋯⋯⋯⋯⋯⋯⋯ ① ② ③ ④ ⑤

083 연락하고 지내는 친구가 없다. ⋯⋯⋯⋯⋯⋯⋯⋯⋯⋯⋯⋯⋯⋯⋯⋯ ① ② ③ ④ ⑤

084 상황이 급격히 변화하면 적응이 어렵다. ⋯⋯⋯⋯⋯⋯⋯⋯⋯⋯⋯ ① ② ③ ④ ⑤

085 정이 두터운 사람으로 남고 싶다. ⋯⋯⋯⋯⋯⋯⋯⋯⋯⋯⋯⋯⋯⋯ ① ② ③ ④ ⑤

086 새로 나온 전자제품에 큰 관심이 없다. ⋯⋯⋯⋯⋯⋯⋯⋯⋯⋯⋯⋯ ① ② ③ ④ ⑤

087 어떤 일이든 끝까지 해내야 직성이 풀린다. ⋯⋯⋯⋯⋯⋯⋯⋯⋯⋯ ① ② ③ ④ ⑤

088 다른 사람에게 피해를 주는 것은 절대 하지 않으려 한다. ⋯⋯⋯⋯ ① ② ③ ④ ⑤

089 업무는 인간관계로 선택한다. ⋯⋯⋯⋯⋯⋯⋯⋯⋯⋯⋯⋯⋯⋯⋯⋯ ① ② ③ ④ ⑤

090 큰 소리로 명령하거나 지시해야 하는 상황이 불편하지 않다. ⋯⋯⋯ ① ② ③ ④ ⑤

091 다른 사람들에게 첫인상이 좋다는 이야기를 자주 듣는다. ⋯⋯⋯⋯ ① ② ③ ④ ⑤

092 인생은 살 가치가 없다고 생각한다. ⋯⋯⋯⋯⋯⋯⋯⋯⋯⋯⋯⋯⋯ ① ② ③ ④ ⑤

093 의지가 강한 편이다. ⋯⋯⋯⋯⋯⋯⋯⋯⋯⋯⋯⋯⋯⋯⋯⋯⋯⋯⋯⋯ ① ② ③ ④ ⑤

094 나를 찍어 누르려는 사람에겐 반드시 대항한다. ⋯⋯⋯⋯⋯⋯⋯⋯ ① ② ③ ④ ⑤

095 자주 넘어지거나 다치는 편이다. ⋯⋯⋯⋯⋯⋯⋯⋯⋯⋯⋯⋯⋯⋯ ① ② ③ ④ ⑤

096 심심한 것을 못 참는다. ⋯⋯⋯⋯⋯⋯⋯⋯⋯⋯⋯⋯⋯⋯⋯⋯⋯⋯ ① ② ③ ④ ⑤

097 다른 사람을 욕한 적이 한 번도 없다. ⋯⋯⋯⋯⋯⋯⋯⋯⋯⋯⋯⋯ ① ② ③ ④ ⑤

098 몸이 아프더라도 병원에 잘 가지 않는 편이다. ⋯⋯⋯⋯⋯⋯⋯⋯ ① ② ③ ④ ⑤

099 금방 낙심하는 편이다. ⋯⋯⋯⋯⋯⋯⋯⋯⋯⋯⋯⋯⋯⋯⋯⋯⋯⋯ ① ② ③ ④ ⑤

100 안전이 확보되지 않은 상황에서는 절대 행동하지 않는다. ⋯⋯⋯⋯ ① ② ③ ④ ⑤

101 어려운 일은 되도록 피하는 게 좋다. ⋯⋯⋯⋯⋯⋯⋯⋯⋯⋯⋯⋯ ① ② ③ ④ ⑤

102 동료와의 약속은 작은 일이라도 반드시 지키려 한다. ⋯⋯⋯⋯⋯ ① ② ③ ④ ⑤

103 내 의견이 틀렸을 때는 고집부리지 않고 수용한다. ⋯⋯⋯⋯⋯⋯ ① ② ③ ④ ⑤

104 위험한 상황에서 먼저 행동하기보다는 상황을 분석하려 한다. ⋯⋯ ① ② ③ ④ ⑤

105 동료의 감정을 세심하게 살피는 편이다. ⋯⋯⋯⋯⋯⋯⋯⋯⋯⋯⋯ ① ② ③ ④ ⑤

106 상냥하다는 말을 들은 적이 있다. ⋯⋯⋯⋯⋯⋯⋯⋯⋯⋯⋯⋯⋯⋯ ① ② ③ ④ ⑤

107 주변 사람이 슬퍼하는 것은 나와 관련 없는 일이라고 생각한다. ⋯⋯⋯⋯⋯⋯⋯⋯ ① ② ③ ④ ⑤

108 누군가 무례하게 굴어도 감정을 억제할 수 있다. ⋯⋯⋯⋯⋯⋯⋯⋯⋯⋯⋯⋯ ① ② ③ ④ ⑤

109 평소에 불평불만이 많은 편이다. ⋯⋯⋯⋯⋯⋯⋯⋯⋯⋯⋯⋯⋯⋯⋯⋯⋯⋯⋯ ① ② ③ ④ ⑤

110 가끔 나도 모르게 엉뚱한 행동을 하는 때가 있다. ⋯⋯⋯⋯⋯⋯⋯⋯⋯⋯⋯⋯ ① ② ③ ④ ⑤

111 생리현상을 잘 참지 못하는 편이다. ⋯⋯⋯⋯⋯⋯⋯⋯⋯⋯⋯⋯⋯⋯⋯⋯⋯⋯ ① ② ③ ④ ⑤

112 약속장소에 먼저 나와 다른 사람을 기다리는 경우가 많다. ⋯⋯⋯⋯⋯⋯⋯⋯ ① ② ③ ④ ⑤

113 술자리나 모임에 억지로 참여하는 경우가 많다. ⋯⋯⋯⋯⋯⋯⋯⋯⋯⋯⋯⋯⋯ ① ② ③ ④ ⑤

114 예기치 않은 변수에도 유연하게 계획을 조정할 수 있다. ⋯⋯⋯⋯⋯⋯⋯⋯⋯ ① ② ③ ④ ⑤

115 노후에 대해 걱정이 될 때가 많다. ⋯⋯⋯⋯⋯⋯⋯⋯⋯⋯⋯⋯⋯⋯⋯⋯⋯⋯ ① ② ③ ④ ⑤

116 잃어버린 물건은 쉽게 찾는 편이다. ⋯⋯⋯⋯⋯⋯⋯⋯⋯⋯⋯⋯⋯⋯⋯⋯⋯⋯ ① ② ③ ④ ⑤

117 비교적 쉽게 감격하는 편이다. ⋯⋯⋯⋯⋯⋯⋯⋯⋯⋯⋯⋯⋯⋯⋯⋯⋯⋯⋯⋯ ① ② ③ ④ ⑤

118 어떤 것에 대해서는 불만을 가진 적이 없다. ⋯⋯⋯⋯⋯⋯⋯⋯⋯⋯⋯⋯⋯⋯ ① ② ③ ④ ⑤

119 걱정으로 밤에 못 잘 때가 많다. ⋯⋯⋯⋯⋯⋯⋯⋯⋯⋯⋯⋯⋯⋯⋯⋯⋯⋯⋯ ① ② ③ ④ ⑤

120 반복된 실패에도 쉽게 포기하지 않는다. ⋯⋯⋯⋯⋯⋯⋯⋯⋯⋯⋯⋯⋯⋯⋯⋯ ① ② ③ ④ ⑤

121 쉽게 학습하지만 쉽게 잊어버린다. ⋯⋯⋯⋯⋯⋯⋯⋯⋯⋯⋯⋯⋯⋯⋯⋯⋯⋯ ① ② ③ ④ ⑤

122 직무상 불이익이 있어도 정직하게 행동하려 한다. ⋯⋯⋯⋯⋯⋯⋯⋯⋯⋯⋯⋯ ① ② ③ ④ ⑤

123 많은 사람 앞에서도 긴장하지 않는다. ⋯⋯⋯⋯⋯⋯⋯⋯⋯⋯⋯⋯⋯⋯⋯⋯⋯ ① ② ③ ④ ⑤

124 상대방에게 감정 표현을 하기가 어렵게 느껴진다. ⋯⋯⋯⋯⋯⋯⋯⋯⋯⋯⋯⋯ ① ② ③ ④ ⑤

125 내가 맡은 일은 끝날 때까지 계속 신경을 쓴다. ⋯⋯⋯⋯⋯⋯⋯⋯⋯⋯⋯⋯⋯ ① ② ③ ④ ⑤

126 규칙에 대해 드러나게 반발하기보다 속으로 반발한다. ⋯⋯⋯⋯⋯⋯⋯⋯⋯ ① ② ③ ④ ⑤

127 자신의 언행에 대해 자주 반성한다. ⋯⋯⋯⋯⋯⋯⋯⋯⋯⋯⋯⋯⋯⋯⋯⋯⋯⋯ ① ② ③ ④ ⑤

128 활동범위가 좁아 늘 가던 곳만 고집한다. ⋯⋯⋯⋯⋯⋯⋯⋯⋯⋯⋯⋯⋯⋯⋯ ① ② ③ ④ ⑤

129 감정적으로 힘들 때에도 냉정한 판단을 유지하려 한다. ⋯⋯⋯⋯⋯⋯⋯⋯⋯ ① ② ③ ④ ⑤

130 좋다고 생각하더라도 좀 더 검토하고 나서 실행한다. ⋯⋯⋯⋯⋯⋯⋯⋯⋯⋯ ① ② ③ ④ ⑤

131 위대한 인물이 되고 싶다. ⋯⋯⋯⋯⋯⋯⋯⋯⋯⋯⋯⋯⋯⋯⋯⋯⋯⋯⋯⋯⋯⋯ ① ② ③ ④ ⑤

132 한 번에 많은 일을 떠맡아도 힘들지 않다. ⋯⋯⋯⋯⋯⋯⋯⋯⋯⋯⋯⋯⋯⋯⋯ ① ② ③ ④ ⑤

133 갈등이 생겼을 때 화내기보다는 대화를 우선한다. ⋯⋯⋯⋯⋯⋯⋯⋯⋯⋯⋯⋯ ① ② ③ ④ ⑤

134 팀보다는 내 의견을 우선시한다. ⋯⋯⋯⋯⋯⋯⋯⋯⋯⋯⋯⋯⋯⋯⋯⋯⋯⋯⋯ ① ② ③ ④ ⑤

135 머리를 쓰는 것보다 땀을 흘리는 일이 좋다. ······································· ① ② ③ ④ ⑤

136 내 감정보다 일을 먼저 생각하는 편이다. ······································· ① ② ③ ④ ⑤

137 아무리 바쁘더라도 자기관리를 위한 운동을 꼭 한다. ······················ ① ② ③ ④ ⑤

138 이왕 할 거라면 일등이 되고 싶다. ·· ① ② ③ ④ ⑤

139 과감하게 도전하는 타입이다. ··· ① ② ③ ④ ⑤

140 자신이 사교적이지 않다고 생각한다. ·· ① ② ③ ④ ⑤

141 무심코 도리에 대해서 말하고 싶어진다. ······································· ① ② ③ ④ ⑤

142 남의 실수에 나서서 책임을 진 경우가 많이 있다. ························· ① ② ③ ④ ⑤

143 단념하기보다 실패하는 것이 낫다고 생각한다. ····························· ① ② ③ ④ ⑤

144 예상하지 못한 일은 하고 싶지 않다. ·· ① ② ③ ④ ⑤

145 파란만장하더라도 성공하는 인생을 살고 싶다. ····························· ① ② ③ ④ ⑤

146 활기찬 편이라고 생각한다. ·· ① ② ③ ④ ⑤

147 일주일에 5일 이상은 친구의 약속이 있는 편이다. ························· ① ② ③ ④ ⑤

148 무심코 사람들을 평가하게 된다. ·· ① ② ③ ④ ⑤

149 때때로 성급하다고 생각한다. ··· ① ② ③ ④ ⑤

150 자신은 꾸준히 노력하는 타입이라고 생각한다. ····························· ① ② ③ ④ ⑤

151 터무니없는 생각이라도 메모한다. ··· ① ② ③ ④ ⑤

152 리더십이 있는 사람이 되고 싶다. ·· ① ② ③ ④ ⑤

153 열정적인 사람이라고 생각한다. ·· ① ② ③ ④ ⑤

154 다른 사람 앞에서 이야기를 하는 것이 조심스럽다. ······················ ① ② ③ ④ ⑤

155 세심하기보다 통찰력이 있는 편이다. ·· ① ② ③ ④ ⑤

156 어린 시절부터 만나온 사람과 인연을 길게 유지하는 편이다. ········· ① ② ③ ④ ⑤

157 구속받는 것을 견디지 못한다. ··· ① ② ③ ④ ⑤

158 돌다리도 두들겨 보고 건너는 쪽이 좋다. ···································· ① ② ③ ④ ⑤

159 권력을 위해서 약간의 거짓말을 할 수 있다. ································· ① ② ③ ④ ⑤

160 자신의 능력보다 과중한 업무를 할당받으면 기쁘다. ····················· ① ② ③ ④ ⑤

161 사색적인 사람이라고 생각한다. ·· ① ② ③ ④ ⑤

162 불편해 보이는 것은 반드시 편리하게 만들어야 직성이 풀린다. ········ ① ② ③ ④ ⑤

163 좋고 싫음으로 정할 때가 많다. ·· ① ② ③ ④ ⑤

164 전통에 얽매인 습관은 버리는 것이 적절하다. ························· ① ② ③ ④ ⑤

165 창문이 없는 방에 혼자 오래 있으면 불편하다. ······················· ① ② ③ ④ ⑤

166 혼잡한 장소나 밀폐된 공간에서는 머리가 어지럽거나 식은땀이 난다. ····· ① ② ③ ④ ⑤

167 주관적인 판단으로 실수한 적이 있다. ······························· ① ② ③ ④ ⑤

168 현실적이고 실용적인 면을 추구한다. ································· ① ② ③ ④ ⑤

169 타고난 능력에 의존하는 편이다. ···································· ① ② ③ ④ ⑤

170 다른 사람을 의식하여 외모에 신경을 쓴다. ························· ① ② ③ ④ ⑤

171 마음이 담겨 있으면 선물은 아무 것이나 좋다. ······················· ① ② ③ ④ ⑤

172 여행은 내 마음대로 하는 것이 좋다. ································· ① ② ③ ④ ⑤

173 추상적인 일에 관심이 있는 편이다. ································· ① ② ③ ④ ⑤

174 큰일을 먼저 결정하고 세세한 일을 나중에 결정하는 편이다. ·········· ① ② ③ ④ ⑤

175 괴로워하는 사람을 보면 답답하다. ··································· ① ② ③ ④ ⑤

176 자신의 가치기준을 알아주는 사람은 아무도 없다. ··················· ① ② ③ ④ ⑤

177 인간성이 없는 사람과는 함께 일할 수 없다. ························· ① ② ③ ④ ⑤

178 상상력이 풍부한 편이라고 생각한다. ································· ① ② ③ ④ ⑤

179 의리, 인정이 두터운 상사를 만나고 싶다. ··························· ① ② ③ ④ ⑤

180 인생은 앞날을 알 수 없어 재미있다. ································· ① ② ③ ④ ⑤

181 조직에서 분위기 메이커다. ··· ① ② ③ ④ ⑤

182 반성하는 시간에 차라리 실수를 만회할 방법을 구상한다. ············· ① ② ③ ④ ⑤

183 늘 하던 방식대로 일을 처리해야 마음이 편하다. ····················· ① ② ③ ④ ⑤

184 쉽게 이룰 수 있는 일에는 흥미를 느끼지 못한다. ··················· ① ② ③ ④ ⑤

185 좋다고 생각하면 바로 행동한다. ···································· ① ② ③ ④ ⑤

186 후배들은 무섭게 가르쳐야 따라온다. ································· ① ② ③ ④ ⑤

187 한 번에 많은 일을 떠맡는 것이 부담스럽다. ························· ① ② ③ ④ ⑤

188 능력 없는 상사라도 진급을 위해 아부할 수 있다. ··················· ① ② ③ ④ ⑤

189 질문을 받으면 그때의 느낌으로 대답하는 편이다. ··················· ① ② ③ ④ ⑤

190 땀을 흘리는 것보다 머리를 쓰는 일이 좋다. ························· ① ② ③ ④ ⑤

191 단체 규칙에 그다지 구속받지 않는다. ································· ① ② ③ ④ ⑤

192 물건을 자주 잃어버리는 편이다. ···································· ① ② ③ ④ ⑤

193 불만이 생기면 즉시 말해야 한다. ·································· ① ② ③ ④ ⑤

194 안전한 방법을 고르는 타입이다. ··································· ① ② ③ ④ ⑤

195 사교성이 많은 사람을 보면 부럽다. ······························· ① ② ③ ④ ⑤

196 성격이 급한 편이다. ··· ① ② ③ ④ ⑤

197 갑자기 중요한 프로젝트가 생기면 혼자서라도 야근할 수 있다. ····· ① ② ③ ④ ⑤

198 내 인생에 절대로 포기하는 경우는 없다. ·························· ① ② ③ ④ ⑤

199 예상하지 못한 일도 해보고 싶다. ·································· ① ② ③ ④ ⑤

200 평범하고 평온하게 행복한 인생을 살고 싶다. ····················· ① ② ③ ④ ⑤

201 나는 어렵고 힘든 일에 도전하는 것에 쾌감을 느낀다. ············· ① ② ③ ④ ⑤

202 조직을 위해서 내 이익을 포기할 수 있다. ························· ① ② ③ ④ ⑤

203 나는 상상력이 풍부하다. ··· ① ② ③ ④ ⑤

204 나는 여러 가지 각도로 사물을 분석하는 것이 좋다. ··············· ① ② ③ ④ ⑤

205 인간관계를 중시하는 편이다. ······································· ① ② ③ ④ ⑤

206 나는 경험한 방법 중 가장 적합한 방법으로 일을 해결한다. ········· ① ② ③ ④ ⑤

207 나는 독자적인 시각을 갖고 있다. ·································· ① ② ③ ④ ⑤

208 시간이 걸려도 침착하게 생각하는 경우가 많다. ··················· ① ② ③ ④ ⑤

209 높은 목표를 설정하고 이루기 위해 노력하는 편이다. ·············· ① ② ③ ④ ⑤

210 성격이 시원시원하다는 말을 자주 듣는다. ························· ① ② ③ ④ ⑤

211 자기 표현력이 강한 편이다. ·· ① ② ③ ④ ⑤

212 일의 내용을 중요하게 여긴다. ······································ ① ② ③ ④ ⑤

213 다른 사람보다 동정심이 많은 편이다. ······························ ① ② ③ ④ ⑤

214 하기 싫은 일을 맡아도 표시내지 않고 마무리 한다. ··············· ① ② ③ ④ ⑤

215 시키지 않아도 일을 계획적으로 진행한다. ························· ① ② ③ ④ ⑤

216 한 가지 일에 집중을 잘 하는 편이다. ····························· ① ② ③ ④ ⑤

217 남을 설득하고 이해시키는데 자신이 있다. ························· ① ② ③ ④ ⑤

218 비합리적이거나 불의를 보면 쉽게 지나치지 못한다. ··············· ① ② ③ ④ ⑤

219 무엇이던 시작하면 이루어야 직성이 풀린다. ⋯⋯⋯⋯⋯⋯⋯⋯⋯⋯⋯⋯⋯⋯ ① ② ③ ④ ⑤

220 사람을 가리지 않고 쉽게 사귄다. ⋯⋯⋯⋯⋯⋯⋯⋯⋯⋯⋯⋯⋯⋯⋯⋯⋯⋯⋯⋯⋯ ① ② ③ ④ ⑤

221 문제를 해결하기 위해 많은 사람의 의견을 참고한다. ⋯⋯⋯⋯⋯⋯⋯⋯⋯⋯ ① ② ③ ④ ⑤

222 몸을 움직이는 것을 좋아한다. ⋯⋯⋯⋯⋯⋯⋯⋯⋯⋯⋯⋯⋯⋯⋯⋯⋯⋯⋯⋯⋯⋯⋯ ① ② ③ ④ ⑤

223 시작한 일은 반드시 완성시킨다. ⋯⋯⋯⋯⋯⋯⋯⋯⋯⋯⋯⋯⋯⋯⋯⋯⋯⋯⋯⋯⋯ ① ② ③ ④ ⑤

224 문제 상황을 객관적으로 대처하는데 자신이 있다. ⋯⋯⋯⋯⋯⋯⋯⋯⋯⋯⋯ ① ② ③ ④ ⑤

225 목표를 향해 계속 도전하는 편이다. ⋯⋯⋯⋯⋯⋯⋯⋯⋯⋯⋯⋯⋯⋯⋯⋯⋯⋯⋯ ① ② ③ ④ ⑤

226 실패하는 것이 두렵지 않다. ⋯⋯⋯⋯⋯⋯⋯⋯⋯⋯⋯⋯⋯⋯⋯⋯⋯⋯⋯⋯⋯⋯⋯⋯ ① ② ③ ④ ⑤

227 친구들이 많은 편이다. ⋯⋯⋯⋯⋯⋯⋯⋯⋯⋯⋯⋯⋯⋯⋯⋯⋯⋯⋯⋯⋯⋯⋯⋯⋯⋯⋯ ① ② ③ ④ ⑤

228 다른 사람의 시선을 고려하여 행동한다. ⋯⋯⋯⋯⋯⋯⋯⋯⋯⋯⋯⋯⋯⋯⋯⋯⋯ ① ② ③ ④ ⑤

229 추상적인 이론을 잘 기억하는 편이다. ⋯⋯⋯⋯⋯⋯⋯⋯⋯⋯⋯⋯⋯⋯⋯⋯⋯⋯ ① ② ③ ④ ⑤

230 적극적으로 행동하는 편이다. ⋯⋯⋯⋯⋯⋯⋯⋯⋯⋯⋯⋯⋯⋯⋯⋯⋯⋯⋯⋯⋯⋯⋯ ① ② ③ ④ ⑤

231 말하는 것을 좋아한다. ⋯⋯⋯⋯⋯⋯⋯⋯⋯⋯⋯⋯⋯⋯⋯⋯⋯⋯⋯⋯⋯⋯⋯⋯⋯⋯⋯ ① ② ③ ④ ⑤

232 꾸준히 노력하는 타입이다. ⋯⋯⋯⋯⋯⋯⋯⋯⋯⋯⋯⋯⋯⋯⋯⋯⋯⋯⋯⋯⋯⋯⋯⋯ ① ② ③ ④ ⑤

233 실행력이 있는 편이다. ⋯⋯⋯⋯⋯⋯⋯⋯⋯⋯⋯⋯⋯⋯⋯⋯⋯⋯⋯⋯⋯⋯⋯⋯⋯⋯⋯ ① ② ③ ④ ⑤

234 조직 내 분위기 메이커이다. ⋯⋯⋯⋯⋯⋯⋯⋯⋯⋯⋯⋯⋯⋯⋯⋯⋯⋯⋯⋯⋯⋯⋯⋯ ① ② ③ ④ ⑤

235 세심하지 못한 편이다. ⋯⋯⋯⋯⋯⋯⋯⋯⋯⋯⋯⋯⋯⋯⋯⋯⋯⋯⋯⋯⋯⋯⋯⋯⋯⋯⋯ ① ② ③ ④ ⑤

236 모임에서 지원자 역할을 맡는 것이 좋다. ⋯⋯⋯⋯⋯⋯⋯⋯⋯⋯⋯⋯⋯⋯⋯⋯ ① ② ③ ④ ⑤

237 현실적이고 실용적인 것을 추구한다. ⋯⋯⋯⋯⋯⋯⋯⋯⋯⋯⋯⋯⋯⋯⋯⋯⋯⋯ ① ② ③ ④ ⑤

238 계획을 세우고 실행하는 것이 재미있다. ⋯⋯⋯⋯⋯⋯⋯⋯⋯⋯⋯⋯⋯⋯⋯⋯ ① ② ③ ④ ⑤

239 꾸준한 취미를 갖고 있다. ⋯⋯⋯⋯⋯⋯⋯⋯⋯⋯⋯⋯⋯⋯⋯⋯⋯⋯⋯⋯⋯⋯⋯⋯⋯ ① ② ③ ④ ⑤

240 성급하게 결정하지 않는다. ⋯⋯⋯⋯⋯⋯⋯⋯⋯⋯⋯⋯⋯⋯⋯⋯⋯⋯⋯⋯⋯⋯⋯⋯ ① ② ③ ④ ⑤

241 싫어하는 사람과도 아무렇지 않게 이야기 할 수 있다. ⋯⋯⋯⋯⋯⋯⋯⋯ ① ② ③ ④ ⑤

242 책상은 항상 깔끔히 정돈되어 있다. ⋯⋯⋯⋯⋯⋯⋯⋯⋯⋯⋯⋯⋯⋯⋯⋯⋯⋯⋯ ① ② ③ ④ ⑤

243 실패보다 성공을 먼저 생각한다. ⋯⋯⋯⋯⋯⋯⋯⋯⋯⋯⋯⋯⋯⋯⋯⋯⋯⋯⋯⋯⋯ ① ② ③ ④ ⑤

244 동료와의 경쟁도 즐긴다. ⋯⋯⋯⋯⋯⋯⋯⋯⋯⋯⋯⋯⋯⋯⋯⋯⋯⋯⋯⋯⋯⋯⋯⋯⋯⋯ ① ② ③ ④ ⑤

245 능력을 칭찬받는 경우가 많다. ⋯⋯⋯⋯⋯⋯⋯⋯⋯⋯⋯⋯⋯⋯⋯⋯⋯⋯⋯⋯⋯⋯ ① ② ③ ④ ⑤

246 논리정연하게 말을 하는 편이다. ⋯⋯⋯⋯⋯⋯⋯⋯⋯⋯⋯⋯⋯⋯⋯⋯⋯⋯⋯⋯⋯ ① ② ③ ④ ⑤

247 사물의 근원과 배경에 대해 관심이 많다. ·························· ① ② ③ ④ ⑤

248 문제에 부딪히면 스스로 해결하는 편이다. ·························· ① ② ③ ④ ⑤

249 부지런한 편이다. ·························· ① ② ③ ④ ⑤

250 일을 하는 속도가 빠르다. ·························· ① ② ③ ④ ⑤

251 독특하고 창의적인 생각을 잘한다. ·························· ① ② ③ ④ ⑤

252 약속한 일은 어기지 않는다. ·························· ① ② ③ ④ ⑤

253 어떠한 환경 변화에도 쉽게 적응할 수 있다. ·························· ① ② ③ ④ ⑤

254 망설이는 것보다 도전하는 편이다. ·························· ① ② ③ ④ ⑤

255 나는 완벽주의자이다. ·························· ① ② ③ ④ ⑤

256 팀을 짜서 일을 하는 것이 재미있다. ·························· ① ② ③ ④ ⑤

257 관심 있는 분야에 몰두하는 것이 즐겁다. ·························· ① ② ③ ④ ⑤

258 목표를 달성하는 것을 중요하게 생각한다. ·························· ① ② ③ ④ ⑤

259 상황에 따라 일정을 조율하는 융통성이 있다. ·························· ① ② ③ ④ ⑤

260 의사결정에 신속함이 있다. ·························· ① ② ③ ④ ⑤

261 정리정돈과 계획에 능하다. ·························· ① ② ③ ④ ⑤

262 사람들의 관심을 받는 것이 기분 좋다. ·························· ① ② ③ ④ ⑤

263 때로는 고집스러울 때도 있다. ·························· ① ② ③ ④ ⑤

264 원리원칙을 중시하는 편이다. ·························· ① ② ③ ④ ⑤

265 맡은 일에 헌신적이다. ·························· ① ② ③ ④ ⑤

266 타인의 감정에 민감하다. ·························· ① ② ③ ④ ⑤

267 목적과 방향은 변화할 수 있다고 생각한다. ·························· ① ② ③ ④ ⑤

268 다른 사람과 의견의 충돌은 피하고 싶다. ·························· ① ② ③ ④ ⑤

269 구체적인 사실을 잘 기억하는 편이다. ·························· ① ② ③ ④ ⑤

270 새로운 일을 시도하는 것이 즐겁다. ·························· ① ② ③ ④ ⑤

수고하셨습니다.

121	① ② ③ ④ ⑤
122	① ② ③ ④ ⑤
123	① ② ③ ④ ⑤
124	① ② ③ ④ ⑤
125	① ② ③ ④ ⑤
126	① ② ③ ④ ⑤
127	① ② ③ ④ ⑤
128	① ② ③ ④ ⑤
129	① ② ③ ④ ⑤
130	① ② ③ ④ ⑤
131	① ② ③ ④ ⑤
132	① ② ③ ④ ⑤
133	① ② ③ ④ ⑤
134	① ② ③ ④ ⑤
135	① ② ③ ④ ⑤
136	① ② ③ ④ ⑤
137	① ② ③ ④ ⑤
138	① ② ③ ④ ⑤
139	① ② ③ ④ ⑤
140	① ② ③ ④ ⑤
141	① ② ③ ④ ⑤
142	① ② ③ ④ ⑤
143	① ② ③ ④ ⑤
144	① ② ③ ④ ⑤
145	① ② ③ ④ ⑤
146	① ② ③ ④ ⑤
147	① ② ③ ④ ⑤
148	① ② ③ ④ ⑤
149	① ② ③ ④ ⑤
150	① ② ③ ④ ⑤
151	① ② ③ ④ ⑤
152	① ② ③ ④ ⑤
153	① ② ③ ④ ⑤
154	① ② ③ ④ ⑤
155	① ② ③ ④ ⑤
156	① ② ③ ④ ⑤
157	① ② ③ ④ ⑤
158	① ② ③ ④ ⑤
159	① ② ③ ④ ⑤
160	① ② ③ ④ ⑤
161	① ② ③ ④ ⑤
162	① ② ③ ④ ⑤
163	① ② ③ ④ ⑤
164	① ② ③ ④ ⑤
165	① ② ③ ④ ⑤
166	① ② ③ ④ ⑤
167	① ② ③ ④ ⑤
168	① ② ③ ④ ⑤
169	① ② ③ ④ ⑤
170	① ② ③ ④ ⑤
171	① ② ③ ④ ⑤
172	① ② ③ ④ ⑤
173	① ② ③ ④ ⑤
174	① ② ③ ④ ⑤
175	① ② ③ ④ ⑤
176	① ② ③ ④ ⑤
177	① ② ③ ④ ⑤
178	① ② ③ ④ ⑤
179	① ② ③ ④ ⑤
180	① ② ③ ④ ⑤
181	① ② ③ ④ ⑤
182	① ② ③ ④ ⑤
183	① ② ③ ④ ⑤
184	① ② ③ ④ ⑤
185	① ② ③ ④ ⑤
186	① ② ③ ④ ⑤
187	① ② ③ ④ ⑤
188	① ② ③ ④ ⑤
189	① ② ③ ④ ⑤
190	① ② ③ ④ ⑤
191	① ② ③ ④ ⑤
192	① ② ③ ④ ⑤
193	① ② ③ ④ ⑤
194	① ② ③ ④ ⑤
195	① ② ③ ④ ⑤
196	① ② ③ ④ ⑤
197	① ② ③ ④ ⑤
198	① ② ③ ④ ⑤
199	① ② ③ ④ ⑤
200	① ② ③ ④ ⑤
201	① ② ③ ④ ⑤
202	① ② ③ ④ ⑤
203	① ② ③ ④ ⑤
204	① ② ③ ④ ⑤
205	① ② ③ ④ ⑤
206	① ② ③ ④ ⑤
207	① ② ③ ④ ⑤
208	① ② ③ ④ ⑤
209	① ② ③ ④ ⑤
210	① ② ③ ④ ⑤
211	① ② ③ ④ ⑤
212	① ② ③ ④ ⑤
213	① ② ③ ④ ⑤
214	① ② ③ ④ ⑤
215	① ② ③ ④ ⑤
216	① ② ③ ④ ⑤
217	① ② ③ ④ ⑤
218	① ② ③ ④ ⑤
219	① ② ③ ④ ⑤
220	① ② ③ ④ ⑤
221	① ② ③ ④ ⑤
222	① ② ③ ④ ⑤
223	① ② ③ ④ ⑤
224	① ② ③ ④ ⑤
225	① ② ③ ④ ⑤
226	① ② ③ ④ ⑤
227	① ② ③ ④ ⑤
228	① ② ③ ④ ⑤
229	① ② ③ ④ ⑤
230	① ② ③ ④ ⑤
231	① ② ③ ④ ⑤
232	① ② ③ ④ ⑤
233	① ② ③ ④ ⑤
234	① ② ③ ④ ⑤
235	① ② ③ ④ ⑤
236	① ② ③ ④ ⑤
237	① ② ③ ④ ⑤
238	① ② ③ ④ ⑤
239	① ② ③ ④ ⑤
240	① ② ③ ④ ⑤
241	① ② ③ ④ ⑤
242	① ② ③ ④ ⑤
243	① ② ③ ④ ⑤
244	① ② ③ ④ ⑤
245	① ② ③ ④ ⑤
246	① ② ③ ④ ⑤
247	① ② ③ ④ ⑤
248	① ② ③ ④ ⑤
249	① ② ③ ④ ⑤
250	① ② ③ ④ ⑤
251	① ② ③ ④ ⑤
252	① ② ③ ④ ⑤
253	① ② ③ ④ ⑤
254	① ② ③ ④ ⑤
255	① ② ③ ④ ⑤
256	① ② ③ ④ ⑤
257	① ② ③ ④ ⑤
258	① ② ③ ④ ⑤
259	① ② ③ ④ ⑤
260	① ② ③ ④ ⑤
261	① ② ③ ④ ⑤
262	① ② ③ ④ ⑤
263	① ② ③ ④ ⑤
264	① ② ③ ④ ⑤
265	① ② ③ ④ ⑤
266	① ② ③ ④ ⑤
267	① ② ③ ④ ⑤
268	① ② ③ ④ ⑤
269	① ② ③ ④ ⑤
270	① ② ③ ④ ⑤

인성검사 OMR 답안지

성 명

[필적 확인란] 아래 예시문을 옮겨 적으시오.
〈본인은 ○○○○(응시자 성명)임을 확인함〉

생년월일 (주민등록번호 앞 6자리)

⓪	⓪	⓪	⓪	⓪	⓪
①	①	①	①	①	①
②	②	②	②	②	②
③	③	③	③	③	③
④	④	④	④	④	④
⑤	⑤	⑤	⑤	⑤	⑤
⑥	⑥	⑥	⑥	⑥	⑥
⑦	⑦	⑦	⑦	⑦	⑦
⑧	⑧	⑧	⑧	⑧	⑧
⑨	⑨	⑨	⑨	⑨	⑨

절 취 선

번호	영역	전혀 그렇지 않다	그렇지 않다	보통 이다	그렇다	매우 그렇다
1		①	②	③	④	⑤
2		①	②	③	④	⑤
3		①	②	③	④	⑤
4		①	②	③	④	⑤
5		①	②	③	④	⑤
6		①	②	③	④	⑤
7		①	②	③	④	⑤
8		①	②	③	④	⑤
9		①	②	③	④	⑤
10		①	②	③	④	⑤
11		①	②	③	④	⑤
12		①	②	③	④	⑤
13		①	②	③	④	⑤
14		①	②	③	④	⑤
15		①	②	③	④	⑤
16		①	②	③	④	⑤
17		①	②	③	④	⑤
18		①	②	③	④	⑤
19		①	②	③	④	⑤
20		①	②	③	④	⑤

21	①	②	③	④	⑤
22	①	②	③	④	⑤
23	①	②	③	④	⑤
24	①	②	③	④	⑤
25	①	②	③	④	⑤
26	①	②	③	④	⑤
27	①	②	③	④	⑤
28	①	②	③	④	⑤
29	①	②	③	④	⑤
30	①	②	③	④	⑤
31	①	②	③	④	⑤
32	①	②	③	④	⑤
33	①	②	③	④	⑤
34	①	②	③	④	⑤
35	①	②	③	④	⑤
36	①	②	③	④	⑤
37	①	②	③	④	⑤
38	①	②	③	④	⑤
39	①	②	③	④	⑤
40	①	②	③	④	⑤
41	①	②	③	④	⑤
42	①	②	③	④	⑤
43	①	②	③	④	⑤
44	①	②	③	④	⑤
45	①	②	③	④	⑤

46	①	②	③	④	⑤
47	①	②	③	④	⑤
48	①	②	③	④	⑤
49	①	②	③	④	⑤
50	①	②	③	④	⑤
51	①	②	③	④	⑤
52	①	②	③	④	⑤
53	①	②	③	④	⑤
54	①	②	③	④	⑤
55	①	②	③	④	⑤
56	①	②	③	④	⑤
57	①	②	③	④	⑤
58	①	②	③	④	⑤
59	①	②	③	④	⑤
60	①	②	③	④	⑤
61	①	②	③	④	⑤
62	①	②	③	④	⑤
63	①	②	③	④	⑤
64	①	②	③	④	⑤
65	①	②	③	④	⑤
66	①	②	③	④	⑤
67	①	②	③	④	⑤
68	①	②	③	④	⑤
69	①	②	③	④	⑤
70	①	②	③	④	⑤

71	①	②	③	④	⑤
72	①	②	③	④	⑤
73	①	②	③	④	⑤
74	①	②	③	④	⑤
75	①	②	③	④	⑤
76	①	②	③	④	⑤
77	①	②	③	④	⑤
78	①	②	③	④	⑤
79	①	②	③	④	⑤
80	①	②	③	④	⑤
81	①	②	③	④	⑤
82	①	②	③	④	⑤
83	①	②	③	④	⑤
84	①	②	③	④	⑤
85	①	②	③	④	⑤
86	①	②	③	④	⑤
87	①	②	③	④	⑤
88	①	②	③	④	⑤
89	①	②	③	④	⑤
90	①	②	③	④	⑤
91	①	②	③	④	⑤
92	①	②	③	④	⑤
93	①	②	③	④	⑤
94	①	②	③	④	⑤
95	①	②	③	④	⑤

96	①	②	③	④	⑤
97	①	②	③	④	⑤
98	①	②	③	④	⑤
99	①	②	③	④	⑤
100	①	②	③	④	⑤
101	①	②	③	④	⑤
102	①	②	③	④	⑤
103	①	②	③	④	⑤
104	①	②	③	④	⑤
105	①	②	③	④	⑤
106	①	②	③	④	⑤
107	①	②	③	④	⑤
108	①	②	③	④	⑤
109	①	②	③	④	⑤
110	①	②	③	④	⑤
111	①	②	③	④	⑤
112	①	②	③	④	⑤
113	①	②	③	④	⑤
114	①	②	③	④	⑤
115	①	②	③	④	⑤
116	①	②	③	④	⑤
117	①	②	③	④	⑤
118	①	②	③	④	⑤
119	①	②	③	④	⑤
120	①	②	③	④	⑤

121~270번은 뒤에 이어집니다.

PART

03

적성검사

CHAPTER.01 언어영역

어휘관계

어휘관계에 대한 이론 확인 후 문제를 풀어봅니다.

Section 01 | 동의어

두 개 이상의 단어가 소리는 다르나 의미가 같아 서로 대치되어 쓰일 수 있는 것을 말한다.

① **완전동의어** : 둘 이상의 단어가 그 의미의 범위가 서로 일치하여 모든 문맥에서 치환이 가능하다.

② **부분동의어** : 의미의 범위가 서로 일치하지는 않으나 공통되는 어느 부분만 의미를 서로 공유하는 부분적인 동의어이다. 부분동의어는 일반적으로 유의어(類義語)라 불린다. 사실 동의어로 분류되는 거의 모든 낱말들이 부분동의어에 속한다.

Section 02 | 유의어

둘 이상의 단어가 소리는 다르면서 뜻이 비슷한 것을 말한다. 단어를 바꾸면 문맥상 자연스럽지 못하다.

Section 03 | 동음이의어

둘 이상의 단어가 소리는 같으나 의미가 다른 것을 말한다. 동음이의어는 문맥과 상황, 말소리의 길고 짧음, 한자에 따라 의미를 구별할 수 있다.

예 밥을 먹었더니 배가 부르다(복부), 과일 가게에서 배를 샀다(과일)

Section 04 | 다의어

하나의 단어가 여러 뜻을 가진 단어로 대부분의 단어가 다의를 갖고 있기 때문에 의미 분석이 어려울 수 있다.

예 우리 언니는 손이 큰 편이야(씀씀이), 밥 먹기 전에 가서 손을 씻고 오너라(신체), 저 사람 손에 집이 넘어가게 생겼다(소유)

Section 05 | 반의어

단어들의 의미가 서로 반대되거나 짝을 이루어 서로 관계를 맺고 있는 경우를 말한다. 반의관계에서 특히 중간 항이 허용되는 관계를 '반대관계'라고 하며, 중간 항이 허용되지 않는 관계를 '모순관계'라고 한다.

예 반대관계 : 크다 ↔ 작다, 모순관계 : 남자 ↔ 여자

Section 06 | 상·하의어

어떤 단어가 다른 단어에 포함되는 경우를 말하며, 하의어는 갈수록 한정적이고 개별적인 의미를 지니며 상의어는 포괄적이고 일반적이다.

예 꽃(상의어) : 장미(하의어)

대표유형 예제문제

예제문제 Tip

1. 다음에 제시된 단어와 유사한 의미를 지닌 단어를 고르시오.

자산(資産)

① 개인(個人)
② 방뢰(方略)
③ 일조(一助)
④ 선망(羨望)
⑤ 사색(思索)

자산(資産) … 개인이나 법인이 소유하고 있는 경제적 가치가 있는 유형·무형의 재산
② 가지고 있는 재산
① 국가나 사회, 단체 등을 구성하는 낱낱의 사람
③ 얼마간의 도움이 됨
④ 부러워하여 바람
⑤ 깊이 생각하고 이치를 따짐

2. 다음에 제시된 단어와 반대되는 의미를 지닌 단어를 고르시오.

안락하다

① 함구하다
② 명백하다
③ 혼란하다
④ 평안하다
⑤ 안정하다

안락하다 … 몸과 마음이 편안하고 즐겁다.
③ 뒤죽박죽이 되어 어지럽고 질서가 없음
① 말하지 아니함
② 의심할 바 없이 아주 뚜렷함
④ 걱정이나 탈이 없음
⑤ 위험이 없고 보호받는 상태

3. 다음에 제시된 단어와 같은 관계인 것을 고르시오.

명함 : 자기소개

① 희곡 : 문학
② 절약 : 컴퓨터
③ 수화기 : 전화기
④ 현미경 : 관찰
⑤ 연필 : 지우개

명함은 자기소개를 하기 위한 수단이다.
① 상·하의어 관계
② 관계가 없다.
③ 유의어 관계
⑤ 반의어 관계

답 1.② 2.③ 3.④

01 다음 제시된 단어와 의미가 유사한 단어를 고른 것은?

해감

① 지갈   ② 사례

③ 구분   ④ 찌꺼기

⑤ 응어리

advice 해감 : 바닷물 따위에서 흙과 유기물이 썩어 생기는 냄새나는 찌꺼기

④ 찌꺼기 : 액체가 다 빠진 뒤에 바닥에 남은 물건

① 지갈 : 목마름이 그침 또는 목마름을 그치게 함

② 사례 : 음식을 잘못 삼켜 기관 쪽으로 들어가게 되었을 때 갑자기 기침처럼 뿜어져 나오는 기운

③ 구분 : 일정한 기준에 따라 전체를 몇 개로 갈라 나눔

⑤ 응어리 : 풀리지 않고 마음속에 쌓인 감정이나 감정의 덩어리

02 제시된 단어와 같은 관계가 되도록 ( ) 안에 적당한 단어를 고르시오.

지동설 : 코페르니쿠스 / 천동설 : ( )

① 갈릴레오 갈릴레이   ② 프톨레마이오스

③ 케플러   ④ 카르타고

⑤ 아리스토파네스

advice '프톨레마이오스'는 2세기 중엽에 알렉산드리아에서 활동한 그리스의 천문학자로서 천동설의 완성자이다.

'코페르니쿠스'는 지동설의 제창자로 알려진 폴란드의 천문학자이다.

03 다음 제시된 단어의 상하관계에 해당하는 것은?

국경일

① 제헌절   ② 현충일

③ 설날   ④ 추석

⑤ 명절

> advice ① '국경일 : 제헌절'은 상하 관계이다.

04 다음 제시된 단어의 의미로 옳은 것은?

깝살리다

① 힘들게 싸워서 바라던 바를 얻다.

② 재물이나 기회 따위를 흐지부지 다 없애다.

③ 무엇을 완전히 소유하거나 장악하다.

④ 졸리거나 술에 취해서 눈이 정기가 풀리고 흐리멍덩하며 거의 감길 듯하다.

⑤ 답답하거나 걱정되던 일이 해결되어 마음이 시원하다.

> advice ① 쟁취하다   ③ 거머쥐다   ④ 게슴츠레하다   ⑤ 후련하다

05 다음에 제시된 단어의 뜻으로 옳은 것을 고르시오.

난식하다

① 어울리지 않게 키가 크다   ② 일에 꾸밈이 없다

③ 나무를 함부로 심다   ④ 고상하고 기품이 있으며 아름답다

⑤ 욕심이 없고 깔끔하거나 맛이 개운하다

> advice ③ 난식하다 : 나무를 함부로 심다.
>   ① 머쓱하다
>   ② 소박하다
>   ④ 우아하다
>   ⑤ 담백하다

답 01.④   02.②   03.①   04.②   05.③

06 다음 제시된 단어의 의미로 옳은 것은?

희치희치

① 학술과 품행이 뛰어나서 모범이 될 만한 인물

② 무녀(巫女)를 이르는 말

③ 야만스러운 사람

④ 피륙이나 종이 따위가 군데군데 치이거나 미어진 모양

⑤ 말을 지나치게 아끼고 조용한 태도를 유지하는 모습

✎advice 희치희치 … 물건의 반드러운 면이 무엇에 스쳐서 드문드문 벗어진 모양을 뜻한다.

07 다음에 제시된 의미를 갖는 관용구는?

상품이 시세를 만나 빠른 속도로 팔려 나가다.

① 날개가 돋치다   ② 아귀가 맞다

③ 자개바람이 일다   ④ 바가지를 쓰다

⑤ 입김이 세다

✎advice 날개가 돋치다 … 상품이 시세를 만나 빠른 속도로 팔려 나가다. 예 이번에 내놓은 신상품은 날개 돋친 듯 팔려 나갔다.
　　② 아귀가 맞다 : 앞뒤가 빈틈없이 들어맞다. 일정한 수량 따위가 들어맞다.
　　③ 자개바람이 일다 : 힘이 솟고 매우 빠르게 움직이다.
　　④ 바가지를 쓰다 : 손님이 어떠한 상품을 살 때, 그 상품을 파는 사람이 그 상품의 본래 가격보다 더 높은 가격으로 손님에게 팔음으로써 손님이 손해를 보는 것을 뜻한다.
　　⑤ 입김이 세다 : 영향력이나 권한이 강하다는 뜻이다.

08 다음 중 제시된 문장의 밑줄 친 어휘와 같은 의미로 사용된 것은?

> 잔치 음식에는 품이 많이 <u>든다</u>.

① 하숙집에 <u>든</u> 지도 벌써 삼 년이 지났다.

② 언 고기가 익는 데에는 시간이 좀 <u>드는</u> 법이다.

③ 일단 마음에 <u>드는</u> 사람이 있으면 적극적으로 나설 작정이다.

④ 4월에 <u>들어서만</u> 이익금이 두 배로 늘었다.

⑤ 그는 양손에 무거운 짐을 <u>들었다</u>.

advice ② 어떤 일에 돈, 시간, 노력, 물자 따위가 쓰이다.
　　 ① 방이나 집 따위에 있거나 거처를 정해 머무르게 되다.
　　 ③ 어떤 물건이나 사람이 좋게 받아들여지다.
　　 ④ 어떠한 시기가 되다.
　　 ⑤ 물건을 손에 쥐거나 팔로 안거나 하여 위로 올리다.

09 다음 빈칸에 들어갈 어휘로 가장 적절한 것은?

> 팀장님은 프로젝트가 끝나면 _____ 팀원들과 함께 술을 한잔했다.

① 진즉　　　　　　　　　　　② 파투

③ 한갓　　　　　　　　　　　④ 으레

⑤ 얼결

advice 으레 … 두말할 것 없이 당연히, 틀림없이 언제나
　　 ① 진즉 : 좀 더 일찍이
　　 ② 파투 : 일이 잘못되어 흐지부지됨
　　 ③ 한갓 : 다른 것 없이 겨우
　　 ⑤ 얼결 : 정신을 차릴 수 없는 와중

답 06.④　07.①　08.②　09.④

어휘 · 어법

맞춤법 · 띄어쓰기 등 어법에 대한 내용을 확인합니다.

Section 01 | 맞춤법

① 한 단어 안에서 뚜렷한 까닭 없이 나는 된소리는 다음 음절의 첫소리를 된소리로 적는다. **예** 소쩍새

② 'ㄷ'소리로 나는 받침 중에서 'ㄷ'으로 적을 근거가 없는 것은 'ㅅ'으로 적는다. **예** 덧저고리, 돗자리, 무릇

③ 명사 뒤에 '−이'가 붙어서 된 말은 그 명사의 원형을 밝혀 적는다. **예** 곳곳이, 낱낱이, 샅샅이, 절름발이

④ 사이시옷은 다음과 같은 경우에 받쳐 적는다. **예** 첫바퀴, 뒷머리, 뒷일, 제삿날, 귓병, 툇마루, 예삿일, 곳간, 셋방, 숫자, 찻간

⑤ 부사의 끝음절이 분명히 '이'로만 나는 것은 '−이'로 적고, '−히'로만 나거나 '이'나 '히'로 나는 것은 '−히'로 적는다. **예** 깨끗이, 느긋이, 딱히, 속히, 솔직히, 꼼꼼히

Section 02 | 띄어쓰기

① 조사는 그 앞말에 붙여 쓴다. **예** 너조차, 꽃처럼

② 의존 명사는 띄어 쓴다. **예** 나도 할 수 있다. 아는 것이 힘이다.

③ 단위를 나타내는 명사는 띄어 쓴다. **예** 한 개, 차 한 대

④ 수를 적을 적에는 '만(萬)' 단위로 띄어 쓴다. **예** 십이억 삼천사백오십육만 칠천팔백구십팔

⑤ 두 말을 이어 주거나 열거할 적에 쓰이는 말들은 띄어 쓴다. **예** 국장 겸 과장, 청군 대 백군

Section 03 | 높임표현

① 주체 높임법 : 서술어가 나타내는 행위의 주체를 높여 표현하는 문법 기능을 말한다. **예** 선생님께서 그 책을 읽으셨다

② 객체 높임법 : 말하는 이가 서술의 객체를 높여 표현하는 문법 기능을 말한다. **예** 드리다, 여쭙다, 뵙다

③ 상대 높임법 : 말하는 이가 말을 듣는 상대를 높여 표현하는 문법 기능을 말한다.

ㄱ 격식체

등급	높임 정도	종결 어미	예
해라체	아주 낮춤	−아라	여기에 앉아라
하게체	예사 낮춤	−게	여기에 앉게
하오체	예사 높임	−시오	여기에 앉으시오
합쇼체	아주 높임	−ㅂ시오	여기에 앉으십시오

ㄴ 비격식체

등급	높임 정도	종결 어미	예
해체	두루 낮춤	−아	여기에 앉아
해요체	두루 높임	−아요	여기에 앉아요

대표유형 예제문제

1. 다음 중 맞춤법이 틀린 문장은?

① 은제는 임신 중이기 때문에 입덧이 심하다.

② 시은이는 꾸준히 공부를 한 결과 시험에 합격했다.

③ 일을 열심히 한 민아는 돈을 많이 모았다.

④ 성규는 나뭇가지를 모아서 낚시대를 만들었다.

⑤ 너와 함께 하는 일분일초 모든 흔적은 내 삶의 증거다.

2. 다음 중 띄어쓰기가 바른 것은?

① 대문밖에서 누군가 서성거리는 모습을 보였다.

② 그 사람이 오간데 없이 갑자기 사라져 버렸다.

③ 도와주기는커녕 방해만 되지 않았으면 좋겠다.

④ 평소의 실력으로 봐서 그 일을 해낼 리가 없다.

⑤ 안개가 금방 걷힐테니 곧 길을 찾을 수 있을 것이다.

3. 다음 밑줄 친 부분의 높임 표현 중에서 그 용법이 다른 것은?

① 그저께는 할아버지께서 댁에 <u>계셨다</u>.

② 나는 어머니께 선물을 <u>드리고</u> 밖으로 나갔다.

③ 명절을 맞아 교수님을 <u>찾아뵈었다</u>.

④ 지수는 할머니를 집까지 <u>모시고</u> 와서 저녁을 대접했다.

⑤ 선생님께 감사의 마음을 담아 편지를 <u>올렸다</u>.

예제문제 Tip

④ 사이시옷이 들어가야 한다.
성규는 나뭇가지를 모아서 <u>낚시대</u>를 만들었다. → 성규는 나뭇가지를 모아서 <u>낚싯대를 만들었다.</u>

① <u>대문 밖</u>에서 누군가 서성거리는 모습이 보였다.
② 그 사람이 <u>오간 데</u> 없이 갑자기 사라져 버렸다.
④ 평소의 실력으로 봐서 그 일을 <u>해낼 리</u>가 없다.
⑤ 안개가 금방 <u>걷힐 테니</u> 곧 길을 찾을 수 있을 것이다.

① '계시다'를 통해 주체인 '할아버지'를 높이고 있으므로 주체 높임이 쓰였다.
② '드리다'를 통해 문장의 부사어로 쓰인 '어머니'를 높이고 있다.
③ '찾아뵙다'를 통해 문장의 목적어인 '교수님'을 높이고 있다.
④ '모시다'라는 특수 어휘를 통해 문장의 목적어인 '할머니'를 높이고 있다.
⑤ '올리다'를 통해 문장의 목적어인 '선생님'을 높이고 있다.

답 1.④ 2.③ 3.①

01
언어영역

02
수리영역

03
추리영역

04
지각영역

05
적성검사모의고사

01 다음 중 밑줄 친 단어의 맞춤법이 옳은 것은?

① 매년 안경을 바꾸는 데도 1년이 지나면 또 새로 안경을 <u>돋워야</u> 했다.

② 그녀가 들어오기 직전 그는 마지막으로 거울을 확인하고 <u>매무시</u>를 가다듬다.

③ 나이에 비해 빨리 머리가 <u>벗어진</u> 편이다.

④ 밤을 <u>새고</u> 머리를 말릴 겨를도 없이 집을 나섰다.

⑤ <u>엇저녁</u>에 가족들과 운동을 했다.

_{advice} ① 돋워야 했다 → 돋궈야 했다
　　　② 매무시 → 매무새
　　　④ 새고 → 새우고
　　　⑤ 엇저녁 → 엊저녁

02 띄어쓰기를 포함하여 맞춤법이 모두 옳은 것은?

① 그는∨가만히∨있다가∨모임에∨온∨지∨두∨시간∨만에∨돌아가∨버렸다.

② 옆집∨김씨∨말로는∨갯펄이∨좋다는데∨우리도∨언제∨한∨번∨같이∨갑시다.

③ 그가∨이렇게∨늦어지는∨걸∨보니∨무슨∨큰∨일이∨난∨게∨틀림∨없다.

④ 하늘이∨뚫린∨것인지∨몇∨날∨몇∨일을∨기다려도∨비는∨그치지∨않았다.

⑤ 이제∨별볼일이∨없으니∨그냥∨돌아갑니다.

_{advice} ② 김씨 → 김 씨. 호칭어인 '씨'는 띄어 써야 옳다.
　　　③ 큰 일 → 큰일, 틀림 없다 → 틀림없다. '큰일'은 '중대한 일'을 나타내는 합성어이므로 붙여 써야 하며 '틀림없다'는 형용
　　　　사이므로 붙여 써야 한다.
　　　④ 몇 일 → 며칠. '몇 일'은 없는 표현이다. 따라서 '며칠'로 적어야 옳다.
　　　⑤ '별∨볼∨일이'와 같이 띄어쓰기 한다.

03 어문 규정에 모두 맞게 표기된 문장은?

① 고양이인 줄 알고 길렀는데 알고 보니 삵괭이었다.

② 동생은 귤을 광우리에 가득 담아왔다.

③ 그는 재산을 다 털어먹고도 돈만 생기면 노름을 했다.

④ 그 많은 병아리 중에 숫병아리는 한 마리뿐이었다.

⑤ 생각컨대, 그 대답은 옳지 않을 듯하다.

advice ① 삵괭이 → 살쾡이/삵
② 광우리 → 광주리
④ 숫병아리 → 수평아리
⑤ 생각컨대 → 생각건대

04 외래어 표기가 모두 옳은 것은?

① 뷔페 – 초콜렛 – 컬러

② 컨셉 – 서비스 – 윈도

③ 파이팅 – 악세사리 – 리더십

④ 플래카드 – 로봇 – 캐럴

⑤ 서비스 – 스템프 – 데스크

advice ① 초콜렛 → 초콜릿
② 컨셉 → 콘셉트
③ 악세사리 → 액세서리
⑤ 스템프 → 스탬프

05 다음 중 높임표현이 옳은 것은?

① 교장 선생님의 말씀이 계시겠습니다.

② 영수증 받으실게요.

③ 교수님, 그동안 애 많이 쓰셨습니다.

④ 고객님, 이건 저의 제품이신데요.

⑤ 이 책은 우리 선생님이 준책이야.

advice ③ 퇴임을 축하하는 자리에서는 '그동안 애 많이 쓰셨습니다'라고 할 수 있다.
① '말씀'은 '교장 선생님'과 연관된 대상이므로 간접 높임을 써서 '있으시겠습니다'로 고쳐야 한다.
② '영수증 받을게요. 영수증 받으세요.'가 옳은 말이다. 상대방을 높이는 '시'와 의지와 행동에 대한 약속을 담은 '-ㄹ게요'
는 함께 쓸 수 없다.
④ 지나친 높임 사용의 예로, '고객님, 이건 저의 제품인데요'로 바꾸는 것이 적절하다.
⑤ 일반적인 주체 높임으로 '선생님이'는 '선생님께서'로 '준'은 '주신'으로 써야 한다.

답 01.③ 02.① 03.③ 04.④ 05.③

06 다음 중 띄어쓰기가 옳은 것은?

① 창문∨밖에∨소리가∨나서∨봤더니∨사이렌∨소리∨밖에∨들리지∨않았다.
② 책을∨읽으면∨읽을수록∨휴식은∨커녕∨점점∨머리만∨아프게∨되었다.
③ 그∨만큼∨있으면∨충분하니∨담을∨수∨있을만큼만∨가져가렴.
④ 나는∨소방서∨말고∨갈∨데가∨있으니∨너는∨가고∨싶은∨데로∨가거라.
⑤ 나는∨친구가∨많기는∨하지만∨우리∨집이∨큰지∨작은지를∨아는∨사람은∨철수∨뿐이다.

advice ① 창문∨밖에∨소리가∨나서∨봤더니∨사이렌∨<u>소리밖에</u>∨들리지∨않았다.
② 책을∨읽으면∨읽을수록∨<u>휴식은커녕</u>∨점점∨머리만∨아프게∨되었다.
③ <u>그만큼</u>∨있으면∨충분하니∨담을∨수∨<u>있을∨만큼만</u>∨가져가렴.
⑤ 나는∨친구가∨많기는∨하지만∨우리∨집이∨큰지∨작은지를∨아는∨사람은∨<u>철수뿐이다.</u>

07 다음 중 어문 규정에 모두 맞게 표기된 문장은?

① 칠칠맞게 파일을 빠뜨리고 출근하였다.
② 소방차 전용구역은 다른 주차구역보다 넓따랗다.
③ 민원인은 잠시만 기다려 주십시오.
④ 그 이야기를 듣고 눈물이 주루룩 흘렀다.
⑤ 뒷편에 정말 오래된 감나무가 서 있다.

advice ③ '-십시오'는 정중한 명령 또는 권유를 나타내는 종결어미이다.
① <u>칠칠맞지 못하게</u> 파일을 빠뜨리고 출근하였다.
② 소방차 전용구역은 다른 주차구역보다 <u>널따랗다.</u>
④ 그 이야기를 듣고 눈물이 <u>주르륵</u> 흘렀다.
⑤ <u>뒤편</u>에 정말 오래된 감나무가 서 있다.

08 다음 '한번'의 띄어쓰기로 옳지 않은 것은?

① <u>한번</u>은 큰 사고가 될 뻔했어.

② 예약시간을 <u>한번</u> 확인해주십시오.

③ 일주일에 <u>한번</u>은 가족과 시간을 보낸다.

④ <u>한번</u> 시작한 일은 끝을 내야 한다.

⑤ <u>한번</u> 해 보고 결정해도 늦지 않아.

advice ③ '한번'이 수의 개념이 있을 때는 띄어 쓴다.
   ① 명사로 지난 어느 때나 기회를 나타내는 의미이다.
   ② 부사로 어떤 일을 시험삼아 시도해 본다는 의미이다.
   ④ 부사로 '일단'의 의미로 쓰이는 말이다.
   ⑤ 부사로 '시험 삼아'의 의미로 쓰이는 말이다.

09 문장의 표현으로 가장 적절한 것은?

① 그는 웃으면서 다가오는 민원인을 친절히 안내했다.

② 15분 정도 있다가 다시 전화할게.

③ 나는 친구와 은사님은 만났다.

④ 친구는 점심 약속을 잃어버리고 나오지 않았다.

⑤ 휴계실 안이 너무 시끄러웠다.

advice ② '있다가'가 어느 곳에 벗어나지 않고의 의미로 쓰였다.
   ① 그가 웃은 것인지 민원인이 웃는 것인지 모호한 문장이다. 웃으면서 다음에 쉼표를 하면 분명해진다.
   ③ 내가 친구와 함께 은사님을 만난 것인지 내가 친구도 만나고 은사님도 만난 것인지 모호한 문장이다.
   ④ '망각하다'의 의미는 '잊어버리고'로 고쳐야 한다.
   ⑤ '휴계실'을 '휴게실'로 고쳐야 한다.

답 06.④ 07.③ 08.③ 09.②

03 문장배열

문단 내용의 순서에 대해 알아보고 문제를 풀어봅니다.

Section 01 | 글의 구성 요소 : 단어 → 문장 → 문단 → 글

① 단어 : 분리하여 자립적으로 쓸 수 있는 말이다.

② 문장 : 생각이나 감정을 말로 표현할 때 완결된 내용을 나타내는 최소의 단위로, 주어와 서술어를 갖추고 있는 것이 원칙이나 생략될 수도 있다.

③ 문단 : 글에서 하나로 묶을 수 있는 짤막한 단위로, 한 편의 글은 여러 개의 문단으로 구성된다.

④ 글 : 어떤 생각이나 일 따위의 내용을 문자로 나타낸 기록이다.

Section 02 | 문단의 짜임

① 중심 문장 : 하나의 문단에서 나타내고자 하는 중심 내용이 담긴 문장이다.

② 뒷받침 문장 : 중심 문장의 내용을 효과적으로 전달하기 위해 보조적으로 쓰인 문장이다.

Section 03 | 설명문과 논설문의 구조

① 설명문

  ㉠ 처음 : 설명할 대상, 배경, 동기, 목적, 방법 등을 제시하는 단계이다.

  ㉡ 중간 : 다양한 설명 방법을 활용하여 설명하고자 하는 지식과 정보를 이해하기 쉽게 풀이하는 단계이다.

  ㉢ 끝 : 중간 부분에서 설명한 내용을 요약 · 정리하고 마무리하는 단계이다.

② 논설문

  ㉠ 서론 : 글을 쓰는 동기와 목적을 밝히고, 문제를 제기하는 단계이다.

  ㉡ 본론 : 여러 가지 근거를 들어 자신이 주장하려는 바를 증명하는 단계이다.

  ㉢ 결론 : 주장하는 내용을 요약하고 확인 · 강조하는 단계이다.

Section 04 | 접속어

관계	내용	접속어의 예
순접	앞의 내용을 이어받아 연결	그리고, 그리하여, 이리하여
역접	앞의 내용과 상반되는 내용을 연결	그러나, 하지만, 그렇지만, 그래도
인과	앞뒤의 문장을 원인과 결과, 결과와 원인으로 연결	그래서, 따라서, 그러므로, 왜냐하면
전환	뒤의 내용이 앞의 내용과는 화제를 바꾸며 이어줌	그런데, 그러면, 다음으로, 한편, 아무튼
예시	앞의 내용에 대해 구체적인 예를 들어 설명함	예컨대, 이를테면, 예를 들면
첨가 · 보충	앞의 내용에 새로운 내용을 덧붙이거나 보충함	그리고, 더구나, 게다가, 뿐만 아니라
대등 · 병렬	앞뒤의 내용을 같은 자격으로 나열하면서 이어줌	그리고, 또는, 및, 혹은, 이와 함께
확언 · 요약	앞의 내용을 바꾸어 말하거나 간추려 짧게 요약함	요컨대, 즉, 결국, 말하자면

대표유형 예제문제

예제문제 Tip

1~2 다음 문장을 논리적 순서대로 바르게 배열한 것은?

1.
(가) 하지만 몇몇 전문가들은 유기 농업이 몇 가지 결점을 안고 있다고 말한다.

(나) 유기 농가들의 작물 수확량이 전통적인 농가보다 훨씬 낮으며, 유기농 경작지가 전통적인 경작지보다 잡초와 벌레로 인해 많은 피해를 입고 있다는 점이다.

(다) 최근 많은 소비자들이 지구에 도움이 되는 일을 하고 있고, 건강에 좀 더 좋은 음식을 먹고 있다고 확신하면서 유기농 식품 생산이 급속도로 증가하고 있다.

(라) 또한 유기 농업이 틈새시장의 부유한 소비자들에게 먹을거리를 제공하지만, 전 세계 수십억의 굶주리는 사람을 먹여 살릴 수 없다는 점이다.

① (나) ― (다) ― (라) ― (가)
② (다) ― (나) ― (라) ― (가)
③ (다) ― (가) ― (나) ― (라)
④ (나) ― (가) ― (다) ― (라)
⑤ (가) ― (다) ― (나) ― (라)

제시문은 유기농 식품의 생산이 증가하고 있지만, 몇몇 전문가들은 유기 농업을 부정적으로 보고 있다는 내용이다. 따라서 (다) 최근 유기농 식품 생산의 증가 → (가) 몇몇 전문가들은 유기 농업을 부정적으로 봄 → (나) 유기 농가는 전통 농가에 비해 수확량도 적고 벌레의 피해가 잦음 → (라) 유기 농업은 굶주리는 사람을 먹여 살릴 수 없음의 순으로 연결되어야 한다.

2.
(가) 정보화 사회에 대한 인식이나 노력의 방향이 잘못되어 있는 경우가 많다.

(나) 대부분의 사람들은 정보기기를 구입하고 이를 설치해 놓는 것으로 마치 정보화 사회가 이루어지는 것처럼 여기고 있다.

(다) 요즘 우리 사회에서는 정보화 사회에 대한 논의도 활발하고 그에 대한 노력도 점차 가속화되고 있다.

(라) 정보기기에 급급하여 이에 종속되기보다는 그것의 효과적인 사용이나 올바른 활용에 정보화 사회에 대한 우리의 논의가 집중되어야 할 것이다.

(마) 정보화 사회의 본질은 정보기기의 설치나 발전에 있는 것이 아니라 그것을 이용한 정보의 효율적 생산과 유통, 그리고 이를 통한 풍요로운 삶의 추구에 있다.

① (가) ― (나) ― (다) ― (라) ― (마)
② (나) ― (마) ― (라) ― (가) ― (다)
③ (다) ― (가) ― (나) ― (마) ― (라)
④ (라) ― (가) ― (나) ― (다) ― (마)
⑤ (라) ― (나) ― (가) ― (마) ― (다)

'시작'에서는 현상의 문제점을 제시하여 화제에 대한 도입으로 삼는 것이 일반적이므로 (다)와 (가)가 오는 것이 효과적이다. '중간'은 '시작'에서 제기한 문제에 대해서 본격적으로 해명하는 단계이므로 (가)에 제기된 '정보화 사회의 그릇된 태도'와 '올바른 개념이나 인식촉구'가 드러나 있는 (나)와 (마)가 나와야 한다. 마지막으로 '끝'에서는 요약이나 당부를 통해 마무리하는 부분이므로 (라)가 적당하다.

답 1.③ 2.③

01 ~ 03 다음에 제시된 글을 흐름이 자연스럽도록 순서대로 배열하시오.

01

> (가) 그러나 오늘날 사정은 동일하지 않다.
> (나) 과거에는 간단한 읽기, 쓰기와 셈하기 능력만 갖추고 있으면 문맹상태를 벗어날 수 있었다.
> (다) 자동차 운전이나 컴퓨터 조작이 바야흐로 새 시대의 '문맹' 탈피 조건으로 부상하고 있다.

① (가) - (나) - (다)　　　　　② (가) - (다) - (나)
③ (나) - (가) - (다)　　　　　④ (나) - (다) - (가)
⑤ (다) - (나) - (가)

✔advice 과거에 대한 설명 (나), 이에 대한 반론 (가), 반론에 추가 설명 (다)의 순서로 이어지는 것이 가장 적절하다.

02

> (가) 우리는 곡선의 공간이 곧게 펴지는 것을 발전 혹은 개발이라고 표현한다.
> (나) 그러나 굽은 하천을 직선으로 펴는 하천 직강하가 이루어지자 작은 재해에도 심각한 피해가 발생하고, 신도시를 건설하자 기존 사람들은 소외되고 말았다.
> (다) 따라서 이제는 주름지고 접힌 공간의 의미를 찾아내고 복원하는 것에 관심을 기울여야 한다.

① (가) - (나) - (다)　　　　　② (가) - (다) - (나)
③ (나) - (가) - (다)　　　　　④ (나) - (다) - (가)
⑤ (다) - (나) - (가)

✔advice 개발을 곡선에서 직선으로 펴는 것으로 비유한 (가), 그 결과인 문제점 (나), 해결책 (다)의 순서로 이어지는 것이 가장 적절하다.

03

> (가) 높은 베개를 선호하는 사람이 많지만 고침단명(高枕短命)이라는 말이 있다.
>
> (나) 그러면 혈액순환이 나빠져 숙면이 어려워 피곤하며, 목 디스크나 목 관절염까지 유발한다.
>
> (다) 물론 의학적인 근거도 있다. 베개가 높으면 목뼈가 정상적인 C자형을 이루지 못해 목 부위 근육이 긴장하게 된다.
>
> (라) 즉, '베개를 높이 베면 수명이 짧아진다'는 뜻이다.

① (가) － (라) － (다) － (나) 　　② (가) － (라) － (나) － (다)

③ (가) － (다) － (나) － (라) 　　④ (다) － (가) － (라) － (나)

⑤ (다) － (라) － (가) － (나)

advice (라)는 (가)에서 언급한 고침단명에 대한 풀이이다. (다)와 (나)는 그에 대한 의학적 근거를 나타낸다.

04 다음 주어진 문장이 들어갈 위치로 가장 적절한 곳은?

> 최근 제2금융권을 중심으로 전·월세 보증금과 생활비 마련을 위해 빚으로 빚을 갚는 가계 대출이 늘어난 탓이다.

> 국내 가계부채는 이미 심각한 수준이다. (가) 이달 들어 1,000조 원을 돌파한 것으로 추정된다. (나) 최근 수년째 소득이 훨씬 더 빠른 속도로 늘고 있고, 가계대출 중 금리가 높은 비은행권 대출 비중이 급증하고 있어 대출의 질도 나빠지고 있다. (다) 특히 가계대출의 60%가 주택 관련 대출이고, 이 가운데 70% 이상이 금리 변동에 영향을 받는 변동금리 대출이다. (라) 이런 상황에서 금리가 오르면 저소득층은 직격탄을 맞게 된다. 정부도 사태의 심각성을 인정해 내년 경제정책에서 가계부채 문제를 우선 해결키로 했다. (마)

① (가) 　　　　　　　　　　② (나)

③ (다) 　　　　　　　　　　④ (라)

⑤ (마)

advice 주어진 문장은 대출이 늘어난 이유를 말하고 있고, (다) 앞에서 대출이 급증한다는 언급이 있으므로 주어진 문장이 들어가기에 가장 적절한 곳은 (다)이다.

답 01.③ 02.① 03.① 04.③

05

(가) 그렇다면, 어떤 사람이 문제의 올바른 답을 추론해내는 데 필요한 모든 정보를 갖고 있었고 실제로도 정답을 제시했다는 것이, 그가 문제에 대한 올바른 추론 능력을 가지고 있다고 할 필요충분조건이라고 할 수 있는가?

(나) 어느 도난사건을 함께 조사한 홈즈와 왓슨이 사건의 모든 구체적인 세부사항, 예컨대 범행 현장에서 발견된 흙발자국의 토양 성분 등에 관한 정보뿐 아니라 올바른 결론을 내리는 데 필요한 모든 일반적 정보, 예컨대 영국의 지역별 토양의 성분에 관한 정보 등을 똑같이 갖고 있었고, 실제로 동일한 용의 자를 범인으로 지목했다고 하자. 이 경우 두 사람의 추론을 동등하게 평가해야 하는가? 그렇지 않다. 예컨대 왓슨은 모든 정보를 완비하고 있었음에도 불구하고, 이름에 모음의 수가 가장 적다는 엉터리 이유로 범인을 지목했다고 하자. 이런 경우에도 우리는 왓슨의 추론에 박수를 보낼 수 있을까? 아니 다. 왜냐하면 왓슨은 올바른 추론에 필요한 정보를 가지고 있긴 했지만 그 정보와 무관하게 범인을 지 목했기 때문이다.

(다) '실은 몰랐지만 넘겨짚어 시험의 정답을 맞힌' 경우와 '제대로 알고 시험의 정답을 맞힌' 경우를 구별할 수 있을까? 또 무작정 외워서 쓴 경우와 제대로 이해하고 쓴 경우는 어떤가? 전자와 후자는 서로 다 르게 평가받아야 할까, 아니면 동등한 평가를 받는 것이 마땅한가?

(라) 선택형 시험의 평가는 오로지 답안지에 표기된 선택지가 정답과 일치하는가의 여부에만 달려 있다. 이 는 위의 첫 번째 물음이 항상 긍정으로 대답되지는 않으리라는 사실을 말해 준다. 그러나 만일 시험관 이 답안지를 놓고 응시자와 면담할 기회가 주어진다면, 시험관은 응시자에게 그가 정답지를 선택한 근 거를 물음으로써 그가 과연 문제에 관해 올바른 정보와 추론 능력을 가지고 있었는지 검사할 수 있을 것이다.

(마) 예를 들어 한 응시자가 '대한민국의 수도가 어디냐?'는 물음에 대해 '서울'이라고 답했다고 하자. 그렇게 답한 이유가 단지 '부모님이 사시는 도시라 이름이 익숙해서'였을 뿐, 정작 대한민국의 지리나 행정에 관 해서는 아는 바 없다는 사실이 면접을 통해 드러났다고 하자. 이 경우에 시험관은 이 응시자가 대한민 국의 수도에 관한 올바른 정보를 갖고 있다고 인정하기 어려울 것이다. 이 예는 응시자가 올바른 답을 제시하는 데 필요한 정보가 부족한 경우이다.

① (가) - (나) - (다) - (라) - (마)　　② (나) - (다) - (라) - (마) - (가)

③ (다) - (라) - (마) - (가) - (나)　　④ (라) - (마) - (가) - (나) - (다)

⑤ (라) - (가) - (마) - (다) - (나)

advice　(다) 시험의 답안에 대한 의문 제기

　　(라) 선택형 시험의 단점 및 면접을 통한 추론 능력 확인

　　(마) 필요한 정보가 부족한 예

　　(가) 필요한 정보를 갖고 있는 것이 올바른 추론 능력의 필요충분조건인지 의문 제기

　　(나) 필요한 정보를 완비하고 있었음에도 엉뚱한 추론을 한 예

06

(개) 정책실무계층은 문제해결 능력과 전문가 의식을 자신에게 가장 필요한 역량으로 인식하고 있다. 그렇지만 정책관리 계층은 조직헌신도를, 실무집행계층은 문제인식·이해 능력을 정책실무계층에게 필요한 역량으로 본다.

(내) 실무집행계층은 정보수집처리 능력과 세밀한 일처리 능력을 자신에게 가장 필요한 역량으로 생각한다. 그러나 정책관리계층은 실무집행계층에게 창의성을, 정책실무계층은 고객지향성을 기대하는 것으로 나타난다.

(대) 역량기대격차는 계층별로 스스로 중요하다고 생각하는 역량과 타 계층이 당해 계층에게 요구하는 역량과의 차이를 의미한다. 계층 상호간의 역량기대격차는 각 계층의 역량을 진단·평가하는데 있어서 중요한 요소이다. 중앙부처 관료를 정책관리계층(중앙부처 4급 과장급 이상), 정책실무계층(중앙부처 5급 사무관), 실무집행계층(중앙부처 6급 주무관 이하) 등의 3계층으로 구분할 때, 이들 계층 상호간의 역량기대격차는 다음과 같다.

(라) 우선 정책관리계층은 자신에게 가장 필요한 역량으로 전략적 사고와 전문가 의식을 매우 중요하게 생각한다. 하지만 정책실무계층은 정책관리계층에게 가장 필요한 역량으로 합리적 의사결정능력을 들고 있으며, 실무집행계층은 조정통합능력을 들고 있다.

① (개) - (내) - (대) - (라)　　　　　② (개) - (대) - (라) - (내)
③ (내) - (대) - (라) - (개)　　　　　④ (대) - (라) - (개) - (내)
⑤ (대) - (내) - (개) - (라)

✔advice (대) 역량기대격차의 정의
(라) 계층 간의 역량기대격차(정책관리계층에 필요한 역량)
(개) 계층 간의 역량기대격차(정책실무계층에 필요한 역량)
(내) 계층 간의 역량기대차(실무집행계층에 필요한 역량)

CHAPTER.01 언어영역

문장독해

주제를 파악하고 문단의 핵심내용을 찾을 수 있습니다.

04

대표
유형

Section 01 | 주제 및 중심내용 찾기

① 핵심어 : 글의 처음이나 마지막 부분의 문장이 열쇠가 되는 경우가 많으며 핵심어는 반복 사용되는 경향이 있다.

② 주제 파악하기의 과정 : 형식 문단의 내용을 요약하고 내용 문단으로 묶어 중심 내용을 파악한다. 각 내용 문단의 중심 내용 간의 관계를 이해하고 전체적인 주제를 파악한다.

③ 주제를 찾는 방법

　ㄱ 설명문, 논설문

　　• 글의 주제 문단을 찾는다.

　　• 대개 3단 구성이므로 끝 부분의 중심 문단에서 주제를 찾는다.

　　• 제목과 밀접한 관련이 있음에 유의한다.

　ㄴ 문학적인 글

　　• 글의 제재를 찾아 글쓴이의 의견이나 생각을 연결시키면 주제를 찾을 수 있다.

　　• 제목이 상징하는 바가 주제가 될 수 있다.

　　• 인물이 주고받는 대화의 화제나 화제에 대한 의견이 주제일 수 있다.

　　• 시대적 · 사회적 배경에서 찾을 수 있다.

Section 02 | 진위 판별 및 내용 추론

① 세부내용 파악하기

　ㄱ 제목을 확인한다.

　ㄴ 주요 내용이나 핵심어를 확인한다.

　ㄷ 지시어나 접속어에 유의하여 읽는다.

　ㄹ 중심 내용과 세부 내용을 구분한다.

　ㅁ 내용 전개 방법을 파악한다.

　ㅂ 사실과 의견을 구분하여 내용의 객관성과 주관성을 파악한다.

② 추론하며 읽기

　ㄱ 문장 연결 관계를 통하여 생략된 정보를 추측한다.

　ㄴ 자신의 배경 지식을 활용하여 문장의 의미를 파악한다.

　ㄷ 글에 제시되어 있는 내용을 바탕으로 글 속에 분명히 드러나 있지 않은 중심 내용이나 주제를 파악한다.

　ㄹ 문맥의 흐름을 기준으로 문단의 연결 관계를 정확하게 파악한다.

　ㅁ 글의 조직 및 전개 방식을 기준으로 글 전체의 계층적 구조를 정확하게 파악한다.

1. 다음 주어진 글의 빈칸에 들어갈 문장으로 가장 적절한 것은?

> 민간 위탁 업체는 수익성을 중심으로 공공 서비스를 제공하기 때문에, 수익이 나지 않을 경우에는 이 공공 서비스가 기대 수준에 미치지 못할 수 있다. 또한 민간 위탁 제도에 의한 공공 서비스 제공의 성과는 정확히 측정하기 어려운 경우가 많아서 평가와 개선이 지속적으로 이루어지지 않을 경우 오히려 민간 위탁 제도가 공익을 저해할 수 있다. 따라서 민간 위탁 제도의 도입을 결정할 때에는 _____.

① 서비스의 성격과 정부의 관리 능력 등을 면밀히 검토하여 신중하게 결정해야 한다.
② 서비스의 생산 비용이 가장 적은 업체에 우선적으로 기회를 주어야 한다.
③ 서비스의 다양화와 양적 확대를 염두에 두고 결정한다.
④ 민간 업체를 선택하는 과정을 축소하여야 한다.
⑤ 평가와 개선이 지속적으로 이루어지지 않아도 된다.

민간 업체가 제공하는 서비스 수준이 낮거나 공익을 저해할 수 있기 때문에 민간 위탁 제도의 도입을 결정할 때에는 서비스의 성격과 정부의 관리 능력 등을 면밀히 검토하여 신중하게 결정해야 한다.

2. ㉠~㉺ 중 글의 흐름으로 볼 때 삭제해도 되는 문장은?

> ㉠영어 공부를 오랜만에 하는 분이나 회화를 체계적으로 연습한 적이 없는 분들을 위한 기초 영어 회화 교재가 나왔습니다. ㉡이제 이 책으로 두루두루 사용할 수 있는 기본 문형을 반복 훈련하십시오. ㉢이 책은 우선 머뭇거리지 않고 첫 단어를 말할 수 있게 입을 터줄 것입니다. ㉣저자는 수년간 언어 장애인을 치료, 연구하고 있는 권위 있는 의사입니다. ㉤이 책은 테이프만 듣고도 모든 내용을 소화할 수 있도록 구성하였습니다.

① ㉠   ② ㉡
③ ㉢   ④ ㉣
⑤ ㉤

이 글은 새로 나온 영어 학습 교재를 독자에게 소개하면서, 책의 용도, 구성, 학습 효과 등을 설명하고 있다. ㉣에서 언어 장애인을 치료하는 전문가였다는 내용은 이 책의 소개 내용과 아무 관계가 없다.

01 언어영역

02 수리영역

03 추리영역

04 지각영역

05 적성검사모의고사

답 1.① 2.④

01 ~ 04 다음 글을 읽고 물음에 답하시오.

흔히 지방은 비만의 주범으로 지목된다. 대부분의 영양학자는 지방이 단백질이나 탄수화물보다 단위 질량당 더 많은 칼로리를 내기 때문에 과체중을 유발하는 것으로 보았다. 그래서 저지방 식단이 비만을 막는 것으로 여겨지기도 했다. 하지만 저지방 식단의 다이어트 효과는 오래가지 않는 것으로 밝혀졌다. 최근의 연구에 따르면 비만을 피하는 최선의 방법은 섭취하는 지방의 양을 제한하는 것이 아니라 섭취하는 총열량을 제한하는 것이다.

또한 '지방' 하면 여러 질병의 원인으로서 인체에 해로운 것으로 인식되기도 한다. 문제가 '전이지방'이다. 전이지방은 천연 상태의 기름에 수소를 첨가하여 경화시키는 특수한 물리·화학적 처리에 따라 생성되는 것으로서, 몸에 해로운 포화지방의 비율이 자연 상태의 기름보다 높다. 전이지방은 '부분경화유'나 '야채쇼트닝' 등의 형태로 치킨, 케이크, 라면, 쿠키 등 각종 식품에 첨가된다. 전이지방은 각종 신선 식품의 신선도를 유지하고 과자류를 잘 부서지지 않게 하므로 그 유해성에도 불구하고 식품 첨가물로 흔히 쓰인다. 전이지방을 섭취하면 동맥경화, 협심증, 심근경색 등 심혈관계 질환이나 유방암 등이 발병할 수 있다. 이러한 전이지방이 지방을 대표하는 것으로 여겨지면서 지방이 심장 질환을 비롯한 여러 질병의 원인으로 지목됐던 것이다.

그렇다면 지방의 누명을 어떻게 벗겨줄 것인가? 중요한 것은 지방이라고 모두 같은 지방은 아니라는 사실을 일깨우는 것이다. 지방은 인체에서 비타민이나 미네랄만큼 유익한 작용을 많이 한다. 견과류와 채소기름, 생선 등에서 얻는 필수 지방산은 면역계와 피부, 신경 섬유 등에 이로운 구실을 하고 정신 건강을 유지시켜 준다. 불포화지방의 섭취는 오히려 각종 질병의 위험을 감소시키며, 체내의 지방 세포는 장수에 도움을 주기도 한다. 그렇다고 해서 불포화지방을 무턱대고 많이 섭취하라는 것은 아니다. 인체의 필수 영양소가 균형을 이루는 선에서 섭취하는 것이 바람직하다.

사람들 중에는 지방을 제거하기 위해 ㉠체내의 지방 흡수를 인위적으로 차단하는 비만치료제를 이용하는 이도 있는데, 이러한 비만치료제는 인체 시스템에 악영향을 끼치기도 한다. 만일 이 비만치료제가 몸에 좋은 지방과 그렇지 않은 지방을 구별하는 눈을 가졌다면 권장할 만하다. 하지만 모든 유형의 지방이 우리 몸에 흡수되는 것을 막는 것이 문제다. 게다가 이 비만치료제는 지방질만 제거하는 것이 아니라 지방질과 함께 소화 흡수되어 시력 보호나 노화 방지를 돕는 지용성 비타민까지 걸러내게 마련이다. 시력을 떨어뜨리고 노화를 촉진하는 약품을 먹을 이유는 없다. 그것도 만만찮은 비용까지 부담하면서 말이다.

지방이 각종 건강상의 문제를 야기하는 것은 지방 그 자체의 속성 때문이라기보다는 지방을 섭취하는 인간의 '자기 관리'가 허술했기 때문이다. 체지방의 경우 과다하게 축적되면 비만한 체형을 형성하는 주요인이 되기도 하고 건강을 위협할 수도 있지만, 적당히 신체에 고루 분포된 체지방은 균형 잡힌 체형의 필수 조건이다. 그러므로 지방과 다른 영양소와의 조화를 염두에 두고, 좋고 나쁜 지방을 분별력 있게 가려 섭취한다면 '지방 걱정'은 한낱 기우에 불과할 수도 있다.

01 윗글의 내용과 일치하지 않는 것은?

① 지용성 비타민 중에는 시력을 보호하고 노화를 방지하는 데 이로운 것도 있다.

② 전이지방은 신선 식품의 신선도를 유지하고 과자류를 잘 부서지지 않게 하는 기능이 있다.

③ 지방이 단백질과 탄수화물보다 단위 질량당 칼로리가 높다는 것은 최근에 오류로 밝혀졌다.

④ 지방을 섭취함에 있어서 '자기 관리'가 철저하면 지방이 야기하는 여러 질병을 피할 수 있다.

⑤ 비만을 피하는 방법은 섭취하는 지방량이 아닌 총열량을 제한하는 것이다.

> **advice** 첫 번째 문단의 '대부분의 영양학자들은 지방이 단백질이나 탄수화물보다 단위 질량당 더 많은 칼로리를 내기 때문에 과체중을 유발하는 것으로 보았다'를 통해 ③이 글의 내용과 일치하지 않는 것을 알 수 있다.
> ① 네 번째 문단에 '시력 보호나 노화 방지를 돕는 지용성 비타민까지'라고 제시되어있다.
> ② 두 번째 문단에 제시되어 있다.
> ④ 마지막 문단에 제시되어 있다.
> ⑤ 첫 번째 문단에 제시되어 있다.

01
언어영역

02
수리영역

03
추리영역

04
지각영역

05
적성검사모의고사

02 제시된 글의 논지 전개 방식으로 가장 적절한 것은?

① 대상에 대한 다양한 견해들의 장단점을 분석하고 있다.

② 서로 대립하는 견해를 비교하고 이를 절충하여 통합하고 있다.

③ 현재의 상황을 객관적으로 분석함으로써 미래를 전망하고 있다.

④ 대상에 대한 통념의 문제점을 지적하고 올바른 이해를 유도하고 있다.

⑤ 문제 상황을 제시하여 나열한 다음 그에 대한 해결 방안을 제안하고 있다.

> **advice** 위 글에서는 '지방'이 비만을 야기하고 인체의 건강에 해롭다는 통념이 잘못된 것이라고 지적하고, '지방'을 분별해서 섭취하면 건강에 유익하다는 것을 말하고 있다.

답 01.③ 02.④

03 ㉠에 대한 글쓴이의 입장을 나타내기에 가장 적절한 것은?

① 교각살우(矯角殺牛)

② 부화뇌동(附和雷同)

③ 양약고구(良藥苦口)

④ 토사구팽(免死狗烹)

⑤ 새옹지마(塞翁之馬)

advice ① 교각살우(矯角殺牛)는 '소의 뿔을 바로잡으려다 소를 죽인다.'라는 말로, 잘못된 점을 고치려다 방법이나 정도가 지나쳐 일을 그르치는 것을 뜻하는 말이다. 글쓴이는 체내의 지방흡수를 인위적으로 막는 비만치료제가 모든 유형의 지방흡수를 막아 인체에 필요한 지방과 지용성 비타민까지도 걸러내 시력 저하와 노화 촉진 등의 악영향을 끼친다고 말하고 있다.
② 줏대 없이 남의 의견에 따라 움직임
③ 충언은 귀에 거슬리지만 자신에게 이로움
④ 필요할 때는 쓰고, 필요 없을 때는 버림
⑤ 인생의 길흉화복은 변화가 많아 예측하기 어려움

04 다음과 같은 고백을 하는 사람에게 본문의 글쓴이가 조언하는 내용으로 적절하지 않은 것은?

> 20대의 날렵한 몸매는 이제 추억 속의 사진에만 남아 있다. 이리저리 쏠리며 출렁이는 뱃살은 거추장스럽기 그지없다. 내 키가 170cm인데 체중이 90kg이다. 물론 체지방 수치도 정상치를 훨씬 넘긴 지 오래다. 스스로 생각해도 확실히 비만은 비만이다. 건강상의 문제로 다이어트를 시도해 봤지만, 그때마다 치킨, 피자, 라면, 불고기, 삼겹살, 아이스크림, 땅콩 등 좋아하는 음식들의 고소한 유혹에 넘어가 매번 실패하고 있다.
> 이번 달부터는 혹시나 하는 마음에 다시 마음을 단단히 먹고, 식사 때마다 지방이 포함된 음식은 아예 입에도 대지 않으려고 노력하고 있다. 그랬더니 맛있는 것들이 항상 눈앞에 어른거린다. 과연 건강도 회복하고 정상 체중으로 돌아갈 수 있을까…….

① 몸에 좋은 지방과 몸에 나쁜 지방을 분별력 있게 가려 섭취하십시오.

② 균형 잡힌 몸매와 건강을 위해서는 과다 축적된 체지방을 줄여야 합니다.

③ 치킨이나 라면 등 전이지방이 많이 포함된 음식의 섭취는 가급적 줄이십시오.

④ 비만을 극복한 후에도 질병 없이 장수하려면 불포화지방의 섭취를 피해야 합니다.

⑤ 필수 영양소의 균형을 고려하여 총열량을 적절히 조절하는 것이 중요합니다.

advice ④ 세 번째 단락에서, 글쓴이는 인체의 영양소가 균형을 이루는 선에서 불포화지방을 적당히 섭취하면 각종 질병을 줄이는 데 도움을 주고 체내 지방 세포는 장수에 도움을 준다고 밝히고 있다.

05 다음 글을 읽고 답을 구할 수 있는 질문이 아닌 것은?

> 어떤 경제 주체의 행위가 자신과 거래하지 않는 제3자에게 의도하지 않게 이익이나 손해를 주는 것을 '외부성'이라 한다. 과수원의 과일 생산이 인접한 양봉업자에게 벌꿀 생산과 관련한 이익을 준다든지, 공장의 제품 생산이 강물을 오염시켜 주민들에게 피해를 주는 것이 등이 대표적인 사례이다.
>
> 외부성은 사회 전체로 보면 이익이 극대화되지 않는 비효율성을 초래할 수 있다. 개별 경제 주체가 제3자의 이익이나 손해까지 고려하여 행동하지는 않을 것이기 때문이다. 예를 들어, 과수원의 이윤을 극대화하는 생산량이 A라고 할 때, 생산량을 A보다 늘리면 과수원의 이윤은 줄어든다. 하지만 이로 인한 과수원의 이윤 감소보다 양봉업자의 이윤 증가가 더 크다면, 생산량을 A보다 늘리는 것이 사회적으로 바람직하다. 하지만 과수원이 자발적으로 양봉업자의 이익까지 고려하여 생산량을 A보다 늘릴 이유는 없다.
>
> 전통적인 경제학은 이러한 비효율성의 해결책이 보조금이나 벌금과 같은 정부의 개입이라고 생각한다. 보조금을 받거나 벌금을 내게 되면 제3자에게 주는 이익이나 손해가 더 이상 자신의 이익과 무관하지 않게 되므로, 자신의 이익에 충실한 선택이 사회적으로 바람직한 결과로 이어진다는 것이다.
>
> 그러나 전통적인 경제학은 모든 시장 거래와 정부 개입에 시간과 노력, 즉 비용이 든다는 점을 간과하고 있다. 외부성은 이익이나 손해에 관한 협상이 너무 어려워 거래가 일어나지 못하는 경우이므로, 보조금이나 벌금뿐만 아니라 협상을 쉽게 해주는 법과 규제도 해결책이 될 수 있다. 어떤 방식이든, 정부 개입은 비효율성을 줄이는 측면도 있지만 개입에 드는 비용으로 인해 비효율성을 늘리는 측면도 있다.

① 내부성과 외부성의 정의는 무엇인가?

② 외부성이 비효율성을 초래하는 이유는 무엇인가?

③ 전통적인 경제학에서 보는 이익을 위한 해결책은 무엇인가?

④ 전통적인 경제학이 간과하고 있는 사실이 무엇인가?

⑤ 외부성의 대표적인 사례는 무엇인가?

advice ① 이 글은 '외부성'에 대한 글이다. 글 속에 '내부성'에 대한 언급은 없다.

답 03.① 04.④ 05.①

06 다음 글을 읽고 알 수 없는 것은?

대부분의 사람들은 '이슬람', '중동', 그리고 '아랍'이라는 지역 개념을 혼용한다. 그러나 엄밀히 말하면 세 지역 개념은 서로 다르다.

우선 이슬람지역은 이슬람교를 믿는 무슬림이 많이 분포된 지역을 지칭하는 것으로 종교적인 관점에서 구분한 지역 개념이다. 오늘날 무슬림은 전 세계 약 57개국에 많게는 약 16억, 적게는 약 13억이 분포된 것으로 추정되며, 그 수는 점점 더 증가하는 추세이다. 무슬림 인구는 이슬람교가 태동한 중동지역에 집중되어 있다. 또한 무슬림은 중국과 중앙아시아, 동남아시아, 북아프리카 지역에 걸쳐 넓게 분포해있다.

중동이란 단어는 오늘날 학계와 언론계에서 자주 사용되고 있다. 그러나 이 단어의 역사는 그리 길지 않다. 유럽, 특히 영국은 19세기 이래 아시아지역에서 식민정책을 펼치기 위해 전략적으로 이 지역을 근동, 중동, 극동의 세 지역으로 구분했으며, 이후 이러한 구분은 런던 타임즈에 기고된 글을 통해 정착되었다. 따라서 이 단어 뒤에는 중동을 타자화한 유럽 중심적인 사고관이 내재되어 있다.

중동지역의 지리적 정의는 학자에 따라, 그리고 국가의 정책에 따라 다르다. 북아프리카에 위치한 국가들과 소련 해체 이후 독립한 중앙아시아의 신생 독립국들을 이 지역에 포함시켜야 하는가에 대해서는 확고하게 정립된 입장은 아직 없지만, 일반적으로 합의된 중동지역에는 아랍연맹 22개국과 비아랍국가인 이란, 터키 등이 포함된다. 이 중 터키는 유럽 연합 가입을 위해 계속적으로 노력하고 있으나 거부되고 있다.

이슬람지역이 가장 광의의 지역 개념이라면 아랍은 가장 협소한 지역 개념이다. 아랍인들은 셈족이라는 종족적 공통성과 더불어 아랍어와 이슬람 문화를 공유하고 있다. 아랍지역에 속하는 국가는 아랍연맹 회원국 22개국이다. 아랍연맹 회원국에는 아라비아 반도에 위치한 사우디아라비아, 바레인, 쿠웨이트, 이라크, 오만, 아랍에미레이트 등과 북아프리카 지역의 알제리, 모로코, 리비아, 튀니지, 이집트, 수단 등이 포함된다.

① 오늘날 무슬림의 수는 점점 더 증가하는 추세이다.

② 무슬림 인구는 이슬람교가 중동지역에 집중되어 있다.

③ 터키는 유럽 연합 가입을 위해 계속적으로 노력하고 있으나 거부되고 있다.

④ '이슬람', '중동', 그리고 '아랍'이라는 세 지역 개념은 서로 일치한다.

⑤ 아랍인들은 아랍어와 이슬람 문화를 공유하고 있다.

advice ④ 대부분의 사람들은 '이슬람', '중동', 그리고 '아랍'이라는 지역 개념을 혼용한다. 그러나 엄밀히 말하면 세 지역 개념은 서로 다르다(1문단).
① 2문단
② 2문단
③ 3문단
⑤ 4문단

07 다음 중 주어진 글의 빈칸에 들어갈 문장으로 가장 적절한 것을 고른 것은?

사람을 비롯한 포유류에서 모든 피를 만드는 줄기세포는 뼈에 존재한다. 그러나 물고기의 조혈 줄기세포(조혈모세포)는 신장에 있다. 신체의 특정 위치 즉 '조혈 줄기세포 자리(blood stem cell niche)'에서 피가 만들어진다는 사실을 처음 알게 된 1970년대 이래, 생물학자들은 생물들이 왜 서로 다른 부위에서 이 기능을 수행하도록 진화돼 왔는지 궁금하게 여겨왔다. 그 40년 뒤, 중요한 단서가 발견됐다. 조혈 줄기세포가 위치한 장소는 _____ 진화돼 왔다는 사실이다.

이번에 발견된 '조혈 줄기세포 자리' 퍼즐 조각은 조혈모세포 이식의 안전성을 증진시키는데 도움이 될 것으로 기대된다. 연구팀은 실험에 널리 쓰이는 동물모델인 제브라피쉬를 관찰하다 영감을 얻게 됐다.

프리드리히 카프(Friedrich Kapp) 박사는 "현미경으로 제브라피쉬의 조혈 줄기세포를 관찰하려고 했으나 신장 위에 있는 멜라닌세포 층이 시야를 가로막았다"고 말했다. 멜라닌세포는 인체 피부 색깔을 나타내는 멜라닌 색소를 생성하는 세포다.

카프 박사는 "신장 위에 있는 멜라닌세포의 모양이 마치 파라솔을 연상시켜 이 세포들이 조혈줄기세포를 자외선으로부터 보호해 주는 것이 아닐까 하는 생각을 하게 됐다"고 전했다. 이런 생각이 들자 카프 박사는 정상적인 제브라피쉬와 멜라닌세포가 결여된 변이 제브라피쉬를 각각 자외선에 노출시켰다. 그랬더니 변이 제브라피쉬의 조혈 줄기세포가 줄어드는 현상이 나타났다. 이와 함께 정상적인 제브라피쉬를 거꾸로 뒤집어 자외선을 쬐자 마찬가지로 줄기세포가 손실됐다.

이 실험들은 멜라닌세포 우산이 물리적으로 위에서 내리쬐는 자외선으로부터 신장을 보호하고 있다는 사실을 확인시켜 주었다.

① 줄기세포가 햇빛과 원활하게 접촉할 수 있도록
② 줄기세포에 일정한 양의 햇빛이 지속적으로 공급될 수 있도록
③ 멜라닌 색소가 생성되기에 최적의 공간이 형성될 수 있도록
④ 햇빛의 유해한 자외선(UV)으로부터 이 줄기세포를 보호하도록
⑤ 멜라닌 세포가 자외선으로부터 줄기세포를 더 잘 노출될 수 있도록

advice 제브라 피쉬의 실험은 햇빛의 자외선으로부터 줄기세포를 보호하는 멜라닌 세포를 제거한 후 제브라 피쉬를 햇빛에 노출시켜 본 사실이 핵심적인 내용이라고 할 수 있다. 따라서 이를 통하여 알 수 있는 결론은, 줄기세포가 존재하는 장소는 햇빛의 자외선으로부터 보호받을 수 있는 방식으로 진화하게 되었다는 것이 타당하다고 볼 수 있다.

답 06.④ 07.④

01 단위변환 및 기초연산

기초연산과 간단한 단위환산을 할 수 있습니다.

Section 01 | 단위변환

길이, 넓이, 부피, 무게, 시간, 속도 등에 따른 단위를 이해하고, 단위가 달라짐에 따라 해당 값이 어떻게 변하는지 환산할 수 있는 능력을 평가한다. 소수점 계산 및 자릿수를 읽고 구분하는 능력을 요하기도 한다. 기본적인 단위환산을 기억해 두는 것이 좋다.

구분	단위환산
길이	$1cm = 10mm$ / $1m = 100cm$ / $1km = 1,000m$
넓이	$1cm^2 = 100mm^2$ / $1m^2 = 10,000cm^2$ / $1km^2 = 1,000,000m^2$ / $1m^2 = 0.01a = 0.0001ha$
부피	$1cm^3 = 1,000mm^3$ / $1m^3 = 1,000,000cm^3$ / $1km^3 = 1,000,000,000m^3$
들이	$1m\ell = 1cm^3$ / $1d\ell = 100cm^3$ / $1L = 1,000cm^3 = 10d\ell$
무게	$1kg = 1,000g$ / $1t = 1,000kg = 1,000,000g$
시간	1분 $= 60$초 / 1시간 $= 60$분 $= 3,600$초
할푼리	1푼 $= 0.1$할 / 1리 $= 0.01$할 / 1모 $= 0.001$할

Section 02 | 기초연산

덧셈, 뺄셈, 곱셈, 나눗셈의 사칙 연산을 활용한 기본적인 계산 문제이다.

Section 03 | 대소비교

① 분수와 소수 : 분수를 소수로, 소수를 분수로 변환하여 둘을 같은 형태로 일치시킨 뒤 크기를 비교한다.

② 제곱근 : 어떤 수 x를 제곱하여 α가 되었을 때에, x를 α의 제곱근이라고 한다.

③ 방정식 및 부등식 비교 : 두 방정식 또는 부등식 A, B가 있을 때 A$-$B 값이 0보다 크면 A $>$ B, 0보다 작으면 A $<$ B, 0이면 A $=$ B이다.

1. 밑면의 세로가 2cm인 직육면체가 있다. 밑면의 넓이가 30cm^2 일 때, 직육면체의 부피는? (단, 직육면체의 높이는 6cm이다.)

① 100cm^3 　　② 120cm^3

③ 150cm^3 　　④ 180cm^3

⑤ 210cm^3

㉠ 밑면의 가로를 x라 하면,
　　$2 \times x = 30\text{cm}^3$
　∴ $x = 15\text{cm}$
㉡ 직육면체의 부피
　　= 가로 × 세로 × 높이
　∴ $15 \times 2 \times 6 = 180\text{cm}^3$

2. 다음 등식이 성립하도록 (　) 안에 해당하는 연산기호를 고르시오.

$$30(\quad)15 \div 6 = 75$$

① ＋ 　　② －

③ × 　　④ ÷

⑤ 알 수 없다.

$30(\quad)15 \div 6 = 75$가 되려면 괄호에는 ×, ÷만 들어갈 수 있다. 따라서 ×이다.

3. 다음 주어진 수의 대소 관계를 바르게 비교한 것을 고르시오.

$$A : \sqrt{11} + 2 \qquad\qquad B : \sqrt{16} + 1$$

① $A < B$ 　　② $A > B$

③ $A = B$ 　　④ $A \leq B$

⑤ 알 수 없다.

$B : \sqrt{16} + 1 = 4 + 1 = 5$
$A : 3 < \sqrt{11} < 4$
$\rightarrow 5 < \sqrt{11} + 2 < 6$

답 1.④ 2.③ 3.②

수리영역 ‖ **단위변환 및 기초연산**

01 ~ 02 다음 주어진 값의 단위 변환이 올바른 것을 고르시오.

01

6.4L

① 640㎤   ② 6400mL

③ 640dL   ④ 0.064㎥

⑤ 0.64㎥

advice 6.4L = 6,400㎤ = 6,400mL = 64dL = 0.0064㎥

02

9할2푼8리 × 100

① 0.928   ② 9.28

③ 92.8   ④ 9280

⑤ 92800

advice 9할2푼8리 = 0.928
0.928 × 100 = 92.8

03 - 05 다음 식을 계산하여 알맞은 답을 고르시오.

03

$$25.248 + 18.375 - 6.759$$

① 32.824   ② 36.864

③ 38.226   ④ 40.046

⑤ 42.864

advice 25.248 + 18.375 − 6.759 = 36.864

04

$$6.15 \div 3 \times 2.413$$

① 4.96665   ② 4.95665

③ 4.94665   ④ 4.93665

⑤ 4.92665

advice 6.15 ÷ 3 × 2.413 = 4.94665

05

$$1600 \times 0.03\%$$

① 4.8   ② 0.48

③ 0.048   ④ 0.0048

⑤ 0.00048

advice 1600 × 0.0003 = 0.48

답 01.② 02.③ 03.② 04.③ 05.②

06 – 08 다음 계산식의 빈칸에 들어갈 알맞은 수 또는 연산기호를 고르시오.

06

$$35 \times (\quad) - 92 = 188$$

① 4   ② 6

③ 8   ④ 10

⑤ 12

advice $(188 + 92) \div 35 = 8$

07

$$72 - (\quad) \times 2 + 3.5 = 25.5$$

① 11   ② 17

③ 25   ④ 36

⑤ 47

advice $72 - (25) \times 2 + 3.5 = 25.5$

08

$$26 \times 35 (\quad) 5 = 182$$

① +   ② −

③ ×   ④ ÷

⑤ 알 수 없다.

advice $26 \times 35 (\div) 5 = 182$

09-12 다음에 주어진 A와 B값의 대소 관계를 바르게 비교한 것을 고르시오.

09

- A : 정십이면체 꼭짓점의 수
- B : 정팔면체 모서리의 수

① $A > B$ ② $A < B$

③ $A = B$ ④ $A \leq B$

⑤ 비교할 수 없다.

advice A : 20개, B : 12개

∴A>B

구분	정사면체	정육면제	정팔면체	정십이면체	정이십면체
면	4	6	8	12	20
꼭짓점	4	8	6	20	12
모서리	6	12	12	30	30

10

- A : 480과 360의 최대공약수
- B : 48과 64의 최소공배수

① $A > B$ ② $A < B$

③ $A = B$ ④ $A \geq B$

⑤ 비교할 수 없다.

advice A : $480 = 2^5 \times 3 \times 5, 360 = 2^3 \times 3^2 \times 5$이므로 이 둘의 최대공약수는 $2^3 \times 3 \times 5 = 120$

B : $48 = 2^4 \times 3, 64 = 2^6$이므로 이 둘의 최소공배수는 $2^6 \times 3 = 192$

∴A<B

답 06.③ 07.③ 08.④ 09.① 10.②

CHAPTER.02 수리영역

응용계산

알맞은 공식을 대입하여 문제에 대한 답을 찾을 수 있습니다.

Section 01 | 나이·금액·업무량

나이 계산	문제에 나오는 사람의 나이는 같은 수만큼 증감한다. 모든 사람의 나이 차이는 바뀌지 않으며 같은 차이만큼 나이가 바뀐다.
금액 계산	총액/잔액 지불하는 상대 관계를 정확히 하여 문제를 잘 읽고, 대차 등의 관계를 파악한다. ㉠ 정가 = 원가 + 이익 = 원가(원가 × 이율), 원가 = 정가×(1 − 할인율) ㉡ x원에서 y원을 할인한 할인율 = $\dfrac{y}{x} \times 100 = \dfrac{100y}{x}(\%)$
업무량 계산	㉠ 인원수 × 시간 × 일수 = 전체 업무량 ㉡ 일한 시간 × 개인의 시간당 능력 = 제품 생산개수

Section 02 | 시간·거리·속도

시계 계산	㉠ 1일 = 24시간 = 1,440분 = 86,400초 ㉡ 분침에서 1분의 각도는 $360° \div 60 = 6°$ ㉢ 시침에서 1시간의 각도는 $360° \div 12 = 30°$ ㉣ 1시간 각도에서 시침의 분당 각도는 $30° \div 60 = 0.5°$
시간, 거리, 속도	㉠ 속도를 v, 시간을 t, 거리를 s로 하면 $\dfrac{s}{v \times t}$이다. 거리는 반드시 분자로 두어야 한다. ㉡ '단위'를 착각하지 않도록 주의한다.
물의 흐름	㉠ 강 흐름의 속도 = (내리막의 속도 − 오르막의 속도)÷2 ㉡ 오르막 = 배의 속도 − 강의 흐름, 내리막 = 배의 속도 + 강의 흐름
열차의 통과	㉠ 열차의 이동거리 = 목적물 + 열차의 길이 ㉡ 열차가 통과한다는 것은, 선두부터 맨 끝까지 통과하는 것이다. ㉢ 속도 · 시간 · 거리의 단위를 일치 시킨다.

Section 03 | 나무심기·농도

나무심기	㉠ 직선위의 나무의 수는 최초에 심는 한 그루를 더하여 계산한다. ㉡ 주위를 둘러싸면서 나무를 심을 경우에는 가로와 세로의 최대공약수가 나무사이의 간격이 된다.
농도	㉠ 식염의 양(g) = 농도(%) × 식염수의 양(g) ÷ 100 ㉡ 구하는 농도 = $\dfrac{\text{식염} \times 100(\%)}{\text{식염} + \text{물}\,(\,=\text{식염수})}(\%)$

대표유형 예제문제

예제문제 Tip

1. 300m의 길이 양측에 가로수로 은행나무, 단풍나무, 벚나무의 세 가지를 심고자 한다. 은행나무는 5m마다, 단풍나무는 7m마다, 벚나무는 9m마다 심는다고 할 때, 총 몇 그루의 나무가 필요한가? (단, 처음과 끝에는 나무를 심지 않는다.)

① 270그루
② 280그루
③ 290그루
④ 300그루
⑤ 310그루

각각 길 한 측에 심을 수 있는 나무의 그루 수는 은행나무 60그루, 단풍나무 42그루, 벚나무 33그루이다. 양측에 모두 심어야 하므로 총 $2(60 + 42 + 33) = 270$그루가 필요하다.

2. 영수가 달리기를 하는데 처음에는 초속 6m의 속력으로 뛰다가 반환점을 돈 후에는 분속 90m의 속력으로 걸어서 30분 동안 4.5km를 운동했다면 출발지에서 반환점까지의 거리는?

① 2,400m
② 3,000m
③ 3,600m
④ 4,000m
⑤ 4,400m

초속을 분속으로 바꾸면
$6 \times 60 = 360$m/min
출발지에서 반환점까지의 거리 $= x$
$\dfrac{x}{360} + \dfrac{4,500 - x}{90} = 30$이므로
양변에 360을 곱하여 식을 간단히 하면
$x + 4(4,500 - x) = 10,800$
$\therefore \ x = 2,400 \text{(m)}$

3. 물 300g에 소금 100g과 25% 식염수 400g을 넣으면 몇 %의 식염수가 되는가?

① 22%
② 24%
③ 25%
④ 28%
⑤ 30%

$농도 = \dfrac{소금}{소금 + 물} \times 100$
25%의 식염수 400g의 농도
$= 400 \times 0.25 = 100$g
전체 소금물 $= 300 + 100 + 400 = 800$g
소금의 양 $= 100 + 100 = 200$
$농도 = \dfrac{200}{800} \times 100 = 25\%$

답 1.① 2.① 3.③

수리영역 ‖ **응용계산**

01 총 길이가 30km인 원형 트랙을 자동차로 6시간 동안 시계 방향으로 돌았다. 처음 2시간 동안 10회, 다음 3시간 동안 6회, 마지막 1시간 동안 4회 돌았다면, 6시간 동안의 자동차 평균 속력은 몇 km/h인가?

① 60km/h
② 80km/h
③ 100km/h
④ 120km/h
⑤ 140km/h

    advice 자동차로 총 달린 거리는 $(30\times10)+(30\times6)+(30\times4)=300+180+120=600\text{km}$

                6시간 동안 자동차의 평균 속력은 $\dfrac{600}{6}=100\text{km/h}$

02 동수는 자전거를 타고 120m/min의 속도로 가고, 미연은 뛰어서 80m/min의 속도로 간다. 미연이가 동수보다 320m 앞에 있을 때, 시간이 얼마나 지나야 서로 만나게 되는가?

① 8분
② 10분
③ 12분
④ 14분
⑤ 16분

    advice 동수와 미연이가 만나는 시간을 x라 하면 동수가 간 거리＝미연이가 간 거리＋320m이므로

                $120x=80x+320, \therefore x=8$

03 화창한 어느 날 낮에 3%의 설탕물 400g이 들어있는 컵을 창가에 놓아두었다. 저녁에 살펴보니 물이 증발하여 농도가 5%가 되었다. 남아있는 물의 양은 몇 g인가?

① 230g

② 240g

③ 250g

④ 260g

⑤ 270g

advice 증발한 설탕물의 양을 x라 하면 설탕물은 증발했으므로 설탕의 양은 변하지 않는다.

$$농도 = \frac{설탕}{설탕 + 물} \times 100 \rightarrow \frac{400 \times 0.03}{400 - x} \times 100 = 5$$

$1,200 = 2,000 - 5x, \ x = 160$

남아있는 물의 양은 $400 - 160 = 240g$

04 경은이 올해 연봉은 작년에 비해 10% 인상되고 500만 원의 성과급까지 받았는데, 이 금액은 30%의 연봉을 인상한 것과 같다면 경은의 작년 연봉은 얼마인가?

① 2,300만 원

② 2,500만 원

③ 2,700만 원

④ 2,900만 원

⑤ 3,100만 원

advice 작년 연봉을 x라 하면,

$1.1x + 500 = 1.3x$

$\therefore \ x = 2,500$만 원

답 01.③ 02.① 03.② 04.②

05 민지가 108개의 구슬을 꿰는 데 18시간이 소요되고 민지와 서하가 함께 꿰는 데 12시간이 소요된다면 서하가 구슬을 꿰는 데 소요되는 시간은?

① 24시간   ② 28시간

③ 32시간   ④ 36시간

⑤ 40시간

advice 1시간에 꿰는 구슬의 개수는 민지가 6개$\left(\dfrac{108}{18}\right)$이고, 민지와 서하가 함께 꿰맬 때는 9개$\left(\dfrac{108}{12}\right)$이다.

∴ 서하가 1시간에 꿰는 구슬 수 = 3개

서하가 1시간에 꿰는 구슬 수가 시간당 3개의 구슬을 꿰므로 108개의 구슬을 꿰려면 $\dfrac{108}{3} = 36$시간이 소요된다.

06 어머니의 나이는 자식의 나이보다 34세 많고, 지금부터 5년 전에는 어머니의 나이가 자식의 나이의 3배였다. 어머니와 자식의 현재의 나이는 각각 얼마인가?

① 56세, 22세   ② 57세, 23세

③ 58세, 24세   ④ 59세, 25세

⑤ 60세, 26세

advice 자식의 나이를 x라 하면,

$(x+34-5)=3(x-5)$, $x=22$

어머니의 나이는 $22+34=56$

∴ 어머니의 나이 56세, 자식의 나이 22세

07 칠판에 1부터 20까지의 수가 하나씩 쓰여 있고, 20개의 수 중 임의의 수 a와 b를 지우고 a−1, b−1을 써넣었다. 이 시행을 20번 반복한 후 칠판에 써진 모든 수를 더한 값은 얼마인가?

① 150

② 160

③ 170

④ 180

⑤ 190

advice 1부터 20까지의 수를 모두 더하면 210이다. 20개의 수 중 임의의 수 a와 b를 지우고 a−1, b−1을 써넣은 후의 전체 수의 합은 $210-(a+b)+(a-1+b-1)=210-2=208$이 된다. 따라서 이 시행을 20번 반복한 후 전체 수의 합은 처음 전체 수의 합 210에서 40이 감소한 1700이 된다.

08 56분이 1시간으로 되어 있는 시계가 있다. 12시에 일반시계와 같도록 맞춘 후 나중에 시간을 보니 6시 30분이었다. 실제 시간은?

① 6시

② 6시 4분

③ 6시 10분

④ 6시 14분

⑤ 6시 20분

advice 실제시간보다 시간당 4분이 빠른데 6시간 30분이 지났으므로 6×4 + 2 = 26분이 더 빠르다. 그러므로 실제시간은 6시 4분이다.

01 언어영역

02 수리영역

03 추리영역

04 지각영역

05 적성검사모의고사

09 오늘이 10일 화요일이라면 100일 후의 요일은?

① 월요일   ② 화요일

③ 수요일   ④ 목요일

⑤ 금요일

advice 7일이 지나면 다시 화요일이 되므로 7의 배수의 날짜가 화요일이 된다.
100일을 계산해보면 14×7 + 2 = 100이므로 화요일에 이틀을 더한 목요일이 된다.

10 집에서 공원까지 시속 4km로 걸어서 가는 것과 시속 20km로 전기 자전거를 타고 가는 것과는 1시간의 차이가 난다고 한다. 이 때 집과 공원 사이의 거리로 옳은 것은?

① 5km   ② 6km

③ 7km   ④ 8km

⑤ 9km

advice $x =$ 집과 공원 사이의 거리. 시간 $= \dfrac{거리}{속력}$

걸어서 간 시간이 전기 자전거를 타고 간 시간보다 길기 때문에

$\dfrac{x}{4}$(걸어서 간 시간) $- \dfrac{x}{20}$(전기자전거를 타고 간 시간)$= 1$

$\therefore \dfrac{4x}{20} = 1, x = 5$

11 보람마트에서 여름 이벤트로 아이스크림 1세트를 첫 날 3,000원을 시작으로 매일 500원씩 할인하여 판매하고 있다. 해당 아이스크림의 하루 판매 개수는 10세트로 동일하고, 총 매출이 100,000일 때, 며칠 동안 판매한 것인가?

① 4일   ② 5일

③ 6일   ④ 7일

⑤ 8일

advice • 첫 날 매출 : 3,000 × 10 = 30,000
• 둘째 날 매출 : 2,500 × 10 = 25,000
• 셋째 날 매출 : 2,000 × 10 = 20,000
• 넷째 날 매출 : 1,500 × 10 = 15,000
• 다섯째 날 매출 : 1,000 × 10 = 10,000
따라서 해당 제품은 5일 동안 판매되었다.

12 지름 4cm인 구를 이등분 했을 때, 두 물체의 겉넓이의 합은?

① 24π ② 32π

③ 40π ④ 256π

⑤ 512π

advice $4\pi r^2 + 2\pi r^2 = 16\pi + 8\pi$이므로 두 물체의 겉넓이의 합은 24π이다.

정답 09.④ 10.① 11.② 12.①

CHAPTER.02 수리영역

확률

경우의 수와 확률에 대해서 알아봅니다.

Section 01 | 경우의 수

① **합의 법칙** : 각 사건이 동시에 일어나지 않을 때 사용한다. 문제에서 '또는', '~이거나'의 표현으로 제시한다. 사건 A가 일어나는 경우의 수가 a가지, 사건 B가 일어나는 경우의 수가 b가지일 때, 사건 A 또는 B가 일어날 경우의 수 = a + b(가지)이다.

② **곱의 법칙** : 경우의 수를 구하는 과정에서 두 사건이 모두 일어나야 하며 '동시에'라는 표현으로 제시한다. 사건 A가 일어나는 경우의 수가 a가지, 사건 B가 일어나는 경우의 수가 b가지일 때, 사건 A와 B가 동시에 일어날 경우의 수 = a × b(가지)이다.

③ **합의 법칙과 곱의 법칙의 선택** : 어떤 두 사건이 있을 때, 두 사건 중 하나만 일어나도 상관이 없으면 합의 법칙, 두 사건이 모두 일어나야 하면 곱의 법칙을 사용한다.

Section 02 | 순열과 조합

① **순열** : 서로 다른 n개 중에서 r개를 골라 순서를 고려해 나열한 경우의 수

$$_nP_r = \frac{n!}{(n-r)!}$$

② **조합** : n개 중 서로 다른 r개를 선택하되 순서를 고려하지 않은 경우의 수

$$_nC_r = \frac{n!}{r!(n-r)!}$$

Section 03 | 확률

① 사건 A가 일어날 수 있는 경우의 수를 전체 사건이 일어날 수 있는 경우의 수로 나눠서 구한다.

$$P(A) = \frac{\text{사건 } A \text{가 일어나는 경우의 수}}{\text{모든 경우의 수}} = \frac{a}{n}$$

② 확률의 최댓값은 1, 최솟값은 0이라고 할 수 있다.
임의의 사건 : A, 모든 사건 : S, 공사건 : ϕ

$$0 \le P(A) \le 1, \ P(S)=1, \ P(\phi)=0$$

대표유형 예제문제

예제문제 Tip

1. 빨강, 노랑, 녹색의 전구가 켜지는 경우의 수는?

① 5가지

② 6가지

③ 7가지

④ 8가지

⑤ 9가지

> 모든 경우의 수에서 모두 켜지지 않는 경우의 수를 빼면 된다.
> $$2^3 - 1 = 8 - 1 = 7$$

2. 빨간 공 7개, 흰 공 5개 합계 12개의 공이 들어가 있는 봉지가 있다. 이 중에서 동시에 4개 꺼낼 때, 적어도 1개가 흰 공이 되는 확률은?

① $\dfrac{5}{12}$

② $\dfrac{7}{12}$

③ $\dfrac{80}{99}$

④ $\dfrac{92}{99}$

⑤ $\dfrac{11}{12}$

> 전체 12개에서 동시에 4개를 꺼내는 방법은
> $$_{12}C_4 = \frac{12 \times 11 \times 10 \times 9}{4 \times 3 \times 2 \times 1} = 495(가지)$$
> 적어도 1개가 흰 공일 확률은 전체에서 흰 공이 없는 경우를 빼주면 되므로, 빨간 공만 4개 뽑을 방법은
> $$_{7}C_4 = \frac{7 \times 6 \times 5 \times 4}{4 \times 3 \times 2 \times 1} = 35(가지).$$
> 흰 공이 없을 확률은 $\dfrac{35}{495} = \dfrac{7}{99}$
> ∴ 적어도 흰 공 1개가 포함된 확률 =
> $$1 - \frac{7}{99} = \frac{92}{99}$$

3. 주사위 두 개를 동시에 던졌을 때, 각각의 주사위의 숫자가 하나는 짝수, 다른 하나는 홀수로 나올 확률은?

① 25%

② 50%

③ 60%

④ 75%

⑤ 100%

> 하나의 주사위에 대하여 홀수가 나올 확률이 1/2, 짝수가 나올 확률이 1/2이다. 문제는 두 개의 동전을 던졌을 때 앞면 하나와 뒷면 하나가 나올 확률을 묻는 문제와 동일하다. 두 개의 주사위를 동시에 던질 때에는 (홀수, 홀수), (짝수, 짝수), (홀수, 짝수), (짝수, 홀수)의 네 가지 경우의 수가 존재하므로, 홀수와 짝수가 동시에 나올 확률은 2/4, 즉, 50%이다.

답 1.③ 2.④ 3.②

 수리영역 ∥ **확률**

01 남자 4명, 여자 5명, 총 9명에서 2명의 위원을 선출할 때, 둘 다 여자가 되는 확률은?

① $\dfrac{2}{16}$　　　　　　　　　　　② $\dfrac{5}{18}$

③ $\dfrac{8}{21}$　　　　　　　　　　　④ $\dfrac{9}{25}$

⑤ $\dfrac{11}{27}$

　　advice 9명에서 2명을 뽑을 방법의 수는 $_9C_2$, 여자 5명에서 2명을 뽑을 방법의 수는 $_5C_2$이다.

$$\therefore \frac{_5C_2}{_9C_2} = \frac{10}{36} = \frac{5}{18}$$

02 주머니 안에 3개의 파란 봉투, 3개의 노란 봉투, 4개의 빨간 봉투가 들어있다. 파란 봉투를 뽑아야 당첨이다. 지혜가 한 번 뽑은 다음에 유경이 뽑는다고 할 때 유경이 파란 봉투을 뽑을 확률은? (단, 한 번 뽑은 봉투를 다시 주머니에 넣지 않는다.)

① 0.1　　　　　　　　　　　② 0.2

③ 0.3　　　　　　　　　　　④ 0.4

⑤ 0.5

　　advice 지혜가 파란 봉투를 뽑지 않고 유경이 파란 봉투를 뽑을 확률

$$\frac{7}{10} \times \frac{3}{9} = \frac{21}{90}$$

지혜가 파란 봉투를 뽑고 유경이도 파란 봉투를 뽑을 확률

$$\frac{3}{10} \times \frac{2}{9} = \frac{6}{90}$$

$$\therefore \frac{21}{90} + \frac{6}{90} = \frac{3}{10} = 0.3$$

03 다음 그림에서 구분되는 네 부분에 서로 다른 색을 칠하려 한다. 7가지 색깔에서 4가지 색을 칠하려 한다면 방법의 수는?

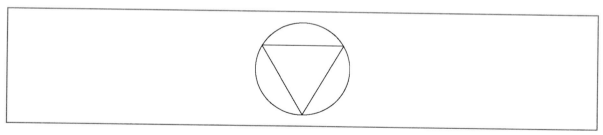

① 190가지

② 230가지

③ 280가지

④ 320가지

⑤ 380가지

 7가지 색에서 4가지 색을 선택하는 방법의 수는 $_7C_4$ 선택된 4가지 색에서 1가지 색을 선택하는 방법의 수는 $_4C_1$이고 이 것을 가운데 ▽부분에 칠하며, 나머지 3가지 색을 둘레에 칠하는 방법의 수는 원순열에 해당하므로 $(3-1)!$

∴ $_7C_4 \times _4C_1 \times (3-1)! = 280$(가지)

04 사과 2박스와 배 2박스, 귤, 감, 참외는 각 1박스씩 7박스를 일렬로 진열해두었다. 양쪽 끝에 같은 과일 박스가 있을 확률은?

① $\dfrac{1}{21}$

② $\dfrac{2}{21}$

③ $\dfrac{4}{21}$

④ $\dfrac{8}{21}$

⑤ $\dfrac{11}{21}$

 ㉠ 7박스 과일을 일렬로 진열하는 경우의 수 : 7!

㉡ 사과 박스를 양쪽 끝에 진열하는 경우 : 5!×2

㉢ 배 박스를 양쪽 끝에 진열하는 경우 : 5!×2

∴ $\dfrac{㉡+㉢}{㉠} = \dfrac{5! \times 2 \times 2}{7!} = \dfrac{2}{21}$

05 항공사에서 출발지와 도착지를 표기한 비행기 표를 만들려고 한다. 20개의 공항을 대상으로 한다면 항공사에서 마련해야 할 비행기 표의 종류는 몇 가지인가?

① 380가지   ② 390가지

③ 410가지   ④ 420가지

⑤ 440가지

✎advice 20개의 공항에서 출발지와 도착지를 정하는 방법은 $_{20}P_2 = 20 \times 19 = 380$(가지)이다.

06 전국 백일장 대회를 맞이하여 서원초등학교에서는 각 반에서 참가 신청서를 받았다. A반은 총 13명이, B반은 총 7명이 참가 신청을 하였는데, 학교 대표는 2명만 선정될 수 있다고 한다. 이를 참고할 때, 학교 대표로 백일장 대회를 나가는 학생이 같은 반이 아닐 확률은?

① 0.28%   ② 0.38%

③ 0.48%   ④ 0.58%

⑤ 0.68%

✎advice • 백일장 대회를 나가는 학생이 같은 반일 확률

$$= \frac{_{13}C_2 + {_7}C_2}{_{20}C_2} = \frac{99}{190}$$

• 백일장 대회를 나가는 학생이 같은 반이 아닐 확률

$$= 1 - \frac{99}{190} = \frac{91}{190} \fallingdotseq 0.48\%$$

07 수영장에 물을 가득 채울 때 수도관 A로는 6시간, B로는 4시간, C로는 3시간이 걸린다. A, B, C 세 수도관을 모두 사용하여 수영장에 물을 가득 채우는 데 걸리는 시간은?

① 1시간 10분 ② 1시간 20분
③ 1시간 30분 ④ 1시간 40분
⑤ 1시간 50분

> **advice** • 한 시간 동안 A의 효율 : $\frac{1}{6}$
>
> • 한 시간 동안 B의 효율 : $\frac{1}{4}$
>
> • 한 시간 동안 C의 효율 : $\frac{1}{3}$
>
> $\left(\frac{1}{6}+\frac{1}{4}+\frac{1}{3}\right)\times x=1$
>
> $\frac{9}{12}x=1$
>
> $\therefore \ x=\frac{4}{3}$
>
> $60\times\frac{4}{3}=80$(분), 즉 1시간 20분이 걸린다.

08 주사위 2개를 던져 나오는 눈의 수를 각각 십의 자리, 일의 자리의 숫자로 하여 두 자리 정수를 만든다. 23보다 작은 정수만 만든다고 할 때, 이 정수들의 합은?

① 92 ② 103
③ 115 ④ 124
⑤ 138

> **advice** • 십의 자리 숫자가 1일 경우, 일의 자리에 1, 2, 3, 4, 5, 6 모두가 가능하다.
>   = 11, 12, 13, 14, 15, 16
> • 십의 자리 숫자가 2일 경우, 일의 자리에 1, 2가 가능하다.
>   = 21, 22
> 따라서 11 + 12 + 13 + 14 + 15 + 16 + 21 + 22 = 124이다.

자료해석

문제 유형을 확인하고 자료를 해석할 수 있습니다.

03

대표
유형

Section 01 | 자료해석 문제 유형

① 자료읽기 및 독해력
  ㉠ 제시된 표나 그래프 등을 보고 표면적으로 제공하는 정보를 정확하게 읽어내는 능력을 확인한다.
  ㉡ 특별한 계산을 하지 않아도 자료에 대한 정확한 이해를 바탕으로 정답을 찾을 수 있다.

② 자료 이해 및 단순계산
  ㉠ 문제가 요구하는 것을 찾아 자료의 어떤 부분을 갖고 그 문제를 해결해야 하는지를 파악할 수 있는 능력을 확인한다.
  ㉡ 문제가 무엇을 요구하는지 자료를 잘 이해해서 사칙연산부터 나오는 숫자의 의미를 알아야 한다.
  ㉢ 계산 자체는 단순한 것이 많지만 소수점의 위치 등에 유의해야 하며 자료 해석 문제는 무엇보다도 꼼꼼함을 요구한다.
  ㉣ 숫자나 비율 등을 정확하게 확인하고, 이에 맞는 식을 도출해서 문제를 푸는 연습과 표를 보고 정확하게 해석할 수 있는 연습이 필요하다.

③ 응용계산 및 자료추리
  ㉠ 자료에 주어진 정보를 응용하여 관련된 다른 정보를 도출하는 능력을 확인하는 유형으로 각 자료의 변수의 관련성을 파악하여 문제를 풀어야 한다.
  ㉡ 하나의 자료만을 제시하지 않고 두 개 이상의 자료가 제시한 후 각 자료의 특성을 정확히 이해하여 하나의 자료에서 도출한 내용을 바탕으로 다른 자료를 이용해서 문제를 해결하는 유형도 출제된다.

Section 02 | 대표적인 자료해석 문제 해결 공식

① 증감률
  ㉠ 전년도 매출 : P, 올해 매출 : N
  ㉡ 전년도 대비 증감률 : $\dfrac{N-P}{P} \times 100$

② 비례식
  ㉠ 비교하는 양 : 기준량 = 비교하는 양 : 기준량
  ㉡ 전항 : 후항 = 전항 : 후항
  ㉢ 외항 : 내항 = 내항 : 외항

③ 백분율

$$\text{비율} \times 100 = \dfrac{\text{비교하는 양}}{\text{기준량}} \times 100$$

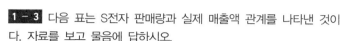

예제문제 Tip

1 - 3 다음 표는 S전자 판매량과 실제 매출액 관계를 나타낸 것이다. 자료를 보고 물음에 답하시오.

제품명	판매량(만 대)	실제 매출액(억 원)
Z 냉장고	110	420
H 에어컨	100	308
H 김치냉장고	100	590
청소기	80	463
세탁기	80	435
살균건조기	80	422
공기청정기	75	385
Z 전자레인지	60	356

1. 예상 매출액은 '판매량×2 + 100'이라고 할 때, 예상 매출액과 실제 매출액의 차이가 가장 작은 제품과 가장 큰 제품이 바르게 짝지어진 것은?

	차이가 가장 작은 제품	차이가 가장 큰 제품
①	H 에어컨	H 김치냉장고
②	Z 전자레인지	청소기
③	Z 냉장고	H 김치냉장고
④	H 에어컨	청소기
⑤	Z 전자레인지	H 김치냉장고

각각 제품의 예상 매출액을 구해보면 Z 냉장고는 320(억 원)으로 실제 매출액과 100(억 원)이 차이가 나고, H 에어컨은 8(억 원)이, H 김치냉장고는 290(억 원), 청소기는 203(억 원), 세탁기는 175(억 원), 살균건조기는 162(억 원), 공기청정기는 135(억 원), Z 전자레인지는 136(억 원)이 차이가 난다.

2. Z 냉장고와 Z 전자레인지는 판매량에서 몇 배나 차이가 나는가? (소수점 둘째자리까지 구하시오.)

① 1.62   ② 1.83

③ 2.62   ④ 2.14

⑤ 3.62

$110 \div 60 = 1.83$

3. 위 표에 제시된 제품들로 구성된 전체 매출액에서 H 김치냉장고의 매출액이 차지하는 비율은? (소수점 첫째자리까지 구하시오.)

① 17.4 (%)   ② 18.6 (%)

③ 19.2 (%)   ④ 21.3 (%)

⑤ 23.5 (%)

전체 매출액은 3379(억 원)이다.
$$\frac{590}{3379} \times 100 = 17.4(\%)$$

답 1.③ 2.② 3.①

01 언어영역

02 수리영역

03 추리영역

04 지각영역

05 적성검사모의고사

01 다음은 통신사 A, B의 휴대폰 요금표이다. 통신사 B를 선택한 사람의 통화량이 최소 몇 분이 넘어야 통신사 A를 선택했을 때 보다 이익인가?

통신사	월별 기본료	월별 무료통화	초과 1분당 통화료
A	40,000원	300분	60원
B	50,000원	400분	50원

① 500분

② 600분

③ 700분

④ 800분

⑤ 900분

advice 통화량이 x분인 사람의 요금은 통신사 A의 경우 $40,000 + 60(x - 300)$, 통신사 B의 경우
$50,000 + 50(x - 400)$이므로 $50,000 + 50(x - 400) < 40,000 + 60(x - 300)$일 때 A를 선택했을 때보다 더 이익이다.
$\therefore x > 800$(분)

02 다음은 연령별 자원봉사 참여에 관한 자료이다. 20대~40대에서 가장 저조한 참여율과 50대 이상에서 가장 높은 참여율의 합이 전체 참여율에서 차지하는 비중은?

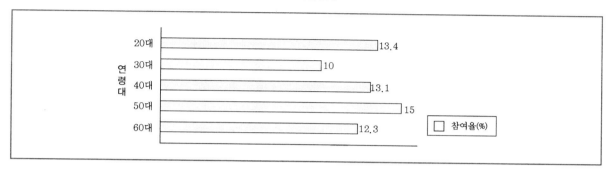

① 38.2%

② 39.2%

③ 40.2%

④ 41.2%

⑤ 42.2%

advice • 20대~40대에서 가장 저조한 참여율 : 10%(30대)
• 50대 이상에서 가장 높은 참여율 : 15%(50대)
따라서 이 값의 합이 전체 참여율에서 차지하는 비중은

$$\frac{10+15}{13.4+10+13.1+15+12.3} \times 100 ≒ 39.2\%\text{이다.}$$

03 다음은 어떤 지역의 연령층·지지 정당별 사형제 찬반에 대한 설문조사 결과이다. 이에 대한 설명 중 옳은 것을 고르면?

(단위 : 명)

연령층	지지정당	사형제에 대한 태도	빈도
청년층	A	찬성	90
		반대	10
	B	찬성	60
		반대	40
장년층	A	찬성	60
		반대	10
	B	찬성	15
		반대	15

① 청년층은 장년층보다 사형제에 반대하는 사람의 수가 적다.

② B당 지지자의 경우, 청년층은 장년층보다 사형제 반대 비율이 높다.

③ A당 지지자의 사형제 찬성 비율은 B당 지지자의 사형제 찬성 비율보다 낮다.

④ 사형제 찬성 비율의 지지 정당별 차이는 청년층보다 장년층에서 더 크다.

⑤ 장년층은 청년층보다 사형제에 찬성하는 사람의 수가 많다.

advice ④ 청년층에서 A당 지지자의 찬성 비율 : $\dfrac{90}{90+10}=90\%$

청년층에서 B당 지지자의 찬성 비율 : $\dfrac{60}{60+40}=60\%$

장년층에서 A당 지지자의 찬성 비율 : $\dfrac{60}{60+10}≒86\%$

장년층에서 B당 지지자의 찬성 비율 : $\dfrac{15}{15+15}=50\%$

따라서 사형제 찬성 비율의 지지 정당별 차이는 청년층보다 장년층에서 더 크다.

① 청년층 중 사형제에 반대하는 사람 수(50명)＞장년층에서 반대하는 사람 수(25명)

② B당을 지지하는 청년층에서 사형제에 반대하는 비율 : $\dfrac{40}{40+60}=40\%$

B당을 지지하는 장년층에서 사형제에 반대하는 비율 : $\dfrac{15}{15+15}=50\%$

③ A당은 찬성 150, 반대 20, B당은 찬성 75, 반대 55의 비율이므로 A당의 찬성 비율이 높다.

⑤ 장년층 중 사형제에 찬성하는 사람 수(75명)＜청년층에서 찬성하는 사람 수(150명)

04 다음 설명 중 가장 옳은 것은? (단, 불량률은 소수 둘째자리에서 반올림한다)

(단위 : 개)

구분	A제조사		B제조사		C제조사	
	양품	불량품	양품	불량품	양품	불량품
포말소화기	270	30	200	10	54	3
분말소화기	225	15	216	12	715	55
할론소화기	300	25	600	40	850	50

$$※ \text{불량률} = \frac{\text{불량품}}{\text{양품} + \text{불량품}} \times 100$$

① 모든 소화기에서 불량률이 A제조사가 가장 높다.
② 포말소화기의 불량률은 A제조사가 타 제조사들의 2배 이상이다.
③ 포말소화기의 불량률은 B제조사가 가장 낮다.
④ 할론소화기의 불량률은 B제조사가 가장 낮다.
⑤ 할론소화기의 불량률은 C제조사가 가장 높다.

advice 불량률

	A제조사	B제조사	C제조사
포말소화기	10%	4.8%	5.3%
분말소화기	6.3%	5.3%	7.1%
할론소화기	7.7%	6.3%	5.6%

① 분말소화기의 불량률은 C제조사가 가장 높다.
② 포말소화기의 불량률은 A제조사가 C제조사의 2배 이하이다.
④ 할론소화기의 불량률은 C제조사가 가장 낮다.
⑤ 할론소화기의 불량률은 A제조사가 가장 높다.

답 03.④ 04.③

다음 자료를 보고 이어지는 물음에 답하시오.

〈65세 이상 노인인구 대비 기초 (노령)연금 수급자 현황〉

(단위 : 명, %)

연도	65세 이상 노인인구	기초(노령) 연금수급자	국민연금 동시 수급자
2013년	5,267,708	3,630,147	719,030
2014년	5,506,352	3,727,940	823,218
2015년	5,700,972	3,818,186	915,543
2016년	5,980,060	3,933,095	1,023,457
2017년	6,250,986	4,065,672	1,138,726
2018년	6,520,607	4,353,482	1,323,226
2019년	6,771,214	4,495,183	1,444,286
2020년	6,987,489	4,581,406	1,541,216

〈가구유형별 기초연금 수급자 현황(2020년)〉

(단위 : 명, %)

65세 이상 노인 수	수급자 수					수급률
	계	단독가구	부부가구			
			소계	1인수급	2인수급	
6,987,489	4,581,406	2,351,026	2,230,380	380,302	1,850,078	65.6

05 위 자료를 참고할 때, 2013년 대비 2020년의 기초연금 수급률 증감률은 얼마인가?(백분율은 반올림하여 소수 첫째 자리까지만 표시함)

① −4.8%

② −4.2%

③ −3.6%

④ −3.2%

⑤ −2.8%

advice 2020년의 기초연금 수급률이 65.6%이므로 기초연금 수급률은 65세 이상 노인 수 대비 수급자의 비율이라고 볼 수 있다. 따라서 이에 의해 2013년의 기초연급 수급률을 구해 보면
3,630,147 ÷ 5,267,708 × 100 = 68.9%가 된다.
따라서 68.9%와 65.6%와의 증감률을 구하면 (65.6 − 68.9)÷68.9×100 = −4.8%이다.

06 다음 중 위의 자료를 올바르게 분석한 것이 아닌 것은?

① 기초연금 수급자 대비 국민연금 동시 수급자의 비율은 2013년 대비 2020년에 증가하였다.

② 기초연금 수급률은 65세 이상 노인 수 대비 수급자의 비율이다.

③ 2020년 1인 수급자는 전체 기초연금 수급자의 약 17%에 해당한다.

④ 2013년 대비 2020년의 65세 이상 노인인구 증가율보다 기초연금수급자의 증가율이 더 낮다.

⑤ 65세 이상 노인인구는 꾸준히 증가하고 있다.

advice ③ 1인 수급자는 전체 부부가구 수급자의 약 17%에 해당하며, 전체 기초연금 수급자인 4,581,406명에 대해서는 약 8.3%에 해당한다.
① 기초연금 수급자 대비 국민연금 동시 수급자의 비율은 2013년이 719,030 ÷ 3,630,147 × 100 = 19.8%이며, 2020년이 1,541,216 ÷ 4,581,406 × 100 = 33.6%이다.
② 4,581,406 ÷ 6,987,489 × 100 = 65.6%이므로 올바른 설명이다.
④ 2013년 대비 2020년의 65세 이상 노인인구 증가율은 (6,987,489 − 5,267,708) ÷ 5,267,708 × 100 = 약 32.6%이며, 기초연금수급자의 증가율은 (4,581,406 − 3,630,147) ÷ 3,630,147 × 100 = 약 26.2%이므로 올바른 설명이다.
⑤ 65세 이상 노인인구는 꾸준히 증가하고 있다.

🅐 05.① 06.③

07 다음은 학생별 독서량에 관한 자료이다. 다음 중 갑의 독서량과 해당 독서량이 전체에서 차지하는 비율로 묶여진 것은? (단, 여섯 학생의 평균 독서량은 을의 독서량보다 3배 많다.)

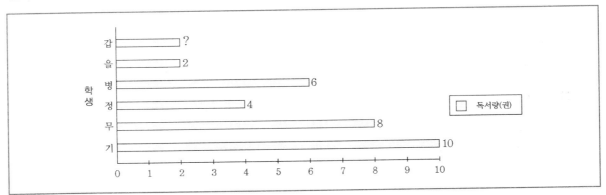

	갑의 독서량	갑의 독서량이 전체에서 차지하는 비율
①	4권	14.5%
②	5권	15.9%
③	6권	16.7%
④	7권	17.2%
⑤	8권	18.6%

advice • 총 학생의 평균 독서량은 을의 독서량의 3배이므로, 2×3 = 6권이 된다.

• 갑의 독서량을 x라 하면, $\dfrac{x+2+6+4+8+10}{6}=6$, ∴ $x=6$(권)

• 갑의 독서량이 전체에서 차지하는 비율 : $\dfrac{6}{6+2+6+4+8+10}\times100 ≒ 16.7\%$

08 인터넷 쇼핑몰에서 회원가입을 하고 카메라를 구매하려고 한다. 다음은 구입하고자 하는 모델에 대하여 인터넷 쇼핑몰 세 곳의 가격과 조건을 제시한 표이다. 표에 있는 모든 혜택을 적용하였을 때 카메라의 배송비를 포함한 실제 구매가격을 바르게 비교한 것은?

구분	A 쇼핑몰	B 쇼핑몰	C 쇼핑몰
정상가격	299,000	310,000	300,000
회원혜택	3000원 할인	10,000원 할인	7% 할인
할인쿠폰	3% 쿠폰	5% 쿠폰	7000원
중복할인 여부	가능	불가	불가
배송비	무료	무료	3500원

① A<B<C
② A<C<B
③ B<C<A
④ C<A<B
⑤ C<B<A

advice ㉠ A 쇼핑몰 : 299,000 × 0.97 − 3000 = 287,030
㉡ B 쇼핑몰
• 회원혜택을 선택한 경우 : 310,000 − 10,000 = 300,000
• 할인쿠폰을 선택한 경우 : 310,000 × 0.95 = 294,500
㉢ C 쇼핑몰
• 회원혜택을 선택한 경우 : 300,000 − 7,000 + 3500 = 296,500
• 할인쿠폰을 선택한 경우 : 300,000 × 0.93 + 3500 = 282,500

답 07.③ 08.④

CHAPTER.03 추리영역

명제

명제와 역·이·대우의 관계를 확인하고 문제를 풀어봅니다.

Section 01 | 명제

그 내용이 참인지 거짓인지를 명확하게 판별할 수 있는 문장이나 식을 말한다.

Section 02 | 가정과 결론

어떤 명제를 'P이면 Q이다'처럼 조건문의 형태로 나타낼 때, P는 가정에 해당하고 Q는 결론에 해당한다. 명제 'P이면 Q이다'는 P → Q로 나타낸다.

Section 03 | 역, 이, 대우

① 명제의 역

  ㉠ 어떤 명제의 가정과 결론을 서로 바꾼 명제를 그 명제의 역이라고 한다.

  ㉡ 명제 'P이면 Q이다'(P → Q)의 역은 'Q이면 P이다'(Q → P)가 된다.

② 명제의 이

  ㉠ 어떤 명제의 가정과 결론을 부정한 명제를 그 명제의 이라고 한다.

  ㉡ 명제 'P이면 Q이다'(P → Q)의 이는 'P가 아니면 Q가 아니다'(~P → ~Q)가 된다.

③ 명제의 대우

  ㉠ 어떤 명제의 가정과 결론을 서로 바꾼 뒤, 가정과 결론을 모두 부정한 명제를 그 명제의 대우라고 한다. 즉, 어떤 명제의 역인 명제의 이는 처음 명제의 대우가 된다.

  ㉡ 처음 명제와 대우 관계에 있는 명제의 참·거짓은 항상 일치한다. 그러나 역, 이 관계에 있는 명제는 처음 명제의 참·거짓과 항상 일치하는 것은 아니다.

  ㉢ 명제 'P이면 Q이다'(P → Q)의 대우는 'Q가 아니면 P가 아니다'(~Q → ~P)가 된다.

Section 04 | 명제와 역, 이, 대우의 관계

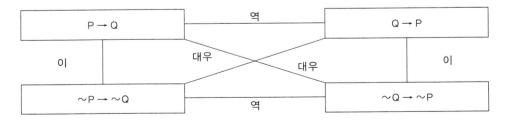

1. 다음 명제가 참일 때, 항상 참인 것을 고르시오.

> 현명한 사람은 과소비를 하지 않는다.

① 과소비를 하지 않는 사람은 현명한 사람이다.
② 현명하지 않은 사람은 과소비를 한다.
③ 과소비를 하면 현명한 사람이 아니다.
④ 현명하지 않은 사람은 과소비를 하지 않는다.
⑤ 현명한 사람은 과소비를 한다.

2. 다음 글을 통해서 볼 때, 그림을 그린 사람(들)은 누구인가?

> 송화, 진수, 경주, 상민, 정란은 대학교 회화학과에 입학하기 위해 △△미술학원에서 그림을 그린다. 이들은 특이한 버릇을 가지고 있다. 송화, 경주, 정란은 항상 그림이 마무리되면 자신의 작품 밑에 거짓을 쓰고, 진수와 상민은 자신의 그림에 언제나 참말을 써넣는다. 우연히 다음과 같은 글귀가 적힌 그림이 발견되었다. "이 그림은 진수가 그린 것이 아님."

① 진수
② 상민
③ 송화, 경주
④ 경주, 정란
⑤ 상민, 송화, 정란

제시된 명제에서 조건 P는 '현명한 사람'이고 결론 Q는 '과소비를 하지 않는다'이다. 이 명제의 역, 이, 대우는 각각 다음과 같다.

- 역 : 과소비를 하지 않는 사람은 현명한 사람이다. → ①
- 이 : 현명하지 않은 사람은 과소비를 한다. → ②
- 대우 : 과소비를 하면 현명한 사람이 아니다. → ③

명제와 대우는 참·거짓이 항상 일치하므로, 항상 참인 것은 ③이다.

작품 밑에 참인 글귀를 적는 진수와 상민이 그렸다면, 진수일 경우 진수가 그리지 않았으므로 진수는 그림을 그린 것이 아니고 상민일 경우 문제의 조건에 맞으므로 상민이 그린 것이 된다.

답 1.③ 2.②

01 ~ 02 다음의 말이 참일 때 항상 참인 것을 고르시오.

01

> • 다롱이는 나이가 가장 많고 털이 가장 긴 강아지다.
> • 아롱이는 까미보다 덩치는 크지만 어리다.
> • 똘망이는 막내지만 까미보다 사납다.

① 아롱이는 까미보다 털이 길다.
② 다롱이는 애교가 많고 말을 잘 듣는다.
③ 이 강아지들 중에 까미가 나이로는 둘째이다.
④ 똘망이는 털이 검은 강아지다.
⑤ 다롱이는 나이가 가장 적다.

✎advice ③ 주어진 문장에 따라 강아지들을 나이순으로 세우면 다롱이＞까미＞아롱이＞똘망이 순이다.

02

> • 산에 사는 모든 동물은 풀을 먹는다.
> • 풀을 먹는 동물은 털이 부드럽다.
> • 털이 부드러운 동물은 겨울에 겨울잠을 잔다.

① 털이 부드러운 동물은 풀을 먹지 않는다.
② 산에 살지 않는 동물은 풀을 먹지 않는다.
③ 풀을 먹지 않는 동물도 겨울잠을 잔다.
④ 산에 사는 동물은 겨울잠을 잔다.
⑤ 풀을 먹는 동물은 겨울에 겨울잠을 자지 않는다.

✎advice '산에 사는 동물 → 풀을 먹는다 → 털이 부드럽다 → 겨울잠을 잔다'가 되므로 산에 사는 동물은 겨울잠을 잔다는 문장 역시 항상 참이다.

03 다음의 말이 전부 참일 때 항상 거짓인 것을 고르시오.

> • 준원이는 25살이다.
> • 준원이는 2년 터울의 여동생이 2명 있다.
> • 영민이는 29살이다.
> • 영민이는 3년 터울의 여동생이 2명 있다.

① 영민이의 첫째 동생이 동생들 중 나이가 가장 많다.

② 영민이의 둘째 동생과 준원이의 첫째 동생은 나이가 같다.

③ 준원이의 막내 동생이 가장 어리다.

④ 준원이는 영민이의 첫째 동생보다는 나이가 많다.

⑤ 준원이는 영민이의 막내 동생보다는 나이가 많다.

advice ④ 영민이의 첫째 동생은 26살, 준원이는 25살로 영민이의 첫째 동생이 준원이보다 나이가 많다.

04 다음 진술이 참이 되기 위해서 필요한 전제를 보기에서 모두 고르시오.

> 대표자는 직원들을 이끌 수 있는 사람이다.

> 〈보기〉
> ㉠ 대표자는 적극적으로 참여하는 사람이다.
> ㉡ 대표자는 상식이 풍부한 사람이다.
> ㉢ 대표자는 실패를 맛 본 사람이다.
> ㉣ 상식이 풍부한 사람 생각의 깊이가 다른 사람이다.
> ㉤ 적극적으로 참여하는 사람은 직원들을 이끌 수 있는 사람이다.
> ㉥ 실패를 맛 본 사람은 독서를 즐겨하는 사람이다.

① ㉠㉣

② ㉠㉤

③ ㉡㉣

④ ㉡㉤

⑤ ㉢㉣

advice '대표자는 직원들을 이끌 수 있는 사람이다.'가 참이 되려면,
'대표자는 적극적으로 참여하는 사람이다.'와 '적극적으로 참여하는 사람은 직원들을 이끌 수 있는 사람이다.'가 필요하다.
따라서 ②가 정답이다.

답 01.③　02.④　03.④　04.②

05 ~ 08 제시된 보기가 모두 참일 때, 다음 중 옳은 것은?

05

> • 철수의 아버지는 운전을 한다.
> • 운전하는 모든 사람이 난폭하지는 않다.
> • 난폭한 사람은 참을성이 없다.
> • 영수의 아버지는 난폭하다.

① 철수의 아버지는 난폭하지 않다.
② 운전하는 사람은 모두 난폭하다.
③ 영수의 아버지는 참을성이 없다.
④ 영수의 아버지는 난폭하지 않다.
⑤ 난폭한 사람은 참을성이 있다.

advice 운전하는 사람은 난폭할 수도 있고 그렇지 않을 수도 있다. 따라서 철수의 아버지가 난폭한지 아닌지는 알 수 없다. 영수의 아버지는 난폭하므로 참을성이 없다.

06

> • 부자는 자동차가 있다.
> • 자동차가 있는 사람은 금반지가 있다.
> • 하선이는 금반지를 가지고 있지 않다.
> • 수정이는 자동차가 없다.

① 하선이는 자동차가 있다.
② 수정이는 금반지가 있다.
③ 하선이와 수정이는 부자다.
④ 수정이는 부자가 아니다.
⑤ 하선이는 금반지가 있다.

advice 부자 → 자동차 → 금반지
　　　 ~ 금반지 → ~ 자동차 → ~ 부자
　　　 수정이는 자동차가 없으므로 부자가 아니다.

07

> - 화요일에 수업이 있으면 월요일에 수업이 없다.
> - 화요일에 수업이 없으면 수요일에 수업이 있다.
> - 목요일에 수업이 없으면 수요일에 수업이 없다.
> - 목요일에 수업이 있으면 금요일에 수업이 있다.

① 월요일에 수업이 있으면 수요일에 수업이 없다.

② 화요일에 수업이 없으면 목요일에 수업이 없다.

③ 수요일에 수업이 있으면 금요일에 수업이 있다.

④ 목요일에 수업이 있으면 금요일에 수업이 없다.

⑤ 월요일에 수업이 있으면 화요일에 수업이 있다.

advice ㉠ 참인 명제의 대우 역시 참이므로, 첫 번째, 세 번째 명제의 대우는
- 월요일에 수업이 있으면 화요일에 수업이 없다.
- 수요일에 수업이 있으면 목요일에 수업이 있다.

㉡ 나머지 명제들과 연결시켜보면,
= 월요일○ → 화요일× → 수요일○ → 목요일○ → 금요일○

08

> - 소고기를 구매하지 않으면 돼지고기를 구매한다.
> - 양고기를 구매하면 소고기를 구매하지 않는다.
> - 양고기를 구매하지 않으면 닭고기를 구매한다.
> - 닭고기를 구매하면 오리고기를 구매한다.

① 돼지고기를 구매하지 않으면 닭고기를 구매하지 않는다.

② 소고기를 구매하면 오리고기를 구매하지 않는다.

③ 양고기를 구매하지 않으면 오리고기를 구매하지 않는다.

④ 소고기를 구매하면 닭고기를 구매한다.

⑤ 돼지고기를 구매하지 않으면 소고기를 구매하지 않는다.

advice ㉠ 참인 명제의 대우 역시 참이므로,
첫 번째, 두 번째 명제의 대우는
- 돼지고기를 구매하지 않으면 소고기를 구매한다.
- 소고기를 구매하면 양고기를 구매하지 않는다.

㉡ 나머지 명제들과 연결시켜보면,
= 돼지고기× → 소고기○ → 양고기× → 닭고기○ → 오리고기○

답 05.③   06.④   07.③   08.④

02 여러 가지 추론

연역추론과 귀납추론에 대해 알아보고 문제를 풀어봅니다.

Section 01 | 연역추론

① **직접추론** : 한 개의 전제에서 새로운 결론을 이끌어 내는 추론이다.

② **간접추론** : 두 개 이상의 전제에서 새로운 결론을 이끌어 내는 추론이다.

　㉠ **정언삼단논법** : '모든 A는 B다', 'C는 A다', '따라서 C는 B다'와 같은 형식으로 일반적인 삼단논법이다.
- **대전제** : 인간은 모두 죽는다.
- **소전제** : 소크라테스는 인간이다.
- **결론** : 소크라테스는 죽는다.

　㉡ **가언삼단논법** : '만일 A라면 B다', 'A이다', '그러므로 B다'라는 형식의 논법이다.
- **대전제** : 봄이 오면 뒷산에 개나리가 핀다.
- **소전제** : 봄이 왔다.
- **결론** : 그러므로 뒷산에 개나리가 핀다.

　㉢ **선언삼단논법** : 'A거나 B이다'라는 형식의 논법이다.
- **대전제** : 내일은 눈이 오거나 바람이 분다.
- **소전제** : 내일은 눈이 오지 않는다.
- **결론** : 그러므로 내일은 바람이 분다.

Section 02 | 귀납추론

특수한 사실로부터 일반적이고 보편적인 법칙을 찾아내는 추론 방법이다.

① **통계적 귀납추론** : 어떤 집합의 구성 요소의 일부를 관찰하고 그것을 근거로 하여 같은 종류의 모든 대상들에게 그 속성이 있을 것이라는 결론을 도출하는 방법이다.

② **인과적 귀납추론** : 어떤 일의 결과나 원인을 과학적 지식이나 상식에 의거하여 밝혀내는 방법이다.

③ **완전 귀납추론** : 관찰하고자 하는 집합의 전체 원소를 빠짐없이 관찰함으로써 그 공통점을 결론으로 이끌어 내는 방법이다.

④ **유비추론** : 두 개의 현상에서 일련의 요소가 동일하다는 사실을 바탕으로 그것들의 나머지 요소도 동일하리라고 추측하는 방법이다.

대표유형 예제문제

1. 주어진 전제를 바탕으로 추론한 결론이 옳은 것을 고르시오.

> [전제]
> • A기업에 다니는 사람은 모두 영어를 잘한다.
> • 철수는 A기업에 다닌다.
> [결론]
> 그러므로 _____

① A기업에 다니는 사람은 수학을 잘한다.
② 영어를 잘하면 A기업에 채용된다.
③ 철수는 영어를 잘한다.
④ 철수는 연봉이 높다.
⑤ 철수는 영어를 잘하지 않는다.

정언삼단논법이다. A기업에 다니는 사람은 모두 영어를 잘하는데, 철수는 A기업에 다니므로 철수도 영어를 잘한다는 결론을 얻을 수 있다.
①②④ 주어진 전제만으로는 결론으로 이끌어 낼 수 없다.

2. 지원이는 손님 응대에 능하고 영어를 조금 할 수 있다. 성훈이는 일본어를 능숙하게 구사할 수 있고 도윤이는 영어와 중국어를 할 수 있다. 판매 사원 모집 공고에서 화장품 매장에서는 일본어 능숙자를, 구두 매장과 악기 매장에서는 영어 능숙자를 우대하며 악기 매장의 경우 손님에게 제품을 설명하는 일이 주된 업무이기 때문에 손님 응대를 잘 할 수 있는 사람을 원한다. 세 사람은 지원할 매장에 따라 옳게 짝지어진 것은?

① 지원 – 화장품 매장
② 성훈 – 악기 매장
③ 도윤 – 악기 매장
④ 성훈 – 화장품 매장
⑤ 지원 – 구두 매장

성훈이는 일본어 능숙자를 우대하는 화장품 매장에, 지원이는 영어 능력과 손님 응대 능력을 모두 필요로 하는 악기 매장에, 도윤이는 구두 매장에 지원할 것이다.

답 1.③ 2.④

01 ~ 02 다음에 제시된 전제에 따라 결론을 바르게 추론한 것을 고르시오.

01

> • 모든 신부는 사후의 세계를 믿는다.
> • 어떤 무신론자는 사후의 세계를 의심한다.
> • 그러므로 _____

① 사후의 세계를 믿는 사람은 신부이다.

② 사후의 세계를 믿지 않으면 신부가 아니다.

③ 사후의 세계를 의심하면 무신론자이다.

④ 사후의 세계를 의심하지 않으면 무신론자가 아니다.

⑤ 사후의 세계를 믿지 않는 사람은 모두 신부이다.

advice ①⑤ 모든 신부는 사후의 세계를 믿으나 사후의 세계를 믿는다고 해서 모두 신부인 것은 아니다.

③ 어떤 무신론자는 사후의 세계를 의심하므로, 사후의 세계를 의심한다고 모두 무신론자는 아니다.

④ 제시된 명제의 대우는 '무신론자는 사후의 세계를 의심한다'로 제시된 전제는 '어떤 무신론자는 사후의 세계를 의심한다'이므로 옳지 않다.

02

> • A는 나의 어머니이다.
> • B는 C의 딸이다.
> • C의 남편은 D이다.
> • A와 C는 자매이다.
> • 그러므로 _____

① 나와 B는 사촌 관계이다.

② D는 나의 이모이다.

③ B는 A를 고모라고 부른다.

④ A와 D는 가족관계가 아니다.

⑤ B는 D는 가족관계가 아니다.

advice ② '나'의 어머니와 자매인 C는 '나'의 이모이고 D는 '나'의 이모부이다.

③ B의 어머니인 C는 A와 자매이므로 B는 A를 이모라고 불러야 한다.

④ D는 A의 동생과 결혼 한 사이이므로 가족이라고 할 수 있다.

⑤ C의 남편은 D이며 B는 C의 딸이므로 B는 D의 딸이다.

03 농구에서 4개의 팀이 1개 조를 이루어 예선전을 한다. 예선전은 리그전 방식으로 경기를 진행하고 4강부터는 토너먼트 방식으로 경기를 진행하는데 2개의 팀이 진출한다. 예선전에서 A는 1승 1무, B는 1승 1패, C는 1승 1무, D는 2패를 기록하고 있을 때 남은 경기가 A와 D, B와 C가 남았다면 다음 중 설명이 바르게 된 것은?

① A는 B와 C의 경기 결과에 상관없이 진출한다.

② A가 D에게 지고 B가 C에게 이기면 A는 탈락이다.

③ A가 D에게 이기면 무조건 진출한다.

④ D는 남은 경기 결과에 따라 진출 여부가 결정된다.

⑤ A가 D에게 이기고 B가 C에게 이기면 D는 진출한다.

advice 리그전은 적어도 상대 모두 한 번 이상 시합하여 그 성적에 따라 우승을 결정하는 것이고, 토너먼트는 1 : 1로 시합했을 때 이기는 사람만 진출하는 방법이다. A가 D에 이길 경우 2승 1무로 다른 팀의 경기 결과에 상관없이 토너먼트에 진출한다.

04 마지막 명제가 참일 때 다음 빈 칸에 들어갈 명제로 가장 적절한 것은?

• 경찰에 잡히지 않으면 도둑질을 하지 않은 것이다.
• _____
• 감옥에 안 가면 도둑질을 하지 않은 것이다.

① 경찰에 잡히면 감옥에 간다.

② 감옥에 가면 도둑질을 한다.

③ 도둑질을 하면 경찰에 잡힌다.

④ 도둑질을 하면 감옥에 간다.

⑤ 경찰에 잡히면 감옥에 가지 않는다.

advice • 경찰에 잡히지 않으면 도둑질을 하지 않은 것이다. → A. 경찰에 잡히지 않는다.
(   ) → B. 도둑질을 하지 않은 것이다.
• 감옥에 안 가면 도둑질을 하지 않은 것이다. → C. 감옥에 안 간다.
A → B와 빈 칸에 해당하는 명제를 통해 C → B가 나와야 한다.
삼단 논법을 통해 보면 C → A가 필요하다.
즉, 감옥에 안 가면 경찰에 잡히지 않는다. → 명제
경찰에 잡히면 감옥을 간다. → 대우

🅐 01.② 02.① 03.③ 04.①

05 재원, 경아, 지은, 지훈이 강릉, 대전, 제주도, 부산으로 여행을 가려고 한다. 여행지를 정하는 데 경아는 제주도는 경비가 부담된다고 말했고 지은이와 재원이는 바다를 보고 싶다고 했고 지훈이는 거리가 너무 먼 곳은 싫다고 했다. 네 사람이 모두가 만족할 수 있는 여행지는 어디인가?(단, 네 사람은 서울에서 출발한다.)

① 부산   ② 대전

③ 제주도   ④ 강릉

⑤ 없다.

✐advice 조건에 따라 경아가 싫다고 한 제주도와 바다가 없는 대전은 제외된다. 지훈이 거리가 먼 곳은 싫다고 하였으므로 남은 강릉과 부산 중 비교적 서울에서 더 가까운 강릉이 모두가 만족할 수 있는 여행지가 된다.

06 다음 조건을 만족할 때, 영호의 비밀번호에 쓰일 수 없는 숫자는 어느 것인가?

- 영호는 회사 컴퓨터에 비밀번호를 설정해 두었으며, 비밀번호는 1~9까지의 숫자 중 중복되지 않는 네 개의 숫자이다.
- 네 자리의 비밀번호는 오름차순으로 정리되어 있으며, 네 자릿수의 합은 20이다.
- 가장 큰 숫자는 8이며, 짝수가 2개, 홀수가 2개이다.
- 짝수 2개는 연이은 자릿수에 쓰이지 않았다.

---

① 3   ② 4

③ 5   ④ 6

⑤ 7

✐advice 오름차순으로 정리되어 있으므로 마지막 숫자가 8이다. 따라서 앞의 세 개의 숫자는 1~7까지의 숫자들이며, 이를 더해 12가 나와야 한다. 8을 제외한 세 개의 숫자가 4이하의 숫자만으로 구성되어 있다면 12가 나올 수 없으므로 5, 6, 7 중 하나 이상의 숫자는 반드시 사용되어야 한다. 또한 짝수와 홀수가 각각 2개씩이어야 한다.
세 번째 숫자가 7일 경우 앞 두 개의 숫자의 합은 5가 되어야 하므로 1, 4 또는 2, 3이 가능하여 1478, 2378의 비밀번호가 가능하다.
세 번째 숫자가 6일 경우 앞 두 개의 숫자는 모두 홀수이면서 합이 6이 되어야 하므로 1, 5가 가능하나, 이 경우 1568의 네 자리는 짝수가 연이은 자릿수에 쓰였으므로 비밀번호 생성이 불가능하다.
세 번째 숫자가 5일 경우 앞 두 개의 숫자의 합은 7이어야 하며 홀수와 짝수가 한 개씩 이어야 한다. 따라서 3458이 가능하다.
결국 가능한 비밀번호는 1478, 2378, 3458의 세 가지가 되어 이 비밀번호에 쓰일 수 없는 숫자는 6이 되는 것을 알 수 있다.

07 다음은 철도 1호선~5호선의 매출 순위를 나타내는 설명이다. 다음의 명제가 모두 참일 경우, 항상 참이 되는 것은?

- 1호선과 2호선의 매출 순위 차이는 3호선과 4호선의 매출 순위 차이와 같다.
- 1호선은 가장 매출이 많다.
- 5호선은 4호선보다 매출 순위가 더 높다.
- 매출 순위가 같은 호선은 없다.

---

① 1호선과 5호선은 매출 순위가 연이어 있다.
② 5호선의 매출 순위는 4위보다 높다.
③ 2호선과 3호선은 매출 순위가 연이어 있다.
④ 5호선과 4호선은 매출 순위가 연이어 있다.
⑤ 1호선과 4호선은 매출 순위가 연이어 있다.

advice 주어진 모든 명제를 근거로 다음과 같은 1~5순위별 경우의 수를 만들 수 있다.
㉠ 1호선-2호선-5호선-3호선-4호선
㉡ 1호선-2호선-5호선-4호선-3호선
㉢ 1호선-3호선-5호선-2호선-4호선
따라서 제시된 보기의 내용 중 항상 참이 되는 것은 '5호선의 매출 순위는 4위보다 높다'가 된다.

08 은행, 식당, 편의점, 부동산, 커피 전문점, 통신사 6개의 상점이 아래에 제시된 조건을 모두 만족하며 위치할 때, 오른쪽에서 세 번째 상점은 어느 것인가?

> ㉠ 모든 상점은 옆으로 나란히 연이어 위치하고 있으며, 사이에 다른 상점은 없다.
> ㉡ 편의점과 식당과의 거리는 두 번째로 멀다.
> ㉢ 커피 전문점과 편의점 사이에는 한 개의 상점이 있다.
> ㉣ 왼쪽에서 두 번째 상점은 통신사이다.
> ㉤ 식당의 바로 오른쪽 상점은 부동산이다.

① 식당

② 통신사

③ 은행

④ 편의점

⑤ 부동산

advice ㉡에 따라, 두 번째로 멀기 위해서는 편의점과 식당 중 하나가 맨 끝에 위치하고 다른 하나는 반대쪽의 끝에서 두 번째에 위치해야 한다는 것을 알 수 있다.

㉣을 통해서 왼쪽에서 두 번째에 편의점이나 식당이 위치할 수 없음을 알 수 있으므로 이 두 상점은 맨 왼쪽과 오른쪽에서 두 번째에 나뉘어 위치해야 한다.

㉤을 통해서 맨 왼쪽은 식당이 아닌 편의점의 위치임을 알 수 있다. 동시에 맨 오른쪽은 부동산, 그 옆은 식당이라는 것도 알 수 있다.

㉢을 통해서 커피 전문점이 왼쪽에서 세 번째 상점이라는 것을 알 수 있다.

∴ 따라서 이를 종합하면, 왼쪽부터 편의점, 통신사, 커피 전문점, 은행, 식당, 부동산의 순으로 상점들이 이어져 있으며 오른쪽에서 세 번째 상점은 은행이 된다.

09 홍 부장은 이번 출장에 계약 실무를 담당하도록 하기 위해 팀 내 직원 서 과장, 이 대리, 최 사원, 엄 대리, 조 사원 5명 중 2명을 선정하려고 한다. 다음 조건을 만족할 때 홍 부장이 선정하게 될 직원 2명으로 알맞게 짝지어진 것은 어느 것인가?

> • 서 과장이 선정되면 반드시 이 대리도 선정된다.
> • 이 대리가 선정되지 않아야만 엄 대리가 선정된다.
> • 최 사원이 선정되면 서 과장은 반드시 선정된다.
> • 조 사원이 선정되지 않으면 엄 대리도 선정되지 않는다.

① 서 과장, 최 사원

② 엄 대리, 조 사원

③ 서 과장, 조 사원

④ 이 대리, 엄 대리

⑤ 이 대리, 조 사원

advice 첫 번째 조건에서 서 과장 선정 시 이 대리는 반드시 선정되어야 한다. 또한 두 번째 조건에서 이 대리가 선정되면 엄 대리는 선정되지 않으므로 결국 이 대리와 엄 대리, 서 과장과 엄 대리는 함께 선정될 수 없다.

세 번째 조건에서 최 사원 선정 시 서 과장은 반드시 참여해야 한다. 네 번째 조건의 대우 명제를 살펴보면, 엄 대리가 선정될 때 조 사원도 선정된다는 것을 알 수 있다.

따라서 서 과장과 이 대리, 최 사원과 서 과장은 반드시 함께 선정되어야 하므로 서 과장 + 이 대리 + 최 사원 세 명이 반드시 함께 선정되어야만 하며, 엄 대리와 조 사원 역시 함께 선정된다는 사실을 알 수 있다.

따라서 2명을 선정할 경우, 항상 함께 선정되어야만 하는 인원과 제한 인원 2명과의 모순 관계가 없는 엄 대리와 조 사원이 선정되어야 한다.

답 08.③ 09.②

CHAPTER.03 추리영역

수 · 문자 · 도형 추리

일정한 규칙을 추리하여 답을 찾을 수 있습니다.

Section 01 | 수열추리

① 등차수열 : 앞의 항에 항상 일정한 수를 더하여 다음 항을 얻는 수열이다. $a_n = a + (n-1)d$

② 등비수열 : 앞의 항에 항상 일정한 수를 곱하여 다음 항을 얻는 수열이다. $a_n = a \times r^{n-1}$

③ 계차수열 : 어떤 수열 a_n의 이웃한 두 항의 차로 이루어진 수열 b_n을 수열 a_n의 계차수열이라고 한다.
$a_{n+1} - a_n = b_n (n = 1, 2, 3 \cdots)$

④ 조화수열 : 각 항의 역수가 등차수열을 이루는 수열을 말한다. $a_n = \dfrac{1}{2n-1}$

⑤ 피보나치수열 : 첫째 항의 값과 둘째 항의 값이 있을 때, 이후의 항들은 이전의 두 항을 더한 값으로 이루어지는
수열이다. $a_n + a_{n+1} = a_{n+2}$

⑥ 군수열 : 수열 중 몇 개 항씩 묶어서 무리 지었을 때 규칙성을 가지는 수열을 말한다.

⑦ 묶음형수열 : 각 항이 몇 개씩 묶어서 제시된 묶음에 대한 규칙을 찾아내야 한다.

⑧ 도형수열 : 원이나 삼각형, 표 등에 숫자가 배열된 응용 형태로 일반 수열과 같이 해결하면 된다.

Section 02 | 문자추리

숫자 대신 한글 자음이나 알파벳 등의 문자 배열에서 일정한 규칙을 찾아 다음에 올 문자를 추리하는 유형이다.

예 A C F J O 알파벳을 숫자로 변환하면 다음과 같다.

A	B	C	D	E	F	G	H	I	J	K	L	M	N	O	P	Q	R	S	T	U	…
1	2	3	4	5	6	7	8	9	10	11	12	13	14	15	16	17	18	19	20	21	…

즉, 위 문자열은 수열 1 3 6 10 15와 같다고 볼 수 있으며 +2, +3, +4, +5…의 규칙이 적용되고 있다. 따라서 O 다음에 올
문자를 구하면 15 + 6 = 21이므로 U가 된다.

Section 03 | 도형추리

도형이 어떤 규칙을 가지고 변화하는지를 파악하여 빈칸에 들어갈 알맞은 도형을 고르는 유형이다. 행별 또는 열별
로 규칙을 가지기도 하고 시계 방향 또는 반시계 방향으로 규칙을 가지기도 하기 때문에 충분한 문제풀이를 통해
빠른 시간 내에 규칙을 찾아내는 연습이 필요하다.

대표유형 예제문제

1. 다음 빈칸에 들어갈 알맞은 모양을 고르면?

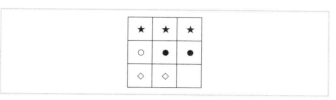

① ☆

② ○

③ ◇

④ ◆

⑤ ●

첫째 줄부터 ☆, ○, ◇ 순으로 채워져 있으며 칠해진 도형의 수가 하나씩 줄어들고 있다. 따라서 빈칸에 들어가야 할 도형은 색칠된 다이아몬드임을 추론할 수 있다.

2. 다음 제시된 숫자의 배열을 보고 규칙을 적용하여 빈칸에 들어갈 알맞은 숫자를 고르시오.

12	14	26	40	66	106	( )

① 172

② 170

③ 168

④ 166

⑤ 164

다음은 묶음수열로 앞의 두 수를 더한 값이 다음 수의 값이 된다. 빈칸에 들어갈 수는 빈칸의 앞의 두 수 66과 106을 더한 1720다.

답 1.④ 2.①

01 – 03 다음 제시된 숫자의 배열을 보고 규칙을 적용하여 빈칸에 들어갈 알맞은 숫자를 고르시오.

01

26　81　37　92　48　( )

① 3　　　　　　　　　　　　　　② 4
③ 5　　　　　　　　　　　　　　④ 6
⑤ 7

advice 제시된 수열은 첫 번째 수에서부터 −8을 한 뒤 십의 자리와 일의 자리의 수의 위치를 바꾼 것이다.
48−8 = 40이므로 '40' 십의 자리와 일의 자리의 위치를 바꾸면 4가 된다.

02

71　67　63　59　55　51　( )

① 41　　　　　　　　　　　　　② 43
③ 45　　　　　　　　　　　　　④ 47
⑤ 49

advice 제시된 수열은 첫 번째 수에서부터 −4씩 감해지는 규칙을 보인다. 빈칸에 들어갈 수는 51−4 = 47이 된다.

03

1　3　6　18　21　63　( )

① 63　　　　　　　　　　　　　② 64
③ 65　　　　　　　　　　　　　④ 66
⑤ 67

advice 제시된 수열은 첫 번째 수부터 ×3과 + 3이 반복적으로 행해지고 있다.
1 (×3) 3 (+3) 6 (×3) 18 (+3) 21 (×3) 63 (+3) 66

다음의 일정한 규칙에 의해 배열된 수나 문자를 추리하여 ( ) 안에 알맞은 것을 고르시오.

04

14 2 8 20 4 6 ( ) 6 5	

① 22

② 23

③ 24

④ 25

⑤ 26

advice 첫 번째 수를 두 번째 수로 나눈 후 그 몫에 1을 더하고 있다. 그러므로 5에서 1을 뺀 후 거기에 6을 곱하면 24가 된다.

05

ㄱ － ㅋ － ㅈ － ㅅ － ㅁ － ( )

① ㄷ

② ㄹ

③ ㅂ

④ ㅇ

⑤ ㅅ

advice 처음 문자에 10이 더해진 후 2씩 줄어들고 있다.

다음의 빈칸에 들어갈 알맞은 수를 고르시오.

06

$4 \% 9 = 63$ $7 \% 8 = 65$ $6 \% 8 = ( )$

① 76

② 84

③ 86

④ 73

⑤ 71

advice 계산법을 유추하면 두 수를 곱한 후 일의 자리와 십의 자리 수를 바꾼 것이다.

답 01.② 02.④ 03.③ 04.③ 05.① 06.②

01 언어영역

02 수리영역

03 추리영역

04 지각영역

05 적성검사모의고사

07

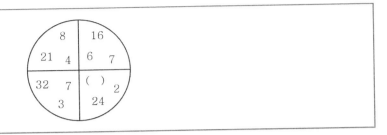

① 12   ② 14
③ 16   ④ 18
⑤ 20

advice 원에서 나누어진 한 부분의 숫자는 모두 곱하면 672가 된다.

08 ~ 10 아래의 각 기호가 다음과 같은 기호를 가지고 있을 때 질문에 답하시오.

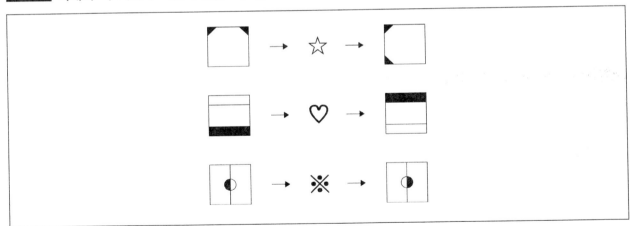

08 다음의 '?'에 들어갈 알맞은 모양을 고르면?

①

②

③

④

⑤

advice ☆은 왼쪽으로 90° 회전, ♡은 상·하 반전, ※은 좌·우 반전되어야 한다.

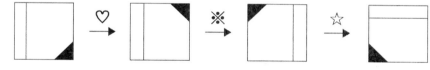

09 다음의 '?'에 들어갈 알맞은 모양을 고르면?

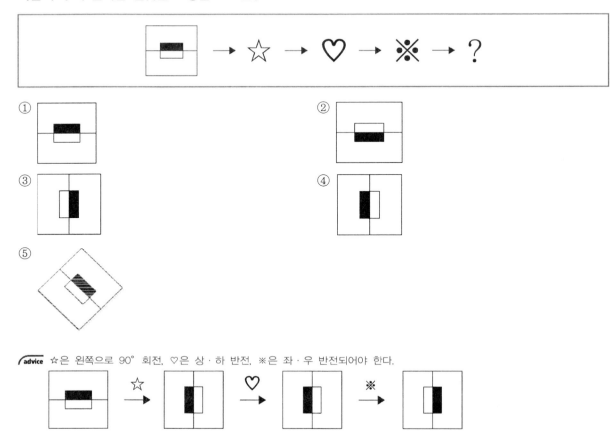

① ② ③ ④ ⑤

advice ☆은 왼쪽으로 90° 회전, ♡은 상·하 반전, ※은 좌·우 반전되어야 한다.

10 다음의 '?'에 들어갈 알맞은 모양을 고르면?

①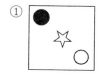

②

③

④

⑤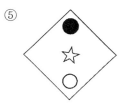

advice ☆은 왼쪽으로 90° 회전, ♡은 상·하 반전, ※은 좌·우 반전되어야 한다.

답 09.③ 10.②

11 - 15 다음 각 기호가 문자의 배열을 바꾸는 규칙을 나타낸다고 할 때, 각 문제의 '?'에 들어갈 알맞은 곳을 고르시오.

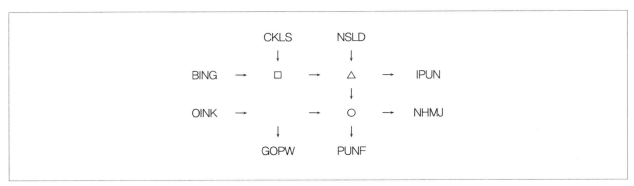

11

$$FOOT \rightarrow \triangle \rightarrow \circ \rightarrow ?$$

① HQQV
② SOOE
③ FHSO
④ HOOV
⑤ JHQE

advice FOOT → IRRW → HQQV
□ ABCD → A + 4, B + 4, C + 4, D + 4
△ ABCD → A + 3, B + 3, C + 3, D + 3
○ ABCD → A − 1, B − 1, C − 1, D − 1

A	B	C	D	E	F	G	H	I	J	K	L	M	N	O	P	Q	R	S	T	U	V	W	X	Y	Z
1	2	3	4	5	6	7	8	9	10	11	12	13	14	15	16	17	18	19	20	21	22	23	24	25	26

12

$$PALJ \rightarrow □ \rightarrow □ \rightarrow ?$$

① BISK
② AOZN
③ VCLA
④ XITR
⑤ DESL

advice PALJ → TEPN → XITR
□ ABCD → A + 4, B + 4, C + 4, D + 4
△ ABCD → A + 3, B + 3, C + 3, D + 3
○ ABCD → A − 1, B − 1, C − 1, D − 1

13

$$MOMO \rightarrow \circ \rightarrow \square \rightarrow ?$$

① RPPR   ② POOR
③ PRPR   ④ PRRP
⑤ PPRR

advice MOMO → LNLN → PRPR
  □ ABCD → A + 4, B + 4, C + 4, D + 4
  △ ABCD → A + 3, B + 3, C + 3, D + 3
  ○ ABCD → A − 1, B − 1, C − 1, D − 1

14

$$LONG \rightarrow \triangle \rightarrow \circ \rightarrow ?$$

① DOZN   ② NQPI
③ ISOZ   ④ OPQR
⑤ UNOP

advice LONG → ORQJ → NQPI
  □ ABCD → A + 4, B + 4, C + 4, D + 4
  △ ABCD → A + 3, B + 3, C + 3, D + 3
  ○ ABCD → A − 1, B − 1, C − 1, D − 1

15

$$BKDJ \rightarrow \circ \rightarrow \circ \rightarrow ?$$

① IIZB   ② BIZI
③ BZIH   ④ ZIBH
⑤ ZIIB

advice BKDJ → AJCI → ZIBH
  □ ABCD → A + 4, B + 4, C + 4, D + 4
  △ ABCD → A + 3, B + 3, C + 3, D + 3
  ○ ABCD → A − 1, B − 1, C − 1, D − 1

답 11.① 12.④ 13.③ 14.② 15.④

CHAPTER.03 추리영역

논리적 오류

오류의 종류와 특징을 확인할 수 있습니다.

Section 01 | 자료적 오류

① 성급한 일반화의 오류 : 특수한 경우를 근거로 하여 이를 성급하게 일반화하는 오류

② 우연의 오류 : 일반적으로 그렇다고 해서 특수한 경우에도 그러할 것이라고 잘못 생각하는 오류

③ 무지에의 호소 : 결론이 증명된 것이 없다는 이유로 거절되어야 한다고 주장하는 오류

④ 잘못된 유추의 오류 : 부당하게 적용된 유추에 의해 잘못된 결론을 이끌어 내는 오류

⑤ 흑백논리의 오류 : 어떤 주장에 대해 선택 가능성이 두 가지밖에 없다고 생각함으로써 발생하는 오류

⑥ 원인 오판의 오류 : 시간상 전후 사건을 현재 일어난 사건의 원인으로 보는 오류

⑦ 복합 질문의 오류 : 두 질문을 하나로 묶어 질문함으로써, 대답하는 사람이 수긍하고 싶지 않은 것도 수긍하여 발생하는 오류

⑧ 논점 일탈의 오류 : 원래의 논점과 관계없는 새로운 논점을 제시하여 엉뚱한 결론에 이르게 되는 오류

⑨ 순환 논증의 오류 : 논증하는 주장과 동의어에 불과한 명제를 논거로 삼을 때 범하는 오류

⑩ 의도 확대의 오류 : 의도하지 않은 행위의 결과를 의도가 있었다고 판단할 때 생기는 오류

Section 02 | 언어적 오류

① 애매어의 오류 : 단어의 의미를 명백히 분리하여 파악하지 않고 혼동하여 생기는 오류

② 강조의 오류 : 문장의 한 부분을 불필요하게 강조함으로써 발생하는 오류

③ 은밀한 재정의의 오류 : 용어의 의미를 자의적으로 재정의하여 사용함으로써 생기는 오류

④ 범주 혼동의 오류 : 서로 다른 범주에 속한 것을 같은 범주의 것으로 혼동하는 데서 생기는 오류

⑤ '이다' 혼동의 오류 : 비유적으로 쓰인 표현을 무시하고 사전적 의미로 해석하여 생기는 오류

Section 03 | 심리적 오류

① 인신공격의 오류 : 주장을 한 사람의 인품, 성격을 비난하여 그 주장이 잘못된 것이 되는 오류

② 동정에 호소하는 오류 : 사람의 동정심을 유발시켜 동의를 꾀할 때 발생하는 오류

③ 피장파장의 오류 : 비판의 내용이 비판하는 사람에게 동일하게 적용되어 비판에서 벗어나려는 오류

④ 힘에 호소하는 오류 : 물리적 힘을 빌어서 논의의 종결을 꾀할 때 생기는 오류

⑤ 대중에 호소하는 오류 : 군중들의 감정을 자극해서 사람들이 자기의 결론에 동조하도록 시도하는 오류

⑥ 원천 봉쇄에 호소하는 오류 : 반론의 가능성이 있는 요소를 원천적으로 비난하여 봉쇄하는 오류

⑦ 정황적 논증의 오류 : 상대방이 처한 상황으로 자기의 생각이 받아들여져야 한다고 주장하는 오류

대표유형 예제문제

예제문제 Tip

1. 다음에 제시된 글에서 나타난 논리적 오류를 고르시오.

> 훌륭한 미술 평론가는 위대한 그림을 평하는 사람이다. 왜냐하면 위대한 그림을 평하는 사람은 훌륭한 미술 평론가이기 때문이다.

① 논점 일탈의 오류
② 원칙 혼동의 오류
③ 순환 논증의 오류
④ 흑백 논리의 오류
⑤ 의도 확대의 오류

두 문장의 구조를 보면 다음과 같다.
• 훌륭한 미술 평론가 = 위대한 그림을 평하는 사람
• 위대한 그림을 평하는 사람 = 훌륭한 미술 평론가
즉, 서로 다른 두 전제로부터 새로운 결론이 도출된 것이 아니라 논증의 결론 자체를 전제로 사용하여 결론을 이끌어 내는 오류인, 순환논증의 오류를 범하고 있다.

2. 다음 중 논리적 오류의 성격이 다른 하나는?

① 나는 어젯밤에 돼지꿈을 꾸었다. 오늘 틀림없이 좋은 일이 생길 것이다.
② 내가 아는 한 그는 부자가 아니다. 그렇다면 그는 가난뱅이일 수밖에 없다.
③ 지금까지 결코 착하다는 평판을 들어 본 적이 없으므로 그는 악한 사람이다.
④ 어젯밤에 아무도 그 우유를 마시지 않았다고 하니까 네가 마신 것이 분명하다.
⑤ 내가 아는 그는 우리 편이 아니다. 그렇다면 그는 적일 수밖에 없다.

① 원인 오판의 오류 : 아무런 관련이 없는 것을 인과 관계로 추리한 것이다.
②③④⑤ 흑백논리의 오류 : 어떤 종류의 원소가 단 둘뿐이라고 여기고 추론한 것이다.

답 1.③ 2.①

01 ~ 02 다음 중 논리적 오류의 성격이 나머지와 다른 하나를 고르시오.

01 ① 아버지는 외로운 존재이다. 왜냐하면 아버지는 쓸쓸하고 외롭기 때문이다.

② 공부를 하지 않았음에도 시험을 운 좋게 잘 본 철수는 전날 밤 집이 불타는 꿈을 꾼 것이 그 요인이었다고 말한다.

③ 테니스 선수 진호는 경기 당일에 면도를 하지 않는다. 면도를 하지 않았을 때 진호는 늘 이겼다. 진호는 내일 경기를 위해 면도를 하지 않을 것이다.

④ 생선 먹고 체했을 때 주문을 외우면 괜찮아진다는 속신(俗信)을 나는 믿는다. 어제께 생선을 먹고 체했을 때 주문을 외웠더니 정말 속이 괜찮아졌다.

⑤ 나는 중요한 발표 날마다 파란 양말을 신는다. 발표가 잘됐던 날도 파란 양말을 신었으니, 그게 행운의 비결이다.

advice ① 순환 논증의 오류
②③④⑤ 원인 오판의 오류

02 ① 김OO 선생은 아주 유명한 학원의 수학강사이다. 그러나 그의 강의를 믿을 수 없다. 그가 얼마나 욕을 잘하고 남을 잘 속이는지 알 만한 사람은 다 안다.

② 당신은 지금 신의 존재를 입증하지 못하고 있지 않소. 그러니 신은 존재한다고 말할 수 없는 것 아니오.

③ 이OO 의원은 국립대학교 특별법 제정을 강력하게 주장하고 있다. 그러나 그의 주장에는 문제가 있다. 그 역시 국립대학교 출신이기 때문이다.

④ 당신은 내가 게으르다고 비난하는데 그것은 잘못된 거야. 당신 자신을 돌아봐. 아침에 일어나면 이부자리 하나 정리도 안 하면서 어떻게 내가 게으르다고 말할 수 있지.

⑤ 그는 환경 보호를 주장하고 있지만, 예전에 무단 투기하다가 적발된 적이 있는 사람이다. 그런 사람이 무슨 환경 얘기를 하나.

advice ② 무지에의 호소하는 오류 : 어떤 주장이 반증되지 못했기 때문에 참이라 하던가, 그 주장이 증명되지 못했기 때문에 거짓이라고 추리하는 오류이다.
①③④⑤ 인신공격의 오류 : 상대방 주장을 반박하려는 논증으로, 상대의 주장과 무관한 개인의 성향(인격, 권위, 재산, 사상, 행실)에 대해 부정적인 발언을 하면서 그 사람의 주장이 정당하지 못하다는 것을 보여주려고 하는 경우를 말한다.

03 다음에서 발견할 수 있는 논리적 오류에 대한 설명이 바른 것은?

> 나는 이전에 아침에 떡을 먹고 시험에 합격하였다. 나는 내일 시험에 합격하기 위해서 아침에 떡을 먹을 것이다.

① 대체적으로 그렇다고 해서 특별한 경우에도 그럴 것이라고 생각하고 있다.

② 두 사건 사이에는 인과관계가 없는데 두 사건이 시간적으로 선후관계가 성립한다고 생각하여 한 사건이 다른 사건의 원인이라 여기고 있다.

③ 어떤 주장이 증명되지 못했기 때문에 거짓이라고 추론하거나, 반박되지 않았기 때문에 참이라고 추론하고 있다.

④ 대화 중 어떤 말을 지나치게 강조하여 의미를 변경하거나 왜곡하고 있다.

⑤ 원래의 논점과 관계없는 새로운 논점을 제시하여 엉뚱한 결론에 이르게 하고 있다.

advice 원인 오판의 오류 … 전혀 인과관계가 없는 단순한 선후 관계를 인과관계가 있는 것으로 잘못 추리하는 오류

04 다음에 제시된 글에서 나타난 논리적 오류로 알맞은 것은?

> 진수는 일을 하지 않는다. 일은 안하고 돈을 벌려고 하는 것은 죽으려고 결심한 것이다.

① 피장파장의 오류

② 무지에의 호소

③ 의도 확대의 오류

④ 성급한 일반화의 오류

⑤ 논점 일탈의 오류

advice 의도 확대의 오류 … 의도하지 않은 행위의 결과를 의도가 있었다고 판단할 때 생기는 오류

답 01.① 02.② 03.② 04.③

대표
유형

01 도형 회전과 블록

도형과 블록이 회전할 경우 모양을 유추해볼 수 있습니다.

Section 01 | 도형 회전

① 제시된 도형과 다른 것 찾기 : 주어진 도형을 90°, 180°, 270° 등 다양한 각도로 회전시켰을 때 나타날 수 없는 형태를 고르는 유형이다.

② 같은 도형 찾기 : 보기로 제시된 네 가지 도형을 회전시켜 서로 같은 2개의 도형을 찾는 유형이다.

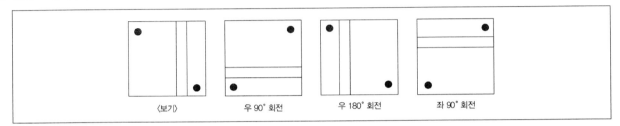

Section 02 | 블록

① 블록 개수 세기
  ㉠ 쌓아놓은 블록의 개수를 세는 유형의 경우 보이지 않는 부분을 추리하는 능력이 요구된다.
  ㉡ 바닥면부터 각 층별로 블록 개수를 세어 맨 꼭대기 층까지의 블록 개수를 더해주는 방식으로 문제를 푸는 것이 효과적이다.

② 방향에 따른 블록 모양 파악하기 : 방향에 따라 블록이 어떻게 보이는지 묻는 유형의 경우, 해당 방향에서 보았을 때 왼쪽에서 오른쪽으로 각 열별 블록의 높이를 숫자로 적어놓고 문제를 풀면 빠르고 정확하게 해결이 가능하다.

블록	개수	모양
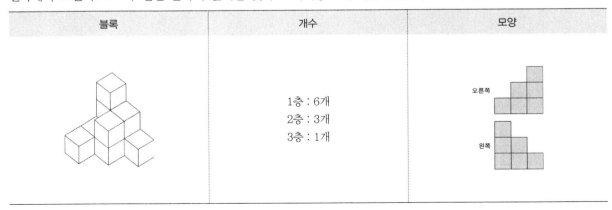	1층 : 6개 2층 : 3개 3층 : 1개	오른쪽 왼쪽

대표유형 예제문제

예제문제 Tip

1. 다음 제시된 도형과 다른 것은?

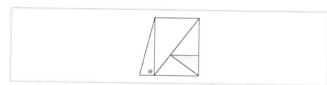

①   ②

③   ④

⑤

③ 그림을 제시된 도형과 같은 위치로 돌려보면 오른쪽과 같은 모양이 된다. 왼쪽 삼각형의 모양이 다른 것을 알 수 있다.
① 제시된 그림을 오른쪽으로 90° 회전시킨 모양이다.
② 제시된 그림을 왼쪽으로 90° 회전시킨 모양이다.
④ 제시된 그림을 180° 회전시킨 모양이다.
⑤ 제시된 그림과 동일한 모양이다.

2. 아래에 제시된 그림과 같이 쌓기 위해 필요한 블록의 수는?

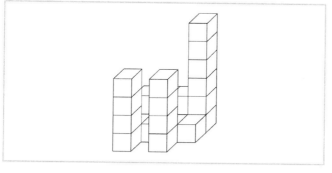

① 18 ② 20
③ 22 ④ 24
⑤ 26

바닥면부터 블록 개수를 세어보면,
$10+6+3+3+1+1 = 24$(개)이다.

답 1.③ 2.④

지각영역 ‖ **도형 회전과 블록**

01 다음 제시된 그림을 시계 방향으로 90°회전시키고 왼쪽으로 뒤집고 다시 반시계 방향으로 90°회전시킨 모양은?

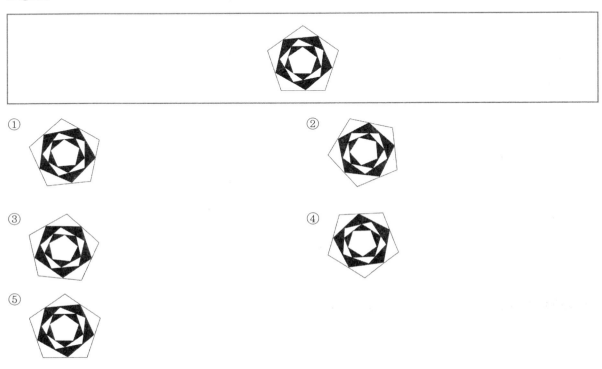

advice 시계 방향으로 90°회전시키고 왼쪽으로 뒤집고 다시 반시계 방향으로 90°회전시킨 모양은 ④이다.

03 - 04 다음 중 나머지 셋과 다른 것을 고르시오.

03 ①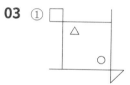

②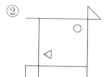

③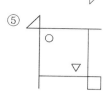

④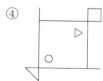

⑤

advice ①②④⑤ 회전관계. ③은 △의 형태가 다르며, 직선이 없다.

04 ①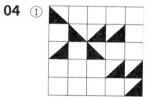

②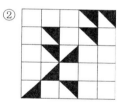

③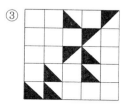

④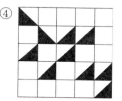

⑤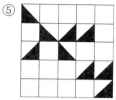

advice ①②③⑤은 회전관계. ④는 모양이 다른 그림이다.

답 01.④ 03.③ 04.④

05

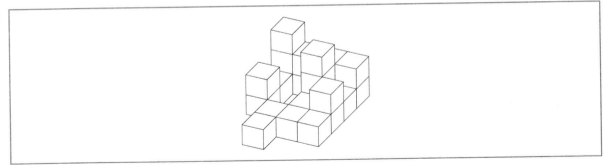

① 22개   ② 23개

③ 24개   ④ 25개

⑤ 26개

✔advice 바닥면부터 블록 개수를 세어 보면, 14 + 7 + 2 = 23(개)이다.

06

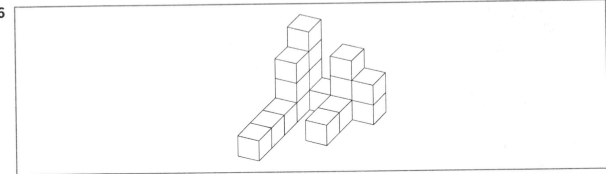

① 18개   ② 19개

③ 20개   ④ 21개

⑤ 22개

✔advice 바닥면부터 블록 개수를 세어 보면, 10 + 4 + 3 + 1 = 18(개)이다.

07 아래에 제시된 블록들을 화살표 표시한 방향에서 바라봤을 때의 모양으로 알맞은 것은? (단, 바라보는 시선의 방향은 블록의 면과 수직을 이루며 원근에 의해 블록이 작게 보이는 효과는 고려하지 않는다.)

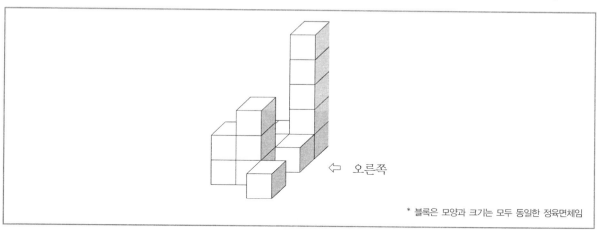

⇐ 오른쪽

* 블록은 모양과 크기는 모두 동일한 정육면체임

①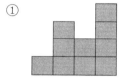

②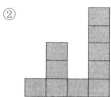

③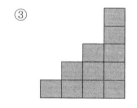

④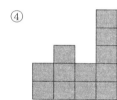

⑤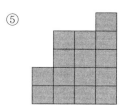

advice 제시된 그림을 오른쪽에서 본다고 가정하면 ②가 나타나게 된다.

전개도(1)

도형을 보고 기본적인 전개도를 확인할 수 있습니다.

Section 01 | 기본적인 전개도의 모양

이름	입체도형	전개도
정사면체		
정육면체		
정팔면체		
정십이면체		
정이십면체		

대표유형 예제문제

1. 다음 도형을 펼쳤을 때 나타날 수 있는 전개도를 고르시오.

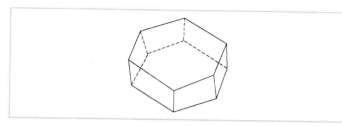

①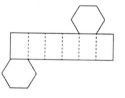

②

③

④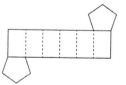

⑤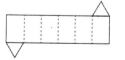

예제문제 **Tip**

제시된 도형을 전개하면 ②가 나타난다.

01 언어영역

02 수리영역

03 추리영역

04 지각영역

05 적성검사모의고사

답 1.②

01 ~ 02 다음 도형을 점과 선으로 표현할 때 나올 수 없는 그림을 고르시오.(단, 항상 투시하여 표현한다.)

01

① ②

③ ④

⑤

/advice 정팔각기둥이다. 따라서 밑변 길이가 같아야 한다.

02

①

②

③

④

⑤

advice 정삼각형으로 이루어져 있는 정팔면체이다. 따라서 직각삼각형은 나올 수 없다.

🅐 01.① 02.③

전개도(2)

정육면체의 여러 가지 전개도 모양을 확인할 수 있습니다.

Section 01 | 정육면체의 전개도

정육면체의 전개도는 대략 다음의 11가지로 볼 수 있다. 각 유형의 전개도에 따라 마주보는 위치에 오는 면을 암기해 둔다면 보다 빠르게 문제를 풀 수 있다.

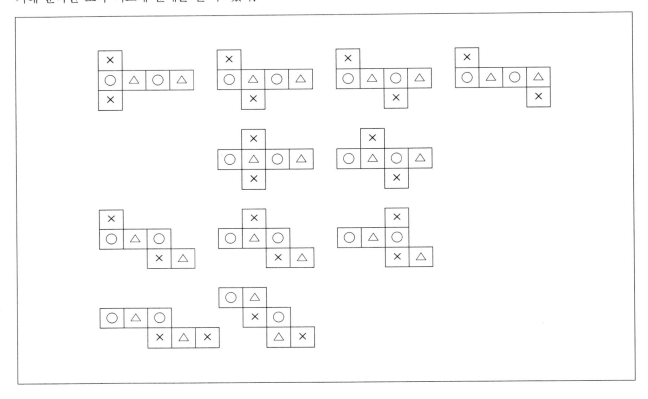

1. 다음 전개도를 접었을 때 완성되는 도형으로 옳은 것은?

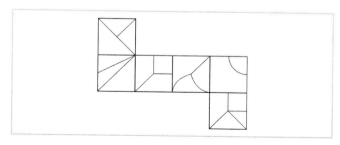

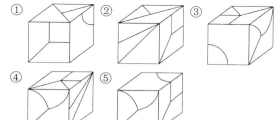

2. 다음 주어진 전개도로 정육면체를 만들 때 나올 수 없는 모양은?

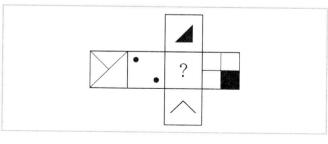

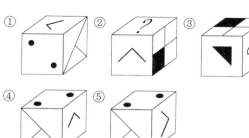

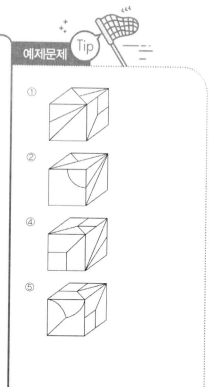

답 1.③ 2.④

01 - 02 다음 전개도를 접었을 때, 나타나는 입체도형의 모양으로 알맞은 것을 고르시오.

01

①　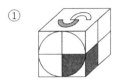　　　　②　

③　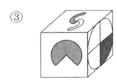　　　　④　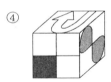

⑤　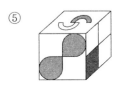

advice 제시된 전개도를 접으면 ③이 나타난다.

02

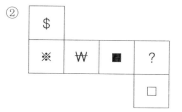

①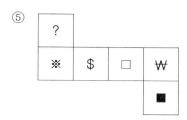

②

③

④

⑤

advice 해당 도형을 펼치면 ②가 나타날 수 있다.

답 01.③ 02.②

펀칭 · 절단면

도형의 절단면과 펀칭부분을 확인할 수 있습니다.

Section 01 | 펀칭

① 종이의 접힌 면을 잘 살펴본다.

② 접힌 면을 중심으로 펀칭구멍이 대칭으로 생긴다는 것을 염두한다.

③ 펀칭 순서를 역으로 추리해 나간다.

Section 02 | 절단면

① 원기둥은 밑면과 수직이 되도록 세로로 자르면 절단면은 직사각형 또는 정사각형이 된다.

② 원기둥을 밑면과 평행하도록 자르면 절단면은 원이 된다.

③ 원기둥을 비스듬하게 자르면 절단면은 타원형의 모습이 된다.

④ 구를 중심을 지나도록 단면으로 자르면 절단면은 원이 된다.

⑤ 구를 중심을 지나지 않는 단면으로 자르면 절단면은 타원이 된다.

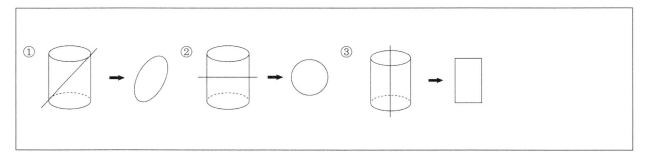

대표유형 예제문제

1. 다음 그림과 같이 화살표 방향으로 종이를 접은 후, 펀치로 구멍을 뚫어 다시 펼친 그림은?

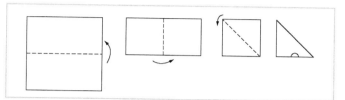

①

②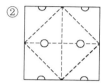

③

④

⑤

예제문제 Tip

역으로 순서를 유추해보면 다음 그림과 같다. 접힌 면을 항상 염두해야 한다.

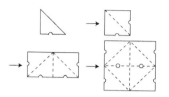

답 1. ①

예상문제 지각영역 ∥ **펀칭 · 절단면**

01 다음 그림과 같이 화살표 방향으로 종이를 접고 구멍을 낸 후 펼쳤을 때 구멍의 개수가 몇 개인지 고르시오. (단, 반원은 2개를 하나의 구멍으로 계산한다.)

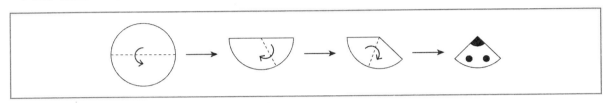

① 11개   ② 12개
③ 13개   ④ 14개
⑤ 15개

advice

02 다음과 같이 화살표 방향으로 종이를 접고 구멍을 낸 후 펼쳤을 때 나올 수 있는 모양으로 가장 옳은 것을 고르시오.

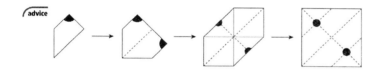

①

②

③

④

⑤

advice

답 01.③ 02.①

CHAPTER.04 지각영역

05 사무지각

대표
유형

기호 · 숫자 · 문자의 나열을 비교하거나 특정기호를 찾을 수 있습니다.

Section 01 | 기호·문자·숫자 비교

① 숫자 · 문자 · 기호 등을 불규칙하게 나열해 놓고 좌우를 비교하는 유형이다. 시각적인 차이점을 정확히 찾아내는 능력을 파악하며, 비교적 간단한 문제들이 출제된다. 그러나 빠르게 찾아낼 수 있는 집중력이 더욱 필요한 파트이다.

② 한글, 알파벳, 로마자, 세 자리 숫자, 전각기호 등이 나왔고, 아랍어도 출제되었다. 사전에 비슷한 유형의 문제를 풀어보는 것이 중요하며 가장 직관적으로 접해야 하는 파트이다. 전체적인 것을 보고 문제를 해결하려고 하지 말고, 특징적인 부분을 파악하여 해결하는 연습을 하면 빠른 시간 안에 풀 수 있다.

> GgBFaDdDAAaHNea − GgBFaDbDAAaHNea
>
> $\omega \lambda \tau \iota \varepsilon \xi \delta \kappa \rho \pi$ − $\omega \lambda \pi \iota \varepsilon \xi \delta \kappa \rho \pi$

Section 02 | 특정 문자·숫자·기호 찾기

큰 지문에 다양한 문자 · 숫자 · 기호들을 섞어놓고 문제에서 제시한 문자 · 숫자 · 기호를 지문 안에서 찾는 유형이다.

① 제시되지 않은 문자 또는 모형 고르기

② 제시된 문자 또는 기호가 모두 몇 번 제시되었는지 개수 찾기

> 다음 제시된 단어에서 '도은'의 개수를 모두 고르시오.
>
> | | | | | | | |
> |---|---|---|---|---|---|---|
> | 도현 | 도리 | 도구 | 도서 | 도랑 | 도긴 | 도미 |
> | 도가 | 도결 | 도원 | 도현 | 도자 | <u>도은</u> | 도영 |
> | 도해 | 도아 | 도화 | 도착 | <u>도윤</u> | 도진 | 도화 |
> | 도영 | 도서 | 도보 | 도문 | 도참 | 도담 | 도서 |
> | 도피 | 도수 | 도신 | 도민 | <u>도은</u> | 도인 | 도율 |
> | 도담 | 도이 | 도희 | 도모 | 도지 | 도정 | 도타 |

대표유형 예제문제

예제문제 Tip

1 – 2 다음 짝지은 문자, 숫자 또는 기호 중에서 서로 다른 것을 고르시오.

1. ① anironmanfrashman － anironmanfrashman
   ② bloghomepagefacebook － bloghomepagefacebook
   ③ watchcellulartabletnote － watchcellulartabletnote
   ④ catalogcalenderholiday － catalogcalemderholiday
   ⑤ homepageqandaanswer － homepageqandaanswer

2. ① ◈◑●❶■▥▧▨▨ － ◈◑●❶■▥▧▧▨
   ② ¶♩♪♪∩∧∧ － ¶♩♪♪∩∧∧
   ③ ∈ヨ∈∈⊃∪ － ∈ヨ∈∈⊃∪
   ④ ♣◉▣≒∨∧▦ － ♣◉▣≒∨∧▦
   ⑤ ♧◇♤♠♥◆♤ － ♧◇♤♠♥◆♤

3. 다음 제시된 문자 군에서 @가 반복되는 개수를 고르시오.

!	?	!	?	@
#	@	#	*	%
$	^	$	^	^
%	&	%	%	$
&	#	&	@	!
*	@	*	$	#

① 1개   ② 2개
③ 3개   ④ 4개
⑤ 5개

catalogcale**n**derholiday

－ catalogcale**m**derholiday

∈ヨ∈∈**⊆**⊃∪ － ∈ヨ∈∈**⊆**⊃∪

!	?	!	?	@
#	**@**	#	*	%
$	^	$	^	^
%	&	%	%	$
&	#	&	**@**	!
*	**@**	*	$	#

답 1.④ 2.③ 3.④

01 ~ 04 다음 제시된 문자를 서로 비교하여 다른 것을 고르시오.

01 ① FNQOCFQCQO – FNQOOFQCQO   ② JFAUGVIOAUS – JFAUGVIOAUS
③ SJAVCPOAJWT – SJAVCPOAJWT   ④ KFJAKLZSJNG – KFJAKLZSJNG
⑤ SIGNELMIGHYQ – SIGNELMIGHYQ

advice FNQO<u>C</u>FQCQO – FNQO<u>O</u>FQCQO

02 ① η $O\lambda$ $\Phi\Omega\psi$ ω Σ Ⅸδ Ⅴ ⅲ – η $O\lambda$ $\Phi\Omega\psi$ ω Σ Ⅸδ Ⅴ ⅲ
② $\Omega P\varepsilon$ ε AⅻΦo π $N\tau$ ⅫΔ – $\Omega P\varepsilon$ ε AⅻΦo π $N\tau$ ⅫⅤ
③ ε PⅦ ⅸE Φ Θ $\Theta\xi$ o δ Ⅻ – ε PⅦ ⅸE Φ Θ $\Theta\xi$ o δ Ⅻ
④ ω θ Ⅶζ υ $TE\Psi\Psi\eta$ β $\Xi\Upsilon$ – ω θ Ⅶζ υ $TE\Psi\Psi\eta$ β $\Xi\Upsilon$
⑤ $TP\varepsilon$ Ⅶ$\Psi E\delta$ $O\Sigma Eo$ ⅲΞ – $TP\varepsilon$ Ⅶ$\Psi E\delta$ $O\Sigma Eo$ ⅲΞ

advice $\Omega P\varepsilon$ ε AⅻΦo π $N\tau$ Ⅻ<u>Δ</u> – $\Omega P\varepsilon$ ε AⅻΦo π $N\tau$ Ⅻ<u>Ⅴ</u>

03 ① 12579835123 – 12579835123   ② 3567737772 – 3567773772
③ 3625467621 – 3625467621   ④ 2362753260 – 2362753260
⑤ 54998712542 – 54998712542

advice 35677<u>37</u>772 – 35677<u>73</u>772

04 ① 츄코츄코카쾨퇴멍경핑 – 츄코츄코카퇴쾨멍경핑   ② 타르로루핑포다라르로 – 타르로루핑포다라르로
③ 푸르디딩컹콩크몽트타 – 푸르디딩컹콩크몽트타   ④ 하으오루나버아러거머 – 하으오루나버아러거머
⑤ 하쿠나푸타나마아타아사 – 하쿠나푸타나마아타아사

advice 츄코츄코카<u>쾨퇴</u>멍경핑 – 츄코츄코카<u>퇴쾨</u>멍경핑

05 ~ 06 다음 제시된 단어의 개수를 모두 고르시오.

자각	자폭	자갈	자의	자격	자립	자유
자기	자극	자녀	자주	자성	자라	자랑
자조	자료	자고	자만	자취	자모	자멸
자색	자본	자비	자재	자질	자수	자동
자신	자연	자원	자괴	자음	자작	자개
자매	자세	자태	자존	자력	자판	자간
자문	자주	자진	자상	자신	자극	자해

05

자동 자각 자극 자녀 자의

① 3개 ② 4개
③ 5개 ④ 6개
⑤ 7개

advice 자동, 자각, 자녀, 자의는 1개씩, 자극은 2개가 제시되어 있다.

06

자유 자속 자조 자애 자판

① 1개 ② 2개
③ 3개 ④ 4개
⑤ 없음

advice 자유, 자조, 자판만 각 1개씩 제시되어 있다.

답 01.① 02.② 03.② 04.① 05.④ 06.③

07 ～ 08 다음 중 각 문제에서 제시된 단어와 같은 단어의 개수를 고르시오.

유리	유가	유지	유화	유린	유리	유주
유기	유체	유아	우유	윤화	유화	윤미
유해	유진	유미	유물	유형	유니	운수
유희	윤식	유치	유가	유로	윤석	우미

07

유가

① 1번   ② 2번
③ 3번   ④ 4번
⑤ 5번

advice 유가는 두 번 제시되었다.

08

유효

① 1번   ② 2번
③ 3번   ④ 4번
⑤ 없다

advice 유효는 찾을 수 없다.

09 ~ 10 다음 보기를 참고하여 제시된 단어를 바르게 표기한 것을 고르시오.

vi = 준	VⅡ = 경	X = 근	ix = 윤
xⅱ = 공	Ⅲ = 린	Ⅳ = 향	Ⅸ = 표
ⅱ = 령	XⅡ = 굴	Ⅴ = 진	xi = 가

09

준 린 향 가 윤

① vi XⅡ Ⅸ ix xi   ② vi Ⅲ Ⅸ xi ix

③ vi Ⅸ XⅡ xⅱ ⅱ   ④ Ⅴ XⅡ ix Ⅲ xi

⑤ VⅡ Ⅲ xⅱ xⅱ X

advice 준 린 향 가 윤   vi Ⅲ Ⅳ xi ix

10

윤 령 가 린 표

① ix XⅡ xi Ⅳ Ⅸ   ② Ⅳ Ⅴ xi ⅱ vi

③ Ⅸ vi xⅱ ⅱ X   ④ ix ⅱ xi Ⅲ Ⅸ

⑤ xi ⅱ xi xⅱ Ⅸ

advice 윤 령 가 린 표   ix ⅱ xi Ⅲ Ⅸ

답 07.②   08.⑤   09.②   10.④

CHAPTER 05

적성검사 모의고사

실제 시험처럼 구성된 모의고사를 통해 실전감각을 키워봅니다.
p.211에 있는 OMR 답안지에 작성하면서 풀어보세요.

01 언어영역

1 다음과 같은 의미를 지니는 단어를 고른 것은?

> 남의 재산 따위를 좀스러운 말과 행위로 꾀어 **빼앗아** 가지다.

① 진배없다   ② 알겨먹다
③ 비량하다   ④ 객쩍다
⑤ 싱겁다

advice ② '알겨먹다'는 '시골 사람들에게 땅을 비싸게 팔아 주겠다며 사례비를 알겨먹은 사기꾼이 경찰에 붙잡혔다' 등으로 사용된다.
　　① 진배없다 : 그보다 못하거나 다를 것이 없다.
　　③ 비량하다 : 비교하다.
　　④ 객쩍다 : 행동이나 말, 생각이 쓸데없고 싱겁다.
　　⑤ 싱겁다 : 행동이나 말이 실없고 조리가 없다.

2 다음 밑줄 친 부분과 같은 의미로 사용된 것은?

> 충신이 반역죄를 <u>쓰고</u> 감옥에 갇혔다.

① 광부들이 온몸에 석탄가루를 까맣게 <u>쓰고</u> 일을 한다.
② 밖에 비가 오니 우산을 <u>쓰고</u> 가야겠다.
③ 뇌물 수수 혐의를 <u>쓴</u> 정치인은 결백을 주장했다.
④ 그는 마른 체격에 테가 굵은 안경을 <u>썼고</u> 갸름한 얼굴이다.
⑤ 그녀는 펜을 들어 편지지에 마음을 담은 문장을 또박또박 <u>썼다</u>.

advice ③ 제시된 문장의 '쓰다'는 '사람이 죄나 누명 따위를 가지거나 입게 되다'의 의미를 갖는다.
　　① 먼지나 가루 따위를 몸이나 물체 따위에 덮은 상태가 되다.
　　② 우산이나 양산 따위를 머리 위에 펴 들다.
　　④ 얼굴에 어떤 물건을 걸거나 덮어쓰다.
　　⑤ 도구를 이용해 종이나 물체 위에 글자나 기호를 적다.

3 다음 글과 가장 관련 있는 사자성어로 적절한 것은?

> 대학가 근처에 있는 ○○카페 사장은 지난주보다 카페 매출이 평균 이상으로 올라간 것을 확인하였다. 원인은 알 수 없었지만 인지도가 올라간 탓이라 생각하고 기뻐했다. 다음 주 매출을 확인한 카페 사장은 인지도 때문이 아님을 확인했다. 학생들이 개강을 하는 날이라서 남은 시간을 채우기 위해 카페에 들렀던 것을 알고 크게 실망하였다.

① 일희일비(一喜一悲)
② 일편단심(一片丹心)
③ 시시비비(是是非非)
④ 박학다식(博學多識)
⑤ 각골난망(刻骨難忘)

advice ① 일희일비(一喜一悲) : 기쁨 일과 슬픈 일이 번갈아 일어남. '작은 일 하나에 일희일비 하지 않는 자세가 필요하다'는 것을 나타낸다.
② 일편단심(一片丹心) : 진심에서 우러나오는 변치 아니하는 마음
③ 시시비비(是是非非) : 옳고 그름을 따지며 다툼
④ 박학다식(博學多識) : 학식이 넓고 아는 것이 많음
⑤ 각골난망(刻骨難忘) : 뼈에 새길 만큼 은혜를 잊지 못함

4 다음 중 나머지 넷과 의미가 다른 것은?

① 각주구검(刻舟求劍)
② 수주대토(守株待兔)
③ 고식지계(姑息之計)
④ 미봉책(彌縫策)
⑤ 우공이산(愚公移山)

advice ⑤ 우공이산 : 어리석어 보이지만 끈기와 의지를 가지고 꾸준히 노력하면 결국 이루어진다는 뜻이다.
① 각주구검 : 변하는 상황을 무시하고 옛 방식을 고집하는 것이다.
② 수주대토 : 노력하지 않고 요행만 바라는 어리석음을 의미한다.
③ 고식지계 : 당장의 어려움만 모면하려는 임시방편이다.
④ 미봉책 : 근본적인 해결책이 아닌 임시로 덮어두는 대책이다.

답 1.② 2.③ 3.① 4.⑤

[5~6] 다음 중 (   ) 안에 들어갈 단어로 옳은 것을 고르시오.

5

> 직장 내 갈등의 양상은 다양하게 (   )된다.

① 선호

② 표출

③ 견해

④ 전제

⑤ 관념

advice ② 표출 : 겉으로 나타냄
　　　① 선호 : 여럿 가운데서 특별히 가려서 좋아함
　　　③ 견해 : 어떠한 사물이나 현상에 대한 자기의 의견이나 생각
　　　④ 견제 : 어떠한 사물이나 현상을 이루기 위하여 먼저 내세우는 것
　　　⑤ 관념 : 어떤 일이나 대상에 대하여 마음속에 가지는 생각이나 견해

6

> 　조선조의 금속활자 인쇄는 속도가 빠르지 않았다. 세종 때 한 번 개량되었다고는 하지만, 조판 인쇄는 여전히 수작업에 의지하였다. 활자판에 먹을 칠하고 그 위에 종이를 얹어 솜망치로 두드린 뒤 한 장씩 떼어내는 방식은 조선조가 종언을 고할 때까지 변함이 없었다. 어느 쪽이 인쇄 속도가 빠르며, 대량인쇄에 유리한가는 (   )을(를) 요하지 않는다.

① 췌언

② 전언

③ 부언

④ 첨언

⑤ 금언

advice ① 췌언 : 쓸데없는 군더더기 말
　　　② 전언 : 이전에 한 말을 뜻한다.
　　　③ 부언 : 근거 없이 떠돌아다니는 말을 뜻한다.
　　　④ 첨언 : 덧붙이는 말을 뜻한다.
　　　⑤ 금언 : 매우 귀하고 가치 있는 말을 뜻한다.

[7~8] 다음에 제시된 단어와 유사한 의미를 지닌 단어를 고르시오.

7

번잡하다

① 혁신적이다　　　　　　　② 한산하다

③ 비약적이다　　　　　　　④ 발생하다

⑤ 어수선하다

> *advice* 번잡하다 … 번거롭게 뒤섞여 어수선하다.
> ⑤ 어수선하다 : 뒤섞여 가지런하지 않고 헝클어져 있다.
> ① 혁신적이다 : 묵은 풍속, 관습, 조직, 방법 따위를 완전히 바꾸어 새롭게 하는 것
> ② 한산하다 : 일이 없어 한가함
> ③ 비약적하다 : 어떤 일이나 수준이 매우 빠르고 크게 발전하거나 뛰어넘는 것
> ④ 발생하다 : 어떤 일이나 사물이 생겨남

8

기염

① 기세　　　　　　　　　　② 원조

③ 주창　　　　　　　　　　④ 이념

⑤ 통념

> *advice* 기염 … 불꽃처럼 대단한 기세를 나타낸다.
> ① 기세 : 기운차게 뻗치는 모양이나 상태
> ② 원조 : 물품이나 돈 따위로 도와줌
> ③ 주창 : 주의나 사상을 앞장서서 주장함
> ④ 이념 : 이상적인 것으로 여겨지는 생각이나 견해
> ⑤ 통념 : 일반적으로 널리 통용되는 생각이나 견해

답 5.②　6.①　7.⑤　8.①

[9~11] 다음에 제시된 단어와 유사한 의미를 지닌 단어를 고르시오.

9

와인 : 소믈리에 / 초콜릿 : (　)

① 캘리그라피스트　　　　　　　　　② 쇼콜라티에

③ 웨딩플래너　　　　　　　　　　　④ 브루마스터

⑤ 플로리스트

✎advice 직업과 관련된 전문분야의 관계이다. 브루마스터는 맥주 제조의 일련 과정을 모두 총괄하는 양조기술자들 말하고, 캘리그라피스트는 글씨를 아름답게 꾸미는 사람을 말한다. 쇼콜라티에는 초콜릿을 만드는 사람을 말한다.

10

쌍떡잎식물 : 델피니움 / 조류 : (　)

① 뱀잡이수리　　　　　　　　　　　② 도마뱀

③ 코알라　　　　　　　　　　　　　④ 금어초

⑤ 가금류

✎advice 델피니움의 강은 쌍떡잎식물이다. '뱀잡이수리'의 강은 조류에 해당한다.

11

마크 로스코 : 미술 / (　) : 철학

① 나폴레옹 보나파르트

② 군주론

③ 사피엔스

④ 강감찬

⑤ 정약용

✎advice 미술분야에서 유명한 인물인 마크 로스크가 있다. 정약용은 철학 분야에서 중요한 인물 중 한명이다.

12 제시된 단어와 반대의 의미를 가지는 단어를 고르시오.

경각

① 호외   ② 오래

③ 실각   ④ 경질

⑤ 단절

advice 경각 … 눈 깜빡할 사이 또는 아주 짧은 시간을 뜻하며 '오래'와 반대 의미를 가진다.
　　① 호외 : 특별한 일이 있을 때에 임시로 발행하는 신문이나 잡지
　　② 오래 : 시간이 지나가는 동안이 길게
　　③ 실각 : 발을 헛디딤 또는 세력을 잃고 지위에서 물러남
　　④ 경질 : 어떤 직위에 있는 사람을 다른 사람으로 바꿈
　　⑤ 단절 : 서로 이어지던 것이 끊어짐

[13~15] 다음 중 빈칸에 들어갈 단어들을 바르게 나열한 것을 고르시오.

13

• 갑자기 (　　)이 터지는 바람에 우리 가족은 생이별을 하게 되었다.
• 무심하게도 일주일 동안 (　　) 한 통 없다.
• 나는 단신 적진 깊숙이 와 있다는 걸 자각하고 (　　)를 가다듬어야 했다.

① 전쟁 - 전화 - 전의

② 전쟁 - 전의 - 전화

③ 전화 - 전쟁 - 전의

④ 전화 - 전의 - 전쟁

⑤ 전의 - 전화 - 전쟁

advice ㉠ 전쟁 : 국가와 국가, 또는 교전(交戰) 단체 사이에 무력을 사용하여 싸움
　　㉡ 전화 : 전화기를 이용하여 말을 주고받음
　　㉢ 전의 : 싸우고자 하는 의욕

답 9.② 　10.① 　11.⑤ 　12.② 　13.①

14

> • 영어나 한자가 ( )된 지문이 출제되는 경향이다.
>
> • 지위 ( )은(는) 우리사회에서 근절되어야 한다.
>
> • 지나친 ( )은(는) 화를 부르는 법이다.

① 만용(蠻勇) − 남용(濫用) − 혼용(混用)

② 혼용(混用) − 만용(蠻勇) − 남용(濫用)

③ 남용(濫用) − 혼용(混用) − 효용(效用)

④ 남용(濫用) − 혼용(混用) − 만용(蠻勇)

⑤ 혼용(混用) − 남용(濫用) − 만용(蠻勇)

advice ㉠ 남용(濫用) : 일정한 기준이나 한도를 넘어 함부로 쓰는 것

㉡ 만용(蠻勇) : 분별없이 함부로 날뛰는 용맹

㉢ 혼용(混用) : 한데 섞어 쓰거나 어울러 씀

㉣ 효용(效用) : 보람 있게 쓰거나 쓰임

15

> • 회화는 소재에 따라 정물화, 인물화, 풍경화로 ( ) 할 수 있다.
>
> • 공업용 폐수의 성분을 ( )했다.
>
> • 그 말이 무슨 의미인지 잘 ( )되지 않았다.

① 분리 − 분류 − 분석

② 분석 − 분류 − 분간

③ 분류 − 분석 − 분간

④ 분간 − 분리 − 분석

⑤ 분간 − 분석 − 분리

advice ㉠ 분간 : 사물이나 사람의 옳고 그름이나 그 정체를 구별하는 것

㉡ 분류 : 종류에 따라 나눔을 이르는 말

㉢ 분리 : 서로 나뉘어 떨어짐

㉣ 분석 : 물질의 성분, 즉 물질에 포함되어 있는 화합물, 단체, 원자, 분자의 조성과 함량 따위를 물리 · 화학적 방법을 써서 알아내는 일

[16~18] 다음 단락을 흐름에 맞게 바르게 배열한 것은?

16

> (가) 그는 4월 18일자 일기에서 '서울 남방에서 일본군이 약 30명을 교회에 가두고 학살, 방화했다'고 썼다.
>
> (나) 우쓰노미야는 1919년 4월 15일 발생한 제암리 사건에 대해 '학살과 방화는 없었다'라는 당시 일본군의 발표가 허위였음을 인정하고 있다.
>
> (다) 이어 '사실을 사실대로 하고 처분하면 간단하지만, 학살과 방화를 자인하는 꼴이 돼 제국(帝國)의 입장에 심대한 불이익이 된다'
>
> (라) '이 때문에 간부 회의에서 조선인들이 저항해 살육한 것으로 하되 학살, 방화 등은 인정하지 않기로 결정했다'고 적었다.

① (가) - (다) - (라) - (나)   ② (가) - (나) - (다) - (라)

③ (나) - (가) - (다) - (라)   ④ (나) - (다) - (라) - (가)

⑤ (다) - (가) - (라) - (나)

advice (나),(가)에서 제암리 사건을 허위사실임을 말하고 (다),(라)에서는 허위사실을 뒷받침해 주는 내용을 담고 있다.

17

> (가) 그러나 원직복귀율이 여전히 40%대로 선진국의 70~80%에 크게 못 미치고 수년째 답보상태에 있는 것은 안타까운 현실이 아닐 수 없다.
>
> (나) 현재와 같은 소규모 산재의료기관 지정병원의 단순한 치료보다는 산재노동자들에 대한 치료와 동시에 사회복귀를 위한 전문적이고 체계적인 재활치료 시스템이 이루어져야만 한다고 생각한다.
>
> (다) 정부가 산재노동자들을 위하여 전문 재활치료를 강화하고 직장복귀를 지원하며 직업훈련 등을 통한 조속한 사회복귀 등의 재활정책을 시작한 지 벌써 17년이 지났다.
>
> (라) 따라서 무엇보다도 충분한 요양과 재활치료를 위한 의료서비스 전달체계의 개선이 시급하다.

① (가) - (다) - (라) - (나)   ② (가) - (라) - (다) - (나)

③ (나) - (가) - (라) - (다)   ④ (다) - (나) - (가) - (라)

⑤ (다) - (가) - (라) - (나)

advice (다)는 정부가 산재노동자들을 위한 정책을 했다는 정보를 알려주고 있으며 (가)에서는 정책이 제대로 이뤄지지 않고 있음을 보여준다. 뒤 따라오는 (라)는 문제점을 이어서 알려주며 (나)에서 대안을 제시하고 있다.

18

> (가) 한국은 광복 후 서구의 민주정치를 수용하였다.
>
> (나) 민주정치제도는 서구에서 발달한 민주적 정치의식의 소산이었다.
>
> (다) 현대 한국 정치는 서구의 민주주의 정치보다 권위주의적인 성격이 짙다.
>
> (라) 우리의 전통적 정치문화는 권위주의적 성격을 띠고 있으므로 서구의 정치제도를 실제의 운영과정에서 본 내용과는 다르다.

① (가) - (나) - (라) - (다)　　　　② (가) - (나) - (다) - (라)

③ (나) - (다) - (라) - (가)　　　　④ (다) - (나) - (가) - (라)

⑤ (다) - (가) - (나) - (라)

19 ㉠~㉣ 중 통일성을 해치는 문장은 무엇인가?

> 　말과 관련된 속담과 격언은 한국, 외국 할 것 없이 많다. 성경과 불경에도 말과 관련된 경구들이 자주 등장한다. ㉠<u>한번 내뱉은 말은 주워 담을 수 없기 때문에 말을 하기 전에 해야 할 말과 하지 말아야 할 말을 가려야 한다.</u> 하지만 생각처럼 쉽지 않을 때가 있다. 말은 가까운 사람일수록 더 신중해야 한다. ㉡<u>속내까지 털어놓는 격의 없는 사이라도 지켜야 하며 친구는 물론 부부 사이에도, 부모와 자녀 사이, 형제·자매·남매 사이에도 신중하게 말해야 한다.</u> 솔직한 것만이 능사가 아닐 때가 있다. 상대방을 위한 고언(苦言)이라고 하지만 때때로 자신의 마음 편해지기 위해서 말하는 경우도 있다. ㉢<u>말 한마디에 천 냥 빚을 갚는다지만 글이 말보다 더 나을 때가 있다.</u> ㉣<u>글이 평생 남는 것처럼 말도 오래 지속된다.</u> 이는 녹음해서가 아니라 상대의 마음에 오래 남기 때문이다. 힘이 되어 준 덕담보다 상처가 된 말은 더 오래 남는다.

① ㉠　　　　　　　　　　　　② ㉡

③ ㉢　　　　　　　　　　　　④ ㉣

⑤ 없다.

20 다음 글을 읽고 추론할 수 없는 내용은?

> 다세포 생물체는 신경계와 내분비계에 의해 구성 세포들의 기능이 조절된다. 이 중 내분비계의 작용은 내분비선에서 분비되는 호르몬에 의해 일어난다. 호르몬을 분비하는 이자는 소화선인 동시에 내분비선이다. 이자 곳곳에는 백만 개 이상의 작은 세포 집단들이 있다. 이를 랑게르한스섬이라고 한다. 랑게르한스섬에는 인슐린을 분비하는 β 세포와 글루카곤을 분비하는 α 세포가 있다. 인슐린의 주된 작용은 포도당이 세포 내로 유입되도록 촉진하여 혈액에서의 포도당 농도를 낮추는 것이다. 또한 간에서 포도당을 글리코겐의 형태로 저장하게 하며 세포에서의 단백질 합성을 증가시키고 지방 생성을 촉진한다. 한편 글루카곤은 인슐린과 상반된 작용을 하는데, 그 주된 작용은 간에 저장된 글리코겐을 포도당으로 분해하여 혈액에서의 포도당 농도를 증가시키는 것이다. 또한 아미노산과 지방산을 저장 부위에서 혈액 속으로 분리시키는 역할을 한다.

① 인슐린과 글루카곤은 같은 작용을 하는 호르몬이다.

② 인슐린은 혈액의 포도당 농도를 낮추는 역할을 한다.

③ 아미노산과 지방산을 혈액 속으로 분리시키는 역할을 하는 것은 글루카곤이다.

④ 랑게르한스섬은 백만 개 이상의 작은 세포 집단을 이르는 말이다.

⑤ 글루카곤은 인슐린과 상반된 작용을 한다.

advice ① 인슐린과 글루카곤은 상반된 작용을 한다.
　　　 ② 인슐린에 대한 설명으로 두 번째 문단에서 제시하고 있다.
　　　 ③ 글루카곤에 대한 설명으로 세 번째 문단에서 제시하고 있다.
　　　 ④ 이자에는 백만 개 이상의 작은 세포 집단들이 있다. 이를 랑게르한스섬이라고 한다.
　　　 ⑤ 글루카곤은 인슐린과 상반된 작용을 한다.

답 18.② 19.③ 20.①

1 2진법의 수 11110과 5진법의 수 3010의 실제 수의 차이는?

① 349
② 350
③ 351
④ 352
⑤ 353

advice
- $1 \times 2^4 + 1 \times 2^3 + 1 \times 2^2 + 1 \times 2^1 + 0 \times 2^0 = 30$
- $3 \times 5^3 + 0 \times 5^2 + 1 \times 5^1 + 0 \times 5^0 = 380$

∴ $380 - 30 = 350$

2 십의 자리의 숫자가 1인 두 자리의 자연수에서 십의 자리와 일의 자리의 숫자를 바꾸면 원래 수의 3배보다 1이 작다. 이 자연수는?

① 18
② 17
③ 16
④ 15
⑤ 14

advice 일의 자리 수를 x라 하면 $10x + 1 = 3(1 \times 10 + x) - 1$, $x = 4$ 따라서 자연수는 14이다.

3 두 자리의 자연수에 대하여 각 자리의 숫자 합은 11이고, 이 자연수의 십의 자리 숫자와 일의 자리 숫자를 바꾼 수의 3배 보다 5 큰 수는 처음 자연수와 같다고 한다. 처음 자연수의 십의 자리 숫자는?

① 9
② 7
③ 5
④ 3
⑤ 1

advice 십의 자리 숫자를 x, 일의 자리 숫자를 y라고 할 때,
$x + y = 11 \cdots$ ㉠, $3(10y + x) + 5 = 10x + y \cdots$ ㉡
㉡을 전개하여 정리하면 $-7x + 29y = -5$이므로
㉠ × 7 + ㉡을 계산하면 $36y = 72$이다. 따라서 $y = 2$, $x = 9$이다.

[4~5] 다음 주어진 수의 대소 관계를 바르게 비교한 것을 고르시오.

4

> A : 정팔면체의 모서리 수를 X, 꼭짓점 수를 Y라고 할 때, $3X+5Y$의 값
>
> B : 144와 360의 최대공약수

① $A > B$　　　　　　　　　　② $A < B$

③ $A = B$　　　　　　　　　　④ $A \geq B$

⑤ 알 수 없다.

> **advice** A : 정팔면체의 모서리 수는 12, 꼭짓점 수는 6이므로 $3X+5Y=66$
>
> B : $144 = 2^4 \times 3^2$, $360 = 2^3 \times 3^2 \times 5$ 이므로 최대공약수는 $2^3 \times 3^2 = 72$
>
> $\therefore A < B$

5

> $A : \dfrac{1253}{954}$　　　　　　　　　　　　　$B : 1.322$

① $A = B$　　　　　　　　　　② $A > B$

③ $A < B$　　　　　　　　　　④ $A \geq B$

⑤ 알 수 없다.

> **advice** • $A : \dfrac{1253}{954} = 1.3134$
>
> • $B : 1.322$

답 1.② 　2.⑤ 　3.① 　4.② 　5.③

[6~8] 다음 계산식 중 (　) 안에 들어갈 알맞은 수를 찾으시오.

6

$$44 \times (\quad) - 73 = 279$$

① 4

② 6

③ 8

④ 10

⑤ 12

advice $(279 + 73) \div 44 = 8$

7

$$26 \times 35 \div (\quad) = 182$$

① 2

② 3

③ 4

④ 5

⑤ 6

advice $26 \times 35 \div 182 = 5$

8 다음 중 그 값이 가장 큰 것은?

① 26 + 13 + 22

② 35 + 3 + 22

③ 16 + 25 + 22

④ 27 + 25 + 13

⑤ 23 + 18 + 21

advice ④ 65, ① 61, ② 60, ③ 63, ⑤ 62

[9~11] 다음 계산의 결과 값이 다른 것을 고르시오.

9 ① $180 \div 3 + 12$ ② $32 \times 5 - 89$

③ $(24 + 12) \times 2$ ④ $(2 \times 72) \div 2$

⑤ $(90 \div 5) \times 4$

advice ②의 값은 71
①③④⑤의 값은 72

10 ① $150 \times \dfrac{4}{5}$ ② $1000 \times \dfrac{3}{25}$

③ $_5C_3 \times 12$ ④ $\dfrac{_3P_3}{_4P_4} \times 480$

⑤ $5^3 + 5$

advice ⑤의 값은 130
①②③④의 값은 120

11 ① $120 \div 3 + 12$ ② $448 \div 16 + 23$

③ $12 \times 18 - 164$ ④ $7 \times 43 - 249$

⑤ $4 \times 61 - 192$

advice ②의 값은 51
①③④⑤의 값은 52

답 6.③   7.④   8.④   9.②   10.⑤   11.②

12 영수는 책 1권을 읽는데 2시간 34분이 소요된다. 하루에 7시간씩 30일이면 몇 권의 책을 읽을 수 있겠는가?

① 81권   ② 86권

③ 91권   ④ 96권

⑤ 101권

advice $1 : 154(분) = x : 7 \times 30 \times 60(분)$

$$\therefore \ x = \frac{7 \times 30 \times 60}{154} \fallingdotseq 81.8$$

81권의 책을 읽을 수 있다.

13 2%의 소금물과 7%의 소금물을 섞어서 5%의 소금물 200g을 만들려고 한다. 이때, 2%의 소금물은 몇 g 섞어야 하는가?

① 70g   ② 80g

③ 90g   ④ 100g

⑤ 110g

advice 2% 소금물의 양을 x라 하면 7% 소금물의 양은 $200 - x$가 된다.

2% 소금물에 들어있는 소금의 양은 $x \times \dfrac{2}{100}$

7% 소금물에 들어있는 소금의 양은 $(200 - x) \times \dfrac{7}{100}$ 이므로

$$\frac{\left(x \times \dfrac{2}{100}\right) + \left\{(200 - x) \times \dfrac{7}{100}\right\}}{200} \times 100 = 5$$

$$\Rightarrow \frac{2x}{100} + 14 - \frac{7x}{100} = 10$$

$$\Rightarrow 5x = 400$$

$$\therefore \ x = 80$$

따라서 2%의 소금물은 80g을 섞어야 한다.

14 구멍이 나서 물이 새는 통이 있다. 처음에 20L의 물이 있었는데, 1시간이 지나자 15L밖에 남지 않았다. 그 후 2시간이 더 지났을 때의 물의 양은?

① 5L

② 6L

③ 7L

④ 8L

⑤ 9L

✎advice 시간당 새는 물의 양은 $\dfrac{\text{새어 나간 물의 양}}{\text{그 동안의 시간}}$ 으로 볼 수 있다.

시간당 새는 물의 양 = $\dfrac{20-15}{1}$ = 5이고 이미 물이 15ℓ가 된 후에서 2시간이 더 지난 것이므로

$15-(5\times2)=5$이다. 따라서 남은 물의 양은 5ℓ이다.

15 다음은 Q년도의 각 발전소 지원 예정금액을 책정해 놓은 자료이다. 전체 인원의 1인당 평균 지원 금액과 발전소당 평균 운영비는 각각 얼마인가?

〈Q년도 발전소 지원 예정 금액〉

(단위 : 원)

구분	A발전소	B발전소	C발전소	D발전소	E발전소
1인당 인건비	450,000	450,000	506,000	281,000	449,000
인원수(명)	8	8	9	7	8
운영비	148,000	169,000	129,000	123,000	77,000

① 432,825원, 131,250원

② 427,535원, 129,200원

③ 432,825원, 129,200원

④ 427,535원, 131,250원

⑤ 432,825원, 133,250원

✎advice 발전소당 인원수가 동일하지 않으므로 전체 인원의 1인당 평균 지원 금액은 각 발전소의 1인당 인건비와 인원수를 곱한 발전소의 인건비 총량을 모두 합산하여 전체 인원수로 나누어 계산하여야 한다.
따라서, {(450,000×8) + (450,000×8) + (506,000×9) + (281,000×7) + (449,000×8)}÷40 = 432,825원이 된다.
발전소당 평균 운영비는 주어진 수치에서 직접 평균을 구할 수 있다.
따라서 (148,000 + 169,000 + 129,000 + 123,000 + 77,000)÷5 = 129,200원이 된다.

답 12.① 13.② 14.① 15.③

1 다음 빈칸에 들어갈 알맞은 수는?

> 2 3 4 6 8 9 16 (　　)

① 12

② 15

③ 17

④ 19

⑤ 21

✎advice 홀수 번째는 ×2, 짝수 번째는 3의 배수의 규칙을 갖는다. 따라서 3×4 = 12

2 다음의 일정한 규칙에 의해 배열된 문자를 추리하여 (　　) 안에 알맞은 것은?

> J − G − L − I − N − (　　)

① J   ② K

③ L   ④ M

⑤ H

✎advice 문자에 숫자를 대입하여 풀면 쉽게 풀 수 있다. 각 숫자의 차가 3으로 줄었다가 5가 더해지고 있다.

3 다음의 내용이 참일 때 항상 참인 것은?

> • 녹차를 산 사람은 물과 초코쿠키를 사지 않았다.
> • 곡물쿠키를 산 사람 중에 녹차를 산 사람도 있다.
> • 초코쿠키를 사지 않은 사람은 홍차와 빵을 샀다.
> • 곡물쿠키를 사지 않은 사람은 샌드위치를 샀다.

① 샌드위치를 사지 않은 사람 중에 물을 산 사람도 있다.
② 홍차를 사지 않은 사람은 녹차를 사지 않았다.
③ 홍차와 빵을 사지 않은 사람은 곡물쿠키를 샀다.
④ 샌드위치를 산 사람은 곡물쿠키를 샀다.
⑤ 녹차를 산 사람은 홍차와 빵을 사지 않았다.

advice 첫 번째 명제와 세 번째 명제를 연결하면 '녹차를 산 사람은 홍차와 빵을 샀다'가 된다. 이 문장의 대우명제인 '홍차와 빵을 사지 않은 사람은 녹차를 사지 않았다'가 되므로 이 역시 항상 참이다.

4 ○○중학교 1학년 1반 학생들은 조회시간에 일렬로 서있다. 다음 명제를 보고 옳은 것을 고르면?

> • 경은 앞에 한 명이 있다.
> • 혜민이 뒤에 한 명 이상이 있다.
> • 미연이는 현경이 앞이다.
> • 다람이는 앞에서 첫 번째 혹은 네 번째에 있다.
> • 현경이는 가장 마지막이다.

① 경은이는 앞에서 네 번째이다.
② 혜민이의 위치는 중간이다.
③ 다람이는 앞에서 두 번째이다.
④ 미연이 뒤에는 두 명이 있다.
⑤ 경은이 앞에는 두 명이 있다.

advice 명제를 따라 나열하면 '다람, 경은, 혜민, 미연, 현경' 순이다.

답 1.① 2.② 3.② 4.②

[5~6] 다음에 제시된 전제에 따라 결론을 바르게 추론한 것을 고르시오.

5

> • 군주가 오직 한 사람만을 신임하면 나라를 망친다.
> • 군주가 사람을 신임하지 않으면 나라를 망친다.
> • 그러므로 _____

① 어느 군주가 나라를 망치지 않았다면, 그는 오직 한 사람만을 신임한 것이다.
② 어느 군주가 나라를 망치지 않았다면, 그는 사람을 신임하지 않았다는 것이다.
③ 어느 군주가 나라를 망치지 않았다면, 그는 오직 한 사람만을 신임한 것은 아니다.
④ 어느 군주가 나라를 망쳤다면, 그는 사람을 신임한 것이다.
⑤ 어느 군주가 오직 한 사람만을 신임하지 않았다면, 그는 나라를 망치지 않은 것이다.

advice 가언 삼단논법이다. ①② 군주가 오직 한 사람만을 신임하거나, 사람을 신임하지 않으면 나라를 망친다.
⑤ 명제가 참일지라도 이는 참이 아닐 수도 있다. 즉, 군주가 오직 한 사람만을 신임하지 않았다는 것은 여러 사람을 신임한 것일 수 있으며 이때에는 나라를 망치지 않으나, 한 사람만을 신임하지 않았다는 것이 그 누구도 신임하지 않은 것일 때에는 나라를 망치게 된다.

6

> • 준서는 영어 성적이 윤재보다 20점 더 높다.
> • 영건이의 점수는 준서보다 10점 낮다.
> • 그러므로 _____

① 영건이와 윤재의 점수 차이는 10점이다.
② 윤재의 점수가 가장 높다.
③ 영건이의 점수가 가장 높다.
④ 준서의 점수는 윤재의 점수보다 낮다.
⑤ 준서의 점수가 가장 낮다.

advice 준서의 점수 = 윤재의 점수 + 20점, 영건이의 점수 = 준서의 점수 − 10점
그러므로 높은 점수의 순서는 준서 > 영건 > 윤재이며 영건이와 윤재는 10점 차이이다.

7

> • 정민이는 현우보다 12계단 아래에 있다.
> • 수아는 정민이보다 3계단 위에 있다.
> • 준호는 수아보다 5계단 아래에 있다.

① 정민이가 네 사람 중 가장 높이 있다.
② 준호는 정민이보다 2계단 낮다.
③ 수아가 현우보다 5계단 위에 있다.
④ 준호가 네 사람 중 가장 위에 있다.
⑤ 현우는 수아보다 15계단 위에 있다.

advice 현우의 높이를 x라고 하면, 정민은 $x-12$, 수아는 $x-9$, 준호는 $x-14$에 있다. 정민과 준호는 2계단 차이에 있다.

8

> • 만약 지금 바람이 분다면 깃발이 펄럭일 것이다.
> • 지금 깃발이 펄럭이고 있다.
> • 그러므로 _____

① 지금 바람이 부는지 알 수 없다.
② 지금 바람이 불지 않을 것이다.
③ 조금 전에 바람이 불었다.
④ 지금 바람이 불고 있다.
⑤ 지금 바람이 부는지 알 수 없다.

advice '바람이 분다면 깃발이 펄럭일 것이다'라고 전제되어 있으므로 지금 바람이 불고 있다.

답 5.③ 6.① 7.② 8.④

9 다음 표는 甲백화점의 판매비율 증가를 나타낸 것으로 전체 평균 판매증가비율과 할인기간의 판매증가비율을 구분하여 표시한 것이다. 주어진 조건을 고려할 때 A~F에 해당하는 품목을 순서대로 차례로 나열한 것은?

품목 월별	A		B		C		D		E		F	
	전체	할인	전체	할인	전체	할인	전체	할인	전체	할인	전체	할인
1	20.5	30.9	15.1	21.3	32.1	45.3	25.6	48.6	33.2	22.5	31.7	22.5
2	19.3	30.2	17.2	22.1	31.5	41.2	23.2	33.8	34.5	27.5	30.5	22.9
3	17.2	28.7	17.5	12.5	29.7	39.7	21.3	32.9	35.6	29.7	30.2	27.5
4	16.9	27.8	18.3	18.9	26.5	38.6	20.5	31.7	36.2	30.5	29.8	28.3
5	15.3	27.7	19.7	21.3	23.2	36.5	20.3	30.5	37.3	31.3	27.5	27.2
6	14.7	26.5	20.5	23.5	20.5	33.2	19.5	30.2	38.1	39.5	26.5	25.5

㉠ 의류, 냉장고, 보석, 핸드백, TV, 가구에 대한 표이다.
㉡ 가구는 1월에 비해 6월에 전체 평균 판매증가비율이 높아졌다.
㉢ 냉장고는 3월을 제외하고는 할인기간의 판매증가비율이 전체 평균 판매증가비율보다 크다.
㉣ 핸드백은 할인기간의 판매증가비율보다 전체 평균 판매증가비율이 더 크다.
㉤ 1월과 6월을 비교할 때 의류는 전체 평균 판매증가비율의 감소가 가장 크다.
㉥ 보석은 1월에 전체 평균 판매증가비율과 할인기간의 판매증가비율의 차이가 가장 크다.

① TV − 의류 − 보석 − 핸드백 − 가구 − 냉장고
② TV − 냉장고 − 의류 − 보석 − 가구 − 핸드백
③ 의류 − 보석 − 가구 − 냉장고 − 핸드백 − TV
④ 의류 − 냉장고 − 보석 − 가구 − 핸드백 − TV
⑤ 의류 − 보석 − 냉장고 − TV − 핸드백 − 가구

advice 주어진 표에 따라 조건을 확인해보면, 조건의 ㉡은 B, E가 해당하는데 ㉢에서 B가 해당하므로 ㉡은 E가 된다. ㉣은 F가 되고 ㉤은 C가 되며 ㉥은 D가 된다. 남은 것은 TV이므로 A는 TV가 된다.
그러므로 'TV − 냉장고 − 의류 − 보석 − 가구 − 핸드백' 순이다.

10 다음은 4개 대학교 학생들의 하루 평균 독서시간을 조사한 결과이다. ㉠, ㉡, ㉢, ㉣에 들어가는 대학명으로 옳은 것은?

구분	1학년	2학년	3학년	4학년
㉠	3.4	2.5	2.4	2.3
㉡	3.5	3.6	4.1	4.7
㉢	2.8	2.4	3.1	2.5
㉣	4.1	3.9	4.6	4.9
대학생 평균	2.9	3.7	3.5	3.9

- A대학은 고학년이 될수록 독서시간이 증가하는 대학이다
- B대학은 각 학년별 독서시간이 항상 평균 이상이다.
- C대학은 3학년의 독서시간이 가장 낮다.
- 2학년의 하루 독서시간은 C대학과 D대학이 비슷하다.

㉠	㉡	㉢	㉣

① A대학 – B대학 – C대학 – D대학
② C대학 – A대학 – D대학 – B대학
③ C대학 – D대학 – B대학 – A대학
④ D대학 – C대학 – A대학 – B대학
⑤ D대학 – B대학 – A대학 – C대학

✎advice 고학년이 될수록 독서 시간이 증가하는 A대학은 ㉡, 대학생평균 독서량은 3.5인데 이를 넘는 B대학은 ㉣, 3학년의 독서시간이 가장 낮은 평균이하의 C대학은 ㉠이다. 따라서 2학년의 하루 독서시간이 2.5인 C대학과 비슷한 D대학은 2.4가 되므로 ㉢이 된다.

답 9.② 10.②

[9~11] 다음 (?)에 들어갈 알맞은 숫자를 고르시오.

11

9 & 8 = 64   6 & 12 = 60   8 & 8 = (?)

① 52   ② 54

③ 56   ④ 58

⑤ 60

_{advice} 계산법칙을 유추하면 두 수를 곱한 후 두 번째 수를 뺀 것이다.

12

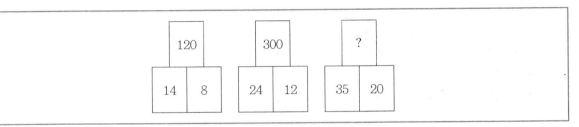

① 720   ② 760

③ 780   ④ 820

⑤ 840

$\bigcirc = (\bigcirc + 1) \times \bigcirc$ 으로 계산하면 7200이 나온다.

13

```
        4
      3   7
    10      ?
   8   9  2   6
```

① 5   ② 8

③ 11   ④ 14

⑤ 16

_{advice} 한 변의 숫자를 더하면 모두 25가 되어야 한다.

14 농촌 거주민을 상대로 한 현재 생활 만족도에 대한 설문 조사를 실시하였다. 다음은 조사 결과 농촌을 떠나겠다고 응답한 비율을 정리한 것이다. 이를 근거로 하여 확인할 수 있는 질문만을 있는 대로 고른 것은?

(단위 : %)

구분	성별		연령별				
	남	여	30대 이하	40대	50대	60대	70대 이상
2021년	8.4	8.7	29.9	16.6	11.0	4.1	3.1
2023년	8.3	5.7	22.4	12.8	5.7	4.2	1.8
2025년	5.9	5.2	24.0	12.8	5.3	2.0	1.6

㉠ 어느 해에 이농이 가장 활발하게 일어났는가?
㉡ 시간이 흐르면서 이농하려는 생각은 확산되고 있는가?
㉢ 연령이 높을수록 이농에 대한 긍정적 응답률은 낮아지고 있는가?
㉣ 2025년에 이농을 생각하는 남자는 몇 명인가?

① ㉠㉣
② ㉡㉢
③ ㉡㉣
④ ㉠㉡㉢
⑤ ㉠㉡㉢㉣

advice ㉠ 실제로 이농이 얼마나 일어났는지는 표에서 확인할 수 없다.
㉡ 남녀의 응답 비율 변화를 볼 때, 시간이 흐르면서 이농하려는 생각이 확산되지는 않는다는 점을 확인할 수 있다.
㉢ 연령이 높아질수록 이농에 대한 긍정적 응답률이 낮아지고 있다는 점을 확인할 수 있다.
㉣ 표에는 비율만 나타나 있다.

답 11.③ 12.① 13.② 14.②

15 다음 명제를 기초로 결론을 내릴 때, 아래의 결론 중에서 참인지 거짓인지 알 수 없는 것은 어느 것인가?

- 대동빌라 주민들은 모두 A의 친척이다.
- B는 자식이 없다.
- C는 A의 오빠이다.
- D는 대동빌라의 주민이다.
- A의 아들은 미국에 산다.

---

① A의 아들은 C와 친척이다.

② D는 A와 친척 간이다.

③ B는 대동빌라의 주민이다.

④ A와 D는 둘 다 남자이다.

⑤ B의 자식은 남자이다.

---

advice ③ B가 대동빌라에 사는지 아닌지의 여부는 알 수 없다.
　　　① C는 A의 오빠이므로 A의 아들과는 친척 관계이다.
　　　② D는 대동빌라의 주민이므로 A와 친척 관계이다.
　　　④ C는 A의 오빠라 했으므로 A는 여자이다.
　　　⑤ B는 자식이 없다고 했으므로 거짓된 내용이다.

04 지각영역

1 다음 제시된 문자를 서로 비교하여 다른 것은?

① 11101100011101011 — 11101100011101011

② 11101011001101011 — 11101011001101011

③ 10000010000101011 — 10000010000101011

④ 10101101111100100 — 10101101111101000

⑤ 10110010010101011 — 10110010010101011

advice 10101101111100100 — 10101101111101000

2 다음 빈칸에 들어갈 알맞은 모양으로 옳은 것은?

①

②

③

④

⑤

advice 가운데 마름모를 중심으로 하여 그림의 모양이 상하, 좌우, 대각선 방향끼리 대칭을 이루고 있다.

답 15.③ / 1.④ 2.②

[2~4] 다음 도형들의 일정한 규칙을 찾아 ? 표시된 부분에 들어갈 도형을 고르시오.

3

①   ②

③   ④

⑤

✎advice 4번째 그림부터 좌우대칭이 변하는 것을 확인할 수 있다.

4

①   ②

③   ④

⑤

✎advice 1번씩 이동할 때마다 한번은 오른쪽 방향으로, 한번은 아래 방향으로 개수가 하나씩 늘면서 ◇ 도형이 이동하고 있다.

5

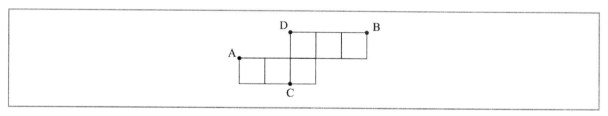

① ② ③ ④ ⑤

advice 사각형의 모서리가 칠해진 곳은 다음 차례에 원형으로 변하는 규칙을 가지고 있다.

6 다음 전개도를 접었을 때 두 점 사이의 거리가 가장 먼 것을 고르시오.

① AB   ② AC

③ BC   ④ BD

⑤ CD

 그림을 보면 AC의 길이가 가장 길다.

[6~7] 다음 (?)표시된 부분에 알맞은 모양의 도형을 고르시오.

7

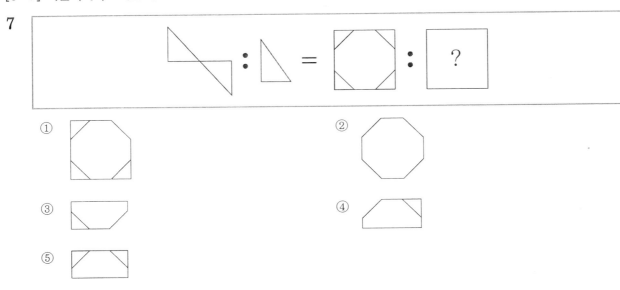

①
②
③
④
⑤

advice 오른쪽 도형은 왼쪽 도형에서 삼각형을 1개 뺀 것이다.

8

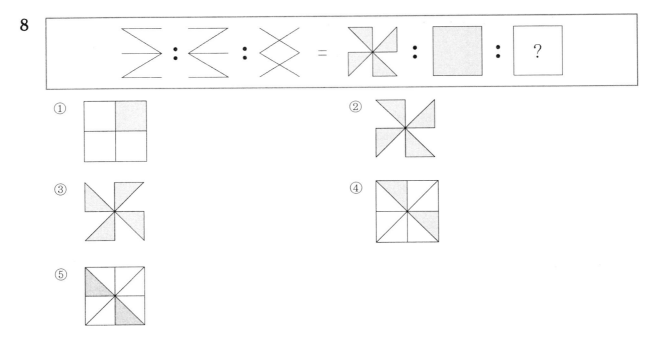

①
②
③
④
⑤

advice 처음 그림과 두 번째 그림을 합쳤을 때 겹치는 부분을 삭제한 것이 세 번째 그림이 된다.

9 상자 안의 도형을 제시된 축을 중심으로 회전시켰을 때 생기는 입체의 모양은?

①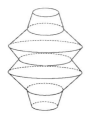

②

③

④

⑤

 회전축을 중심으로 두 도형이 서로 어긋난 모양으로 만나고 있다. 맨 위와 맨 아래는 원기둥의 모양이 만들어지게 되며, 옆면은 뾰족한 부분과 들어간 부분이 생기게 된다. ②번은 위아래에 원기둥의 모양이 생기지 않았기 때문에 오답이다.

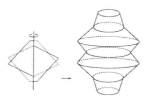

[9~10] 아래 제시된 그림과 같이 쌓기 위해 필요한 블록의 수는?

10

① 25개
② 24개
③ 23개
④ 21개
⑤ 20개

✎advice 바닥면부터 블록 개수를 세어 보면, 15 + 7 + 2 + 1 = 25(개)이다.

11

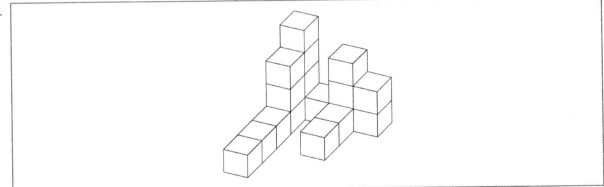

① 18개
② 19개
③ 20개
④ 21개
⑤ 22개

✎advice 바닥면부터 블록 개수를 세어 보면, 10 + 4 + 3 + 1 = 18(개)이다.

[11~12] 아래에 제시된 블록들을 화살표 표시한 방향에서 바라봤을 때의 모양으로 알맞은 것은?

> ※ 주의사항
> • 블록은 모양과 크기는 모두 동일한 정육면체이다.
> • 바라보는 시선의 방향은 블록의 면과 수직을 이루며 원근에 의해 블록이 작게 보이는 효과는 고려하지 않는다.

12

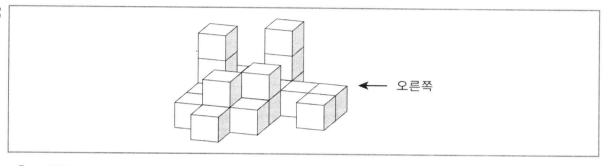

← 오른쪽

①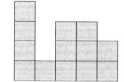

②

③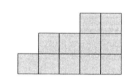

④

⑤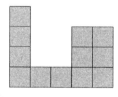

advice 제시된 블록을 화살표 표시한 방향에서 바라보면 ③이 나타난다.

답 10.① 11.① 12.③

13

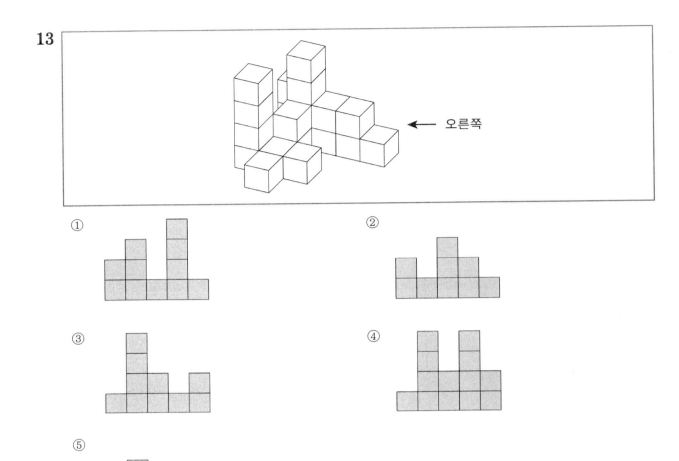

오른쪽

① 　　　　　　　　　　②

③ 　　　　　　　　　　④

⑤

advice 제시된 블록을 화살표 표시한 방향에서 바라보면 ④가 나타난다.

[13~14] 다음과 같이 종이를 접은 후 구멍을 뚫어 펼친 그림으로 옳은 것을 고르시오.

14

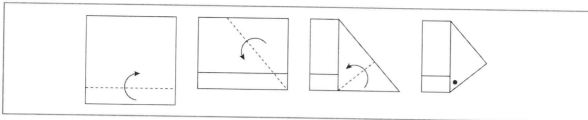

①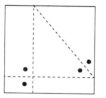

②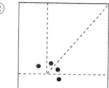

③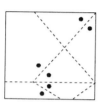

④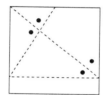

⑤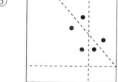

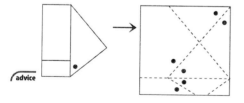

15

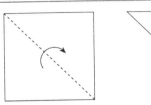 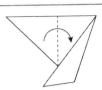

①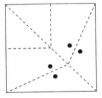

②

③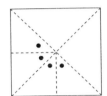

④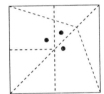

⑤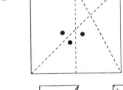

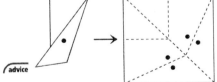

적성검사 OMR 답안지

언어 영역

1	①	②	③	④	⑤
2	①	②	③	④	⑤
3	①	②	③	④	⑤
4	①	②	③	④	⑤
5	①	②	③	④	⑤
6	①	②	③	④	⑤
7	①	②	③	④	⑤
8	①	②	③	④	⑤
9	①	②	③	④	⑤
10	①	②	③	④	⑤
11	①	②	③	④	⑤
12	①	②	③	④	⑤
13	①	②	③	④	⑤
14	①	②	③	④	⑤
15	①	②	③	④	⑤
16	①	②	③	④	⑤
17	①	②	③	④	⑤
18	①	②	③	④	⑤
19	①	②	③	④	⑤
20	①	②	③	④	⑤

수리 영역

1	①	②	③	④	⑤
2	①	②	③	④	⑤
3	①	②	③	④	⑤
4	①	②	③	④	⑤
5	①	②	③	④	⑤
6	①	②	③	④	⑤
7	①	②	③	④	⑤
8	①	②	③	④	⑤
9	①	②	③	④	⑤
10	①	②	③	④	⑤
11	①	②	③	④	⑤
12	①	②	③	④	⑤
13	①	②	③	④	⑤
14	①	②	③	④	⑤
15	①	②	③	④	⑤

추리 영역

1	①	②	③	④	⑤
2	①	②	③	④	⑤
3	①	②	③	④	⑤
4	①	②	③	④	⑤
5	①	②	③	④	⑤
6	①	②	③	④	⑤
7	①	②	③	④	⑤
8	①	②	③	④	⑤
9	①	②	③	④	⑤
10	①	②	③	④	⑤
11	①	②	③	④	⑤
12	①	②	③	④	⑤
13	①	②	③	④	⑤
14	①	②	③	④	⑤
15	①	②	③	④	⑤

지각 영역

1	①	②	③	④	⑤
2	①	②	③	④	⑤
3	①	②	③	④	⑤
4	①	②	③	④	⑤
5	①	②	③	④	⑤
6	①	②	③	④	⑤
7	①	②	③	④	⑤
8	①	②	③	④	⑤
9	①	②	③	④	⑤
10	①	②	③	④	⑤
11	①	②	③	④	⑤
12	①	②	③	④	⑤
13	①	②	③	④	⑤
14	①	②	③	④	⑤
15	①	②	③	④	⑤

성 명

[필적 확인란] 아래 예시문을 옮겨 적으시오.
《본인은 ○○○(응시자 성명)임을 확인함》

생년월일 (주민등록번호 앞 6자리)

⓪	⓪	⓪	⓪	⓪	⓪
①	①	①	①	①	①
②	②	②	②	②	②
③	③	③	③	③	③
④	④	④	④	④	④
⑤	⑤	⑤	⑤	⑤	⑤
⑥	⑥	⑥	⑥	⑥	⑥
⑦	⑦	⑦	⑦	⑦	⑦
⑧	⑧	⑧	⑧	⑧	⑧
⑨	⑨	⑨	⑨	⑨	⑨

절 취 선

PART

04

심층개별면접

면접 대비 및 복장

면접을 대비하며 복장을 체크하고, 면접 태도에 대해 배워봅니다.

CHAPTER 01

Section 01 | 면접 대비하기

(1) 면접을 준비하면서

① 면접 노트 만들기 : 하루에 한 시간 개별 · 집단 질문과 답변을 만들어 면접에 대비하도록 한다.

② 질문에 대한 답변을 소리 내어 연습하기 : 필수 질문은 외우다시피 연습하고 수정한다. 이때, 적절하지 않은 용어나 줄임말은 삼가고 또렷한 목소리와 적당한 속도로 답변하는 연습을 한다.

③ 소방청이 발표한 소방계획 읽기 : 소방청이 어떤 서비스를 하는지 미리 확인한다.

④ 면접 준비를 위한 실전 연습하기 : 혼자 준비하는 것도 좋지만 면접 실전 연습을 통해 대비한다.

⑤ 1분 안에 답변하기 : 답변이 너무 장황해지면 전달력이 떨어진다. 가장 적당한 시간은 30초에서 40초 정도이며 시간에 유의하여 연습하도록 한다.

(2) 면접에 임하면서

① 대기시간을 활용하기 : 긴장하며 앉아만 있기 보다는 대기시간에는 자신의 복장을 점검하고 준비한 답변을 연습하도록 한다. 이때, 큰 목소리로 떠들거나 웃으며 왔다 갔다 하며 산만한 행동은 하지 않는다.

② 공손하고 바른 자세 취하기 : 면접관이 호명하면 또렷한 목소리로 대답하고 노크 후 들어간다. 입실 시 지시에 따라 바른 자세로 착석하고 면접을 보는 내내 바른 자세를 유지하도록 한다.

③ 큰 목소리로 답변하기 : 면접은 면접관과 응시자의 대화로 이루어지므로 목소리가 미치는 영향이 매우 크다. 그러므로 면접 시 큰 목소리와 정확한 발음, 속도까지 고려하여 답변하도록 한다.

④ 가급적 모든 질문에 답변하기 : 어려운 질문에 당황하더라도 "잠시만 생각할 시간을 주시겠습니까?" 하고 자신의 생각을 나의 원칙과 기준으로 답변한다. 모르는 질문에 대해서는 "잘 모르겠습니다. 이번 기회를 통해 배우고 잊지 않겠습니다."라고 답변한다.

(3) 면접을 마치면서

① 끝까지 공손한 태도를 유지한다 : 모든 일은 마무리가 중요하다. 면접이 끝났음을 알리면 정중하게 인사를 하도록 한다.

② 퇴실까지 평가는 계속 된다 : 끝나도 끝난 것이 아니다. 퇴장하는 순간에도 평가받고 있다는 사실을 잊지 말고, 문을 열고 닫을 때에도 조심히 행동하도록 한다.

Section 02 | 면접 복장

지나치게 화려한 스타일은 삼가며, 깔끔하고 단정한 옷차림이 좋다. 웃음 띤 얼굴과 공손한 태도까지 더해진다면 좋은 첫인상을 남길 수 있을 것이다. 의상이 면접에 영향을 주지 않는다. 평상복, 노타이의 간편한 복장을 권장하고 있다. 격식을 차린 획일적인 옷차림보다는 역량 발휘에 지장을 주지 않는 옷을 입는다.

(1) 남성

① 복장

ㄱ **정장** : 무채색 계열의 단색이 적당하며, 상의와 하의에 구김이 있는지 확인하도록 한다.

ㄴ **셔츠** : 흰색이 가장 무난하며, 자신의 피부색에 맞추어 선택하는 것이 좋다.

ㄷ **넥타이** : 자신의 체형을 고려한 색과 무늬를 선택하도록 한다. 이때 넥타이 길이는 서 있을 때 벨트를 살짝 덮는 정도가 좋다.

ㄹ **구두 및 양말** : 구두는 정장보다 짙은 색을 신으며 갈색과 검은색이 적당하다. 먼지가 묻어있지 않은지 굽이 너무 닳아있지 않은지 살피도록 한다. 양말은 되도록 검정색이나 정장과 같은 색이나 구두와 정장의 중간색이 적절하다. 흰색 양말과 목이 짧은 양말은 삼가도록 한다.

ㅁ **액세서리** : 시계만 착용하는 것이 가장 무난하며, 넥타이핀은 하지 않는 것이 좋다.

② **헤어스타일** : 청결함을 강조하기 위해서 짧은 머리가 좋으며, 젤이나 헤어스프레이 등을 이용하여 단정한 모습을 보이도록 한다. 염색은 되도록 하지 않는 편이 좋으며 염색모나 탈색모일 경우 어두운 색으로 덮도록 한다.

(2) 여성

① 복장

ㄱ **정장** : 단정한 느낌을 주는 투피스 정장이 좋으며, 화려한 무늬는 피한다.

ㄴ **구두 및 스타킹** : 핸드백, 구두, 스타킹은 전체적으로 같은 계열로 준비하는 것이 좋으며 구두는 5㎝ 높이가 적당하며 이때 샌들이나 뒤가 트인 구두는 피하도록 한다. 스타킹은 화려한 색이나 무늬가 있는 것은 삼가고, 혹시 모를 상황에 대비하여 여분의 스타킹을 준비하는 것도 좋다.

ㄷ **액세서리** : 화려하지 않은 작은 귀걸이가 좋다.

ㄹ **화장** : 진한 화장보다 자연스럽고 밝은 이미지의 화장이 좋다.

② **헤어스타일** : 짧은 머리는 귀 뒤로 넘기고 긴 머리는 묶는 것이 단정하고 깔끔한 인상을 준다. 앞머리가 있는 경우에는 흘러내리지 않도록 고정시키도록 한다. 강한 웨이브나 밝은 계열의 염색은 삼가도록 한다.

소방공무원 면접

면접의 평가방법 및 평정요소와 함께 면접에 대한 정보를 확인할 수 있습니다.

Section 01 | 면접시험 평가방법 및 평정요소

단계	평가요소(20점)	평가점수	S	A	B	C	D
발표면접 (10분)	문제해결능력	10점	10	8	6	4	2
	의사소통능력	10점	10	8	6	4	2
인성면접 (15분)	소방공무원으로서의 공직관	10점	10	8	6	4	2
	협업능력	10점	10	8	6	4	2
	침착성 및 책임감	10점	10	8	6	4	2

(1) 발표면접

① 상황면접에 기반을 둔 능력을 검증하는 것이 목표이다.

② 면접시험장 입장 전 응시자에게 발표주제를 부여한다. 응시자는 10분 동안 발표주제를 검토하고 작성한다. 소방직무와 관련된 문제지 및 메모지를 발표검토장에서 응시생에게 배부한다.

③ 응시자는 면접시험장에 입장하여 발표주제를 3분간 발표한다. 그리고 7분간 면접위원과 질의·응답한다.

(2) 인성면접

① 경험면접에 기반을 둔 인성 검정을 목표로 한다.

② 인성면접 보조 자료로 사전조사서를 작성한다. 작성한 사전조사서는 인성면접 보조 자료로 면접위원에게 전달된다.

③ 응시자의 인·적성 검사 결과 등의 자료와 질문을 통하여 다각적으로 평가를 한다.

④ 공직관, 협업능력, 침착성, 책임감에 대한 것을 평가한다.

⑤ 책임감과 관련된 공통질문을 제시한다. 질문에 따라 면접위원이 꼬리질문을 진행한다.

〈앞면 견본〉

• 본 사전조사서는 면접시험 참고자료로 활용되며 목적 이외 사용하지 않음 • 출신 지역 및 학교, 가족관계, 종교, 이전 직장면 작성 금지 • 작성시간 30분, 유색볼펜(검정 또는 파랑)으로 작성, 수정 시 이중실선 후 이어서 작성		응시번호	
		성명	
		감독관 확인	
과제1			

답안 :

〈뒷면 견본〉

과제2	

답안 :

① 인성면접 보조 자료로 활용된다. 과제는 앞면 1개, 뒷면 1개로 총 2개의 질문이 제공된다. 본인의 생각 및 경험을 자필로 A4 조사지에 작성한다.

② 사전조사서의 작성시간은 30분이다. 자필·유색볼펜(검정 또는 파랑)으로 작성한다.

③ 수정이 필요한 경우 틀린 문구에 이중실선으로 삭제 처리 후 이어서 작성한다.

④ 수정테이프는 사용이 불가하다.

⑤ 사전조사서 작성 시 면접위원이 원활한 내용파악을 할 수 있도록 정자로 기재한다.

⑥ 선입견을 줄 수 있는 출신지역, 학교, 가족관계, 종교, 이전 직장명 등의 정보는 작성하면 불이익을 받을 수 있다.

⑦ 사전조사서는 종합적성검사와 함께 시행한다. 면접 시행 전에 진행하기 때문에 작성한 답변은 면접 준비를 위해서 복기하여 기억하고 있어야 한다.

Section 03 | 면접시험 평정표 견본

응시번호				[사진]	
본인필적기재	(예시) ○○○(본인성명) 확인함		식별코드		
	○○○ 확인함		성증		

면접실		위원번호	면접일자	평정요소	위원평정				
					10점	8점	6점	4점	2점
⓪ ① ② ③ ④ ⑤ ⑥ ⑦ ⑧ ⑨	⓪ ① ② ③ ④ ⑤ ⑥ ⑦ ⑧ ⑨	① ② ③ ④ ⑤	20 . . . 위원 서명 성명 (서명)	문제해결능력	⑩	⑧	⑥	④	②
				의사소통능력	⑩	⑧	⑥	④	②
				소방공무원으로서의 공직관	⑩	⑧	⑥	④	②
				협업 능력	⑩	⑧	⑥	④	②
				침착성 및 책임감	⑩	⑧	⑥	④	②

Section 04 | 면접시험 준비물

① 신분증 : 주민등록증, 주민등록 발급신청 확인서, 운전면허증, 기간만료 전 여권(주민등록번호가 없는 여권은 여권 정보 증명서와 함께 제시), 모바일 신분증이 있다. 신분증을 미지참한 경우 면접시험 응시가 불가하다.

② 응시표 : 응시번호 확인을 위한 것으로 119고시 누리집에서 출력이 가능하다.

③ 필기구 : 발표면접 및 평정표 작성을 위한 검정색 볼펜

Section 05 | 면접시험 운영절차

① 면접준비 : 응시자 교육을 하고 10분간 발표준비를 한다.

② 면집실시

    ㉠ 발표면접 : 3분간 발표하고 7분간 질의·응답을 한다.

    ㉡ 인성면접 : 15분간 인성면접을 질의·응답한다.

③ 시험종료 : 시험감독관 통제에 따라 시험장에서 순차적으로 퇴장한다. 이후 전자 설문조사를 하고 귀가한다.

Section 06 | 면접시험 응시자 준수사항

① 종합적성검사(인성검사·적성검사)를 응시하지 않은 경우 면접시험에 응시할 수 없다.

② 응시자는 지정된 시험 일자와 시간에 한하여 면접시험에 응시할 수 있다. 오전·오후별 등록시간을 반드시 확인한다.

구분	시험장 입장시간	출입문 폐쇄 시간	응시자 교육시작
오전 조	08:00~09:00(60분)	09:00:01	09:00 ~
오후 조	12:00~13:00(60분)	13:00:01	13:00 ~

㉠ 면접 일자와 면접 시간은 변경이 불가하다.

③ 면접시험 중에 허가 없이 자리를 떠나는 등의 사유로 시험에 응시하지 못한 경우 추가 시험을 시행하지 않는다.

④ 신분증을 소지 하지 않은 경우 면접시험을 응시할 수 없다. 응시자는 응시표와 신분증을 지참하고 지정된 좌석에 착석한다.

⑤ 시험장에는 응시자 이외의 사람은 출입할 수 없고 시험시간 중 외부인과의 접촉은 금지되며, 시험 종료 후 대기 중인 응시자와도 접촉할 수 없다. 음용수나 간식류 등은 개별로 지참한다.

⑥ 휴대전화 등 전자기기는 일체 사용이 금지된다. 교육시간에 수거한 후 면접 끝날 때까지 소지할 수 없다. 시험이 종료된 후에 반환된다.

⑦ 시험 중 본인의 소지품은 본인이 관리하여야 한다. 시험실시기관에서는 소지품 분실 등에 대한 책임을 지지 않는다.

03 후기로 보는 면접 TIP

면접 후기를 보고 소소하지만 확실한 팁을 알아봅니다.

Section 01 | 빈출 질문 TOP 10

① 왜 소방공무원이 되려고 하는가?

② 소방관의 자질 · 덕목 · 역량 · 비전에 대해 말해보십시오.

③ 소방공무원이 되어 현장출동을 갔는데, 소방 업무가 아니라면 어떻게 할 것입니까?

④ 소방공무원 조직의 문제점은 무엇이고, 앞으로 발전방향을 제시해보십시오.

⑤ 상사가 부당한 지시를 내리면 어떻게 할 것입니까?

⑥ 집단생활에서 가장 중요한 것이 무엇인지 말해보십시오.

⑦ 외상 후 스트레스 장애를 경험해 본 적이 있는가?

⑧ 공직자의 삶에 대해 자신의 생각을 말해보십시오.

⑨ 소방공무원으로서 특별히 요구되는 윤리는 무엇이라고 생각합니까?

⑩ 봉사활동 등 최근에 했던 의로운 일이나 희생하나 경험에 대해 말해보십시오.

Section 02 | 블라인드 면접

철저하게 아무것도 모르는 상황에서 시작한다. 응시번호, 종합적성검사 결과가 면접관에게 제공된다. 출신 학교나 경력에 관한 정보는 아예 모른다. 사전조사서 작성 중에도 친인척 중 유명인사가 있다거나, 출신학교, 가족관 등의 발언을 하실 경우 불이익이 있을 수 있다는 안내 문구가 있다. 블라인드 면접에 맞도록 선입관을 가질 수 있는 정보는 배제하고 작성하여야 한다.

① 자기소개에는 어떤 경험으로 소방공무원에 지원하게 했는지, 나의 특기는 무엇인지 등의 내용이 들어가면 좋다.

② 경험이나 예시가 없는 자기소개는 기억에 남지 않는다.

③ 공직관, 윤리관, 봉사정신을 중요하게 보는 것 같다. 그와 관련된 나의 생각을 확인할 수 있는 질문을 물어본다.

④ 소방공무원을 하고 싶은 이유, 내가 되고자 하는 목적을 자세히 정해두는 것이 쓸 수 있는 내용이 다양해지기 때문에 도움이 되었던 것 같다.

Section 03 | 발표면접

면접 대기실에는 책상과 의자, 필기도구도 다 준비되어 있다. 발표주제를 전달하면 그 주제를 확인하고 바르게 내용을 작성한다. 대기실에서 10분 동안 읽고 정리하고 난 후, 면접실로 들어간다. 깊이 있는 주제를 물어본다. 시사에 대한 관심이 필요하고 그에 따른 나의 입장을 명확히 정리하는 것이 필요하다.

① 내가 쓰기 편한 용어를 사용하는 것이 좋다. 많이 아는 것처럼 보이기 위해 어려운 용어를 남발하는 것은 좋은 이미지를 심어주지 못한다.

② 시사상식, 소방청에서 소방계획, 소방청 시행정책, 소방 관련 이슈 등을 정리하고 그 주제에 관한 나의 생각을 정리하는 것이 도움이 된다.

Section 04 | 종합적성검사 관련 질문

면접에서 종합적성검사 결과를 토대로 질문을 한다. '정리정돈을 잘 못 한다고 나왔는데 이것 때문에 조직에 피해를 준 적이 있나요?' 라고 물어보면 '아니요, 절대 피해준 적 없습니다'라고 하면 결코 좋은 답이 아니다. 먼저 인정하고 그에 대해 설명 하면 된다. '네, 제가 정리정돈을 잘 못 하는 것 같습니다. 제 눈에는 괜찮은데 아닌 경우가 많았습니다. 그 때문에 아르바이트를 하던 시절에 사장님께 혼났던 기억이 있습니다. 그 이후에 저의 고칠 점을 인식하고, 정리하는 습관으로 고쳤습니다.'라고 답변했다.

① 사전에 예상 질문과 답변을 준비해서 답변하는 것이 좋다.

② 부정적인 질문에 무조건 부정하지 말고 일부 인정하고 그 부분에 대한 변화의 대한 노력을 보여준다.

③ 질문 성격에 따라 약간은 고민하는 모습을 보이는 것도 좋다.

Section 05 | 상황 관련 질문

상황질문은 당혹스러운 상황이 주어진다면 어떻게 대응할 것인지 물어보는 질문이다. '정의'에 관한 딜레마나 '갈등해결'에 관한 상황을 물어보신다. '만약 직장의 친한 동료가 금품수수를 했다면 동료로서 본인은 어떤 느낌일 것 같은가?'에 대한 질문이었다. 이는 나의 윤리관과 공직관을 확인하기 위한 질문이다. 상황질문에서는 본인의 감정을 솔직히 먼저 말한 다음, 공무원 윤리에 맞게 답하면 좋다.

① '화재 현장에서 눈앞에 요구조자가 있고, 좀 떨어진 곳에 가족도 쓰러져 있다. 주변엔 다른 동료들이 보이지는 않는다. 어떻게 할 것인가?'라는 정의의 딜레마 질문에는 일관성 있게 대답하는 것이 좋다.

② '동료와 갈등상황이 생긴 경우 어떻게 해결할 것인가?'와 같은 문제는 조율하기 위한 노력을 하겠다는 의지와 함께 그와 관련된 사례를 덧붙여 설명하는 것이 좋다.

05

발표면접

01 발표면접 특징

CHAPTER

발표면접의 정의와 특징과 함께 직접 답변을 써볼 수 있습니다.

Section 01 | 정의

(1) 개념

발표면접은 면접 시행 전에 작성했던 발표주제를 확인하여 직접 작성한 뒤에 발표하는 방식으로 진행된다. 시사, 소방 관련 이슈, 소방과 관련된 지식 등 포괄적으로 질문이 나오기 때문에 시사상식을 학습하는 것이 매우 중요하다.

(2) 특징

① 제시한 발표주제에 대하여 발표준비실에서 10분간 직접 작성·검토한다.

② 소방직무와 관련된 문제지 및 메모지를 발표검토장에서 응시생이 확인하고 그 자리에서 답변을 쓰는 것이다. 주제에 대한 검토의견을 면접위원에게 3분간 발표하고 질의·응답을 받는다.

③ 소방 직무에 대한 이해, 공직자로서의 관점, 상황대처능력을 모두 확인하고자 한다.

Section 02 | 답변요령

① **문제해결능력** : 제시된 발표주제를 올바르게 답변을 하는가를 주요하게 본다. 발표주제에 어울리는 사례를 선정하였는지, 그에 맞는 경험이 들어갔는지를 보는 것이므로 시사상식이나 소방과 관련된 정책, 소방직무 관련 제시 질문 등을 자세히 알고 문제를 해결하는가를 확인한다.

② **의사소통능력** : 질문을 제대로 이해하고 그에 맞는 답변을 하는가를 주요하게 확인한다. 이해가 잘 가지 않는 경우는 다시 물어보면서 정확하게 의사소통을 할 수 있도록 면접관 질문에도 경청을 하면서 대화를 나누듯이 답변을 한다.

소방공무원에게 청렴이 왜 중요한가?

답변 :

현행 화재 예방 제도의 문제점과 개선 방안에 대해 말해보시오.

답변 :

고층 건물 화재 시 대응의 어려움과 해결책은 무엇이라 생각하는가?

답변 :

출동 중 교통 정체나 양보 부족 상황이 발생했을 때, 개선을 위한 정책은?

답변 :

업무 스트레스와 PTSD에 시달리는 소방공무원을 위한 조직적 지원책은?

답변 :

국민이 체감하는 소방서비스의 질을 높이기 위해 어떤 노력이 필요하다고 보는가?

답변 :

고령화 시대에 대비하여 소방 서비스는 어떻게 변화해야 한다고 보는가?

답변 :

발표면접 답변

면접 질문과 함께 답변을 직접 작성할 수 있습니다.

ection 01 | 발표면접 답변 TIP

① 현장 대처능력, 공직관, 논리력, 소방 이슈에 대한 이해도를 평가한다.
② 소방 직무에 대한 명확한 이해를 하고 답변을 하는 것이 좋다.
③ 시사성이 높은 문제와 소방 실무와 연결된 문제가 나오기 때문에 시사상식에 대한 정보를 많이 알고 있는 것이 중요하다.

Section 02 | 주제별 질문

01 소방 직무 관련

소방공무원이 되어 현장출동을 갔는데, 소방 업무가 아니라면 어떻게 할 것입니까?

① 먼저 현장에 도착하면 상황을 확인합니다. 시민들의 안전 확보가 우선인 경우 적극적으로 대처합니다. 하지만 단순 민원인 경우, 소방관은 화재진압에 언제든 대비태세를 갖춰야 하므로 구청 등 유관기관에 통보하여 처리하도록 해야 한다고 생각합니다.
② 긴급한 상황일 경우 출동인원과 장비 등을 고려하여 최대한의 조치를 취합니다. 급박한 상황이 아니거나 전문적인 기술을 요하는 일은 주변의 안전을 확보하고 관련 유관기관에 지원요청합니다.

소방공무원 응시연령 제한에 대하여 어떻게 생각하는가?

선발 분야에 따라서 연령을 조정한다면 좋을 것 같습니다. 현장 활동에는 체력소모가 크기 때문에 나이제한이 있어야겠지만, 소방에 필요한 다른 분야에는 연령이 높은 사람들의 경험과 지식이 풍부할 수 있기 때문입니다.

흔히들 소방구조대원을 3D업종이라고 하는데 이에 대해 어떻게 생각합니까?

현장에 가보지는 않았지만 각종 매체로 보았을 때 3D업종까지는 아니어도 충분히 위험한 상황이라는 생각이 들었습니다. 안타까운 현실이지만 어려움에 처한 사람을 돕고 그들의 고통을 덜어줄 수 있다면 각오해야 하는 일이라고 생각합니다. 이런 한 사람 한 사람의 마음가짐과 조금씩 개선되고 있는 업무 환경으로 사람들의 인식이 바뀔 수 있을 것이라고 생각합니다.

소방공무원 벌점제에 대하여 어떻게 생각하는가?

사기를 떨어트리는 방향의 벌점제는 좋지 않지만 필요하다고 생각합니다. 다만 벌점제를 도입할 경우 실제 근무 중인 대원들과 정책을 만드는 사람들 간에 충분한 소통이 필요하다고 생각합니다. 이러한 제도가 잘 마련되어 업무에 도움이 된다면 다수가 찬성할 것이며 충분히 좋은 제도가 될 수 있을 것입니다.

소방차의 색은 왜 붉은색이라고 생각합니까?

붉은색은 다른 색을 압도하고 가장 눈에 띄는 색으로 주로 위험을 나타낼 때 사용합니다. 신호등의 정지신호나 위험을 나타내는 글자가 붉은색인 까닭처럼 불에 대한 경각심을 불러일으킬 수 있습니다. 또한 다른 운전자들이 소방차를 멀리서 보고 빠르게 양보해줄 수 있기 때문이라고 생각합니다.

소방공무원 조직의 문제점은 무엇이고, 앞으로 발전방향을 제시해보십시오.

① 근무인원의 부족입니다. 내근 인원이 부족하기 때문에 업무가 가중되는 상황이 발생합니다. 따라서 소방행정직공무원 채용시험을 도입하여 내근 업무를 보조할 수 있도록 해야 합니다.
② 전문성의 부족입니다. 같은 조직에서 외근(구급·구조·화재)과 내근(행정)으로 분리하기 때문에 네 분야의 업무를 교대로 하면 전문성이 떨어질 수 있다고 생각합니다. 따라서 최초 임용 시 분야를 나누어 선발한다면 전문성이 더 확대될 것입니다.

소방업무에서 방재업무를 분리시키는 것이 바람직한가?

방재도 소방의 중요한 일부이기 때문에 분리하기보다는 소방조직 내에서 관리해야 한다고 생각합니다. 현장에서 진압활동도 중요하지만 이외의 예방·훈련·대응 등 사전대비가 되어 있지지 않다면 소방력이 잘 작용하기 힘들기 때문입니다.

119 안심콜 서비스의 특징에 대해서 설명하고 서비스 발전을 위한 방안에 대해서 말해보시오.

질병자, 장애인, 독거노인, 나홀로 어린이, 외국인 등 요구호자에 대한 정보를 사전에 인터넷을 통해 DB화하여 119신고 시, 119출동대가 요구호자의 질병특성 및 상황특성을 미리 알고 출동하는 것입니다. 맞춤형으로 대응하고 관계자에게 통보하는 것으로 이동전화 이용시에도 위치파악이 가능하여 요구호자가 필요시 119출동대가 신속 출동함으로써 소생률을 높일 수 있는 서비스입니다. 아직 시민 인지도가 낮고 등록률이 저조하다는 한계가 있습니다. 또한, 정보가 최신으로 유지되지 않으면 오히려 오판의 가능성도 있기 때문에 저는 병원·보건소·지자체 행정망과의 연계를 통해 자동 갱신되도록 시스템을 개선해야 한다고 생각합니다.

재외국민 119 응급의료상담 서비스를 홍보하기 위한 방안을 설명해보시오.

재외국민 119 응급의료상담 서비스는 해외 체류 중인 국민이 응급상황에서 의사소통이 어렵거나 불안할 때, 한국의 119 구급상담센터를 통해 24시간 의학적 조언과 병원 안내 등을 받을 수 있는 제도입니다. 하지만 이 제도는 인지도가 매우 낮고, 해외에 있는 국민이나 유학생, 교민들조차 존재 자체를 잘 모르는 경우가 많습니다. 여권 발급 시·출입국 시 안내물 및 문자 홍보를 연계해야 합니다. 특히 여권과 비자 발급 절차 중 QR코드 연동 리플릿이나, 공항 출입국장에서의 디지털 안내 스크린을 활용하면 효과적일 것이라 생각합니다.

소화기를 다루어 본 적이 있습니까?

학교에서 수업시간에 모의 화재예방 훈련을 한 적이 있습니다. 그때 소화기를 다루어본 적이 있었는데, 모의 훈련이라 별로 걱정은 하지 않았지만 정작 불 앞에 서니 떨렸습니다. 그간 배운 소화기 사용법을 떠올리며 겨우 소화한 후 불의 위험성과 위압감을 느끼게 되어 초기 진화의 중요성에 대하여 다시 한 번 생각해 보게 되었습니다.

구급, 구조에 대해서 설명해보시오.

「119구조·구급에 관한 법률」 제2조에 따라 구급은 응급환자에 대하여 행하는 상담, 응급처치 및 이송 등의 활동을 말하며, 구조는 화재,재난·재해 및 테러, 그 밖의 위급한 상황의 생명, 신체 및 재산을 보호하기 위해 수행하는 모든 활동을 말합니다. 구조 활동의 우선순위는 '구명 → 신체구출 → 고통경감 → 재산보호'입니다.

구조 활동의 초기대응 절차(LAST)에 대하여 말해보시오.

① **상황파악(Locate)** : 사고가 발생하면 먼저 사고 장소와 현장의 정보를 신속히 파악한다.
　　㉠ 사고 원인은 무엇이고 어떻게 진행되고 있는가?
　　㉡ 상황에 대응하는 방법과 인력·장비는 무엇인가?
　　㉢ 우리가 적절한 대응능력을 갖고 있는가?

② **접근(Access)** : 사고현장에서 구조 활동실행 단계로 안전하고 신속하게 요구조자에게 접근하는 단계이다. 사고 장소가 바다나 강이라면 구조대원 자신이 물에 들어가지 않아도 되는 안전한 구조방법을 우선 선택하고 산악사고일 경우 실족이나 추락, 낙석 등의 위험성이 있는지 주의하며 접근한다.

③ **상황의 안정화(Stabilization)** : 사고현장을 장악하여 상황이 더 이상 악화되지 않고 안전이 유지될 수 있도록 조치하는 단계이다. 요구조자를 위험상황에서 구출하고 부상이 있으면 적절한 응급처치를 한다. 이후 주변의 위험요인을 제거하여 더 이상 사고가 확대되지 않도록 조치한다.

④ **후송(Transport)** : 사고현장의 구조 활동 중 마지막인 후송단계이다. 적절한 이동수단을 활용하여 요구조자를 의료기관에 후송하는 것으로 초기대응이 마무리된다.

구조요청을 거절할 수 있는 경우는 언제인가?

구조대원은 요구조자의 상태와 현장상황을 종합적으로 검토하여 구조 활동을 수행해야 합니다. 하지만 긴급한 상황이 아닌 것으로 판단될 경우 구조구급에 관한 법률에 의하여 구조출동 요청을 거절할 수 있습니다.

TIP 구조 · 구급 요청의 거절〈119구조 · 구급에 관한 법률 시행령 제20조〉
① 구조대원은 다음 어느 하나에 해당하는 경우에는 구조출동 요청을 거절할 수 있다. 다만, 다른 수단으로 조치하는 것이 불가능한 경우에는 그러하지 아니하다.
• 단순 문 개방의 요청을 받은 경우
• 시설물에 대한 단순 안전조치 및 장애물 단순 제거의 요청을 받은 경우
• 동물의 단순 처리 · 포획 · 구조 요청을 받은 경우
• 그 밖에 주민생활 불편해소 차원의 단순 민원 등 구조활동의 필요성이 없다고 인정되는 경우
② 구급대원은 구급대상자가 다음 어느 하나에 해당하는 비응급환자인 경우에는 구급출동 요청을 거절할 수 있다. 이 경우 구급대원은 구급대상자의 병력 · 증상 및 주변 상황을 종합적으로 평가하여 구급대상자의 응급 여부를 판단하여야 한다.
• 단순 치통환자
• 단순 감기환자. 다만, 섭씨 38도 이상의 고열 또는 호흡곤란이 있는 경우는 제외한다.
• 혈압 등 생체징후가 안정된 타박상 환자
• 술에 취한 사람. 다만, 강한 자극에도 의식이 회복되지 아니하거나 외상이 있는 경우는 제외한다.
• 만성질환자로서 검진 또는 입원 목적의 이송 요청자
• 단순 열상 또는 찰과상으로 지속적인 출혈이 없는 외상환자
• 병원 간 이송 또는 자택으로의 이송 요청자. 다만, 의사가 동승한 응급환자의 병원 간 이송은 제외한다.
③ 구조 · 구급대원은 요구조자 또는 응급환자가 구조 · 구급대원에게 폭력을 행사하는 등 구조 · 구급활동을 방해하는 경우에는 구조 · 구급활동을 거절할 수 있다.
④ 구조 · 구급대원은 ① ~ ③까지의 규정에 따라 구조 또는 구급 요청을 거절한 경우 구조 또는 구급을 요청한 사람이나 목격자에게 그 내용을 알리고, 행정안전부령으로 정하는 바에 따라 그 내용을 기록 · 관리하여야 한다.

응급환자에 대한 정의를 해보시오.

질병, 분만, 각종 사고 및 재해로 인한 부상이나 그 밖의 위급한 상태로 인하여 즉시 필요한 응급처치를 받지 아니하면 생명을 보존할 수 없거나 심신에 중대한 위해가 발생할 가능성이 있는 환자 또는 이에 준하는 사람으로서 보건복지부령으로 정하는 사람을 말합니다.

TIP 일반적인 구조 활동 8대 원칙 및 순서
① 빠르고 정확하게 사고 및 재해의 상황을 평가한다.
② 구조 활동 시 구조대원 및 요구조자의 안전을 확보하여야 한다.
③ 재해 및 사고현장에서의 안전을 확보한다.
④ 요구조자에게 접근한다.
⑤ 본격적인 구조 활동에 앞서 응급처치를 실시한다.
⑥ 요구조자를 구조한다.
⑦ 이송준비를 한다.
⑧ 응급의료기관으로 요구조자를 이송한다.

응급처치의 기본원칙에 대하여 말해보시오.

① 개인의 안전을 가장 우선시 하고 현장의 안전유무를 반드시 확인합니다.

② 신속하고 침착하게 대응합니다.

③ 당사자 또는 보호자의 동의를 얻어 실시합니다(단, 의식불명 · 쇼크 · 뇌손상 · 보호자가 없을 경우 묵시적 동의 인정).

④ 긴급환자(심정지환자 등)부터 우선 조치합니다.

⑤ 원칙적으로 의약품의 사용은 피합니다.

⑥ 어떠한 경우라도 환자의 생사판정은 금지합니다.

⑦ 의료기관에 연락합니다.

환자분류를 하는 이유를 말해보시오.

대량 환자 발생 시 급박한 구급현장에서 환자들이 보다 나은 처치를 받을 수 있기 위함입니다. 따라서 신속한 평가를 통해 응급처치와 이송순위를 중증도 정도에 따라 결정합니다.

TIP 환자분류

환자분류	상황	색상	내용
긴급환자	긴급상황 (토끼 심볼)	적색	• 생명을 위협할 만한 심정지, 쇼크, 기도폐쇄, 대량의 출혈, 저산소증이 나타나거나 임박한 경우 • 즉각적인 처치를 행하면 환자는 안정화될 가능성과 소생 가능성이 있을 때
응급환자	응급상황 (거북이 심볼)	황색	• 손상이 전신적인 증상이나 효과를 유발하지만, 아직까지 쇼크 또는 저산소증 상태가 아닌 경우 • 전신적 반응이 발생하더라도 적절하나 조치를 행할 경우 즉각적인 위험 없이 45 ~ 60분 정도 견딜 수 있는 상태
비응급환자	비응급상황	녹색	• 전신적인 위험 없이 손상이 국한된 경우 • 최소한의 조치로도 수 시간 이상 아무 문제가 없는 상태
지연환자	사망 (십자가 표시)	흑색	• 대량 재난 시에 임상적 및 생물학적 사망이 명확히 구분되지 않는 상태 • 자발 순환이나 호흡이 없는 모든 무반응의 상태

소방훈련의 종류를 말해보시오.

화재진압훈련, 인명구조훈련, 응급처치훈련, 인명대피훈련, 현장지휘훈련이 있습니다.

CPR(Cardio Pulmonary Resuscitation)에 대해 말해보시오.

심폐소생술은 갑작스런 심장마비로 순환기계 활동이 멈췄을 경우 인공호흡으로 혈액을 순환시켜 조직에 산소를 공급하여 뇌 손상 및 사망을 지연시키고자 현장에서 실시하는 기술입니다.

① 환자의 의식상태를 확인합니다.
② 반응이 없는 경우 즉시 주변에 도움과 제세동기를 요청합니다.
③ 10초 이내로 성인은 경동맥, 소아는 경동맥 또는 대퇴동맥, 영아는 상완동맥으로 맥박을 확인합니다. 맥박을 확인하며 동시에 호흡양상도 확인합니다.
④ 맥박이 촉지 되지 않으면 즉시 가슴압박을 시작합니다. 가슴압박은 가슴 중앙, 흉골하부 1/2지점에서 성인 기준 5cm, 분당 100 ~ 120회 유지하며 30회 시행합니다.
⑤ 기도를 유지하고 인공호흡을 2회 시행합니다. 가슴압박과 인공호흡의 비율은 30:2로 시행합니다.
⑥ 제세동기가 도착하면 초기 심전도를 확인하고 제세동이 필요한 리듬일 경우 제세동을 시행합니다.
⑦ 제세동을 하기 전까지 가슴압박과 인공호흡을 반복합니다.
⑧ 2분마다 리듬을 확인합니다.

폭력현장에 출동 시 주의사항에 대해 말해보시오.

폭력으로 인해 환자가 발생한 현장은 안전에 절대적인 주의를 기울여야 합니다. 또한 필요한 경우 경찰에 협조를 요청하며 경찰이 도착하지 않은 상황일 경우 안전거리를 유지합니다. 특히 구급차 이송 중 차량 내 폭력이 발생할 수 있으므로 경찰관과 동승하여 의료기관에 이송합니다.

■TIP■ 폭력현장 출동 시 주의사항
① 현장 안전이 확보되지 않으면 진입해서는 안 된다.
② 폭력 현장이나 가능성이 있는 현장에서는 진입 전 경찰에 도움을 요청한다.
③ 통신수단(무전기 · 휴대폰)은 항상 휴대하고 개방해야 한다.
④ 깨지는 소리, 고함 등 폭력 가능성을 나타내는 소리에 주의를 기울인다.
⑤ 처치 중 현장에 폭력 가능성이 있다면 현장 안전 평가 재실시 후 적절한 행동을 취한다.

외국인 위급 환자 발생 시 대처 요령을 설명해보시오.

의사소통이 어려울 경우, 주변 사람들에게 빠르게 상황을 전달받고 대처방안을 생각합니다. 간단한 의사소통이 가능할 경우, 연락 가능한 한국인 지인에게 연락하여 통역을 부탁합니다. 또한, 더 위험한 상황이 올 수 있으므로 각종 기저질환이나 질병을 확인하기 전에는 섣부른 응급처치는 피합니다.

대형 화재가 일어나는 이유와 대책을 논하시오.

화재는 초기 진압이 이뤄지지 않으면 대형 화재로 이어집니다. 화재 예방에 대한 경각심 부족의 이유도 있습니다. 따라서 화재 예방에 대한 의식 전환, 소방시설을 활용할 수 있는 정기적인 교육, 빠른 대응이 가능하도록 소방차량 진입로 확보 등의 대책이 필요합니다.

드론을 화재현장에서 어떻게 활용할 수 있는가?

힘든 구조작업 시 드론을 투입시켜 화재사항에 대하여 확인합니다. 요구조자가 어디에 있는지 확인할 수 있으며 진행사항을 한눈에 볼 수 있는 장점을 가집니다.

가정에서 실행할 수 있는 화재예방법에 대해서 예를 들어 설명해보시오.

주로 일반 가정에서의 화재는 누전에 의한 경우가 많습니다. 이를 막기 위해서는 전기안전에 좀 더 신경 써야 합니다. 누전이 발생하는 원인 중 하나는 콘센트 하나에 여러 개의 플러그를 꽂아서 사용하는 것입니다. 이 경우 과도한 전력 사용으로 화재가 발생할 수 있습니다. 따라서 콘센트 하나에 플러그 하나를 사용하고 미사용 시 플러그를 뽑아두면 화재예방과 불필요한 전력소모를 막을 수 있습니다.

02 소방 정책 관련

현행 화재 예방 제도의 문제점과 개선 방안에 대해 말해보시오.

현행 화재 예방 제도는 건축물 안전기준이나 점검 의무가 정비되어 있음에도 불구하고, 소규모 건물, 주택, 고령자 거주지 등 사각지대에서의 화재 취약성이 여전히 높습니다. 특히 단독주택의 소화기·감지기 설치 의무가 제대로 이행되지 않거나, 화재 예방 교육이 고령층·취약계층까지 도달하지 못하는 문제가 있습니다. 이를 개선하기 위해선, 지자체와 연계한 정기 점검 체계 확대, 주민 참여형 예방교육 강화, AI·IoT 기반의 화재 감지 시스템 지원 확대가 필요하다고 생각합니다.

시민의 119 오남용을 줄이기 위한 정책 방안은 무엇이 있을까요?

119 오남용은 실제 위급환자 대응을 지연시키고, 출동 자원 낭비로 이어지는 문제입니다. 특히 단순 병원 이송이나 감기, 음주 상태에서의 허위 신고 등 고의적·반복적인 사례도 빈번하게 발생합니다. 이런 문제를 줄이기 위해서는 첫째, 경미한 증상 분류와 안내를 위한 119 상담 분류 시스템 고도화, 둘째, 고의적 허위신고자에 대한 강력한 과태료 부과, 셋째, 시민 대상 응급 판단 교육 확대 및 홍보가 필요하다고 봅니다.

자연재난에 대해 설명하고 자연재난시 시민들에게 빠르게 행동요령을 알려주기 위한 방안에 대해서 설명해보시오.

자연재난은 태풍, 지진, 집중호우, 폭설, 산불 등 자연현상으로 인해 발생하는 재난을 의미하며, 예측이 어려운 경우가 많고 인명과 재산 피해가 매우 클 수 있습니다. 특히 최근 기후위기로 인해 자연재난의 발생 빈도와 강도가 점점 높아지고 있는 만큼, 사전에 빠르고 정확하게 시민에게 행동요령을 전달하는 체계가 매우 중요하다고 생각합니다. 지역 맞춤형 재난 알림 시스템 강화입니다. 기상청, 소방청, 지자체가 연계된 통합 플랫폼에서 GPS 기반으로 각 지역의 상황에 맞는 행동요령과 대피 정보를 문자, 긴급 알림 앱으로 실시간 전송해야 한다고 생각합니다.

소방대원의 PTSD를 줄이기 위한 정책적 지원이 필요하다고 생각하십니까?

네, 반드시 필요하다고 생각합니다. 소방공무원은 화재, 구조, 시신 수습 등 일반인이 감당하기 어려운 충격적 장면을 반복적으로 경험합니다. 이로 인한 외상 후 스트레스(PTSD)는 퇴직, 우울증, 심하면 극단적 선택으로 이어질 수 있습니다. 현행 상담제도나 치유센터가 있지만, 주기적 강제 참여가 아니면 외면되기 쉽고 실효성이 떨어집니다. 따라서 정기 심리검사와 개인 맞춤형 치유 프로그램 확대, 현장 출동 직후의 심리 디브리핑 의무화, 심리 회복을 위한 연가 제도 유연화 같은 실질적 제도 강화가 필요하다고 봅니다.

여성 소방공무원이 증가하고 있는데, 이를 위한 조직문화 개선방안은 무엇이라 생각하십니까?

여성 소방공무원이 늘고 있지만, 여전히 현장에서는 물리적 환경, 장비, 조직문화 측면에서 불편함을 겪고 있다는 지적이 많습니다. 예를 들어 여성 전용 휴게공간 부족, 체력 기준에 대한 인식 차이, 성 역할 고정관념 등이 문제입니다. 이를 개선하기 위해선, 성별을 고려한 시설과 장비 확보, 체력평가의 기준 유지와 동시에 훈련 지원 체계 마련, 성인지 교육과 내부 멘토링 프로그램 확대가 필요하다고 생각합니다. 무엇보다 중요한 건, 여성 소방대원이 특별한 존재가 아니라, 같은 팀의 동료로 자연스럽게 받아들여지는 문화라고 생각합니다.

인력 부족 시에도 효과적인 출동과 대응이 가능하려면 어떤 체계가 필요합니까?

현재 많은 지역에서 출동 건수가 증가하고 있는 반면, 소방 인력은 지역·예산·근무 환경 등의 이유로 충분히 확보되지 못한 상황입니다. 이런 인력 부족 상황에서도 효과적인 대응을 위해서는 과학적 출동 시스템, 조직 내 다기능 인력 운영, 지역사회와의 협력 체계가 필요하다고 생각합니다. 먼저, AI 기반의 출동 최적화 시스템을 통해 인접 센터 간 자원을 효율적으로 배치하고, 우선순위에 따라 출동을 자동 분배하는 구조가 필요합니다. 둘째, 구조·구급 등 특정 분야에만 한정되지 않고, 1인 다역이 가능한 대원 훈련 및 순환 보직 강화를 통해 상황에 따라 유연하게 대응할 수 있는 체계를 만들어야 합니다. 마지막으로, 지역 의용소방대나 민간 협력 조직과의 유기적인 공조를 통해 현장 초기 대응 시간을 줄이는 방안도 중요하다고 생각합니다.

여름 장마철에 사고에 대비할 수 있는 예방대책 또는 홍보활동이 무엇이 있는지 말해보시오.

최근 도시형 생활주택이 많이 늘었지만 이러한 주택에 상주하는 경비나 관리자가 없는 경우가 많습니다. 따라서 여름 장마철 습한 날씨로 화재경보기의 오작동이 반복되다보면 실화가 발생해도 습관적으로 대피에 무관심해지기 쉽기 때문에 평소 대피훈련과 경보기 오작동 시 처리 요령 등의 교육이 필요하다고 생각합니다.

소방차는 중앙선을 넘어 운행해야 하는 경우가 종종 있는데, 이에 대한 생각을 말해보십시오.

① 소방차는 긴급자동차로 중앙선을 넘어서 운행이 가능합니다. 저는 신속한 화재진압을 위해서 중앙선 침범이 필요하다고 생각합니다. 다만, 다른 사고가 나지 않도록 소방차 운전자와 다른 운전자들의 세심한 주의가 필요합니다.

② 불은 짧은 시간에 크게 번지고 많은 인명 및 재산에 피해를 줍니다. 이런 불을 진압하기 위해서는 사고현장에 빠르게 도착하는 것이 가장 중요한 일이라고 생각합니다. 차량이 많을 경우에는 중앙선 넘어서 운행하는 것이 꼭 필요하다고 생각합니다.

구급·구조 활동, 구급차 유료화에 대해 어떻게 생각하는가?

현장에 도착하기 전까지는 응급상황을 쉽게 판단할 수 없기 때문에 지금 당장의 유료화는 반발이 심할 것이며 어려운 부분이 많을 것이라고 생각합니다. 하지만 상습 허위 신고나 장난전화 등 블랙리스트 인원들에게 일부 유료화를 적용하거나 벌금을 낼 수 있도록 저지하여 소방력의 낭비를 막을 필요가 있다고 생각합니다.

03 소방 관련 지식

「소방기본법」 1조에 대해 말해보십시오.

'화재를 예방·경계하거나 진압하고 화재, 재난·재해, 그 밖의 위급한 상황에서의 구조·구급 활동 등을 통하여 국민의 생명·신체 및 재산을 보호함으로써 공공의 안녕 및 질서 유지와 복리증진에 이바지함을 목적으로 한다.'입니다.

소방의 의미는 무엇이라고 생각합니까?

① 소방이란 단순히 화재를 진압하는 데 그치지 않고 화재를 예방하고 진압하여 인명과 재산을 보호하기 위한 활동으로 국민을 위험으로부터 보호하는 것으로 국익에 기여하는 것입니다.

② 재난·재해 등 위급상황 시 국민안전의 책임과 피해의 최소화를 위해 사전위험요소에 대한 예방을 하며 사후 신속하게 대처하는 국가조직입니다.

소방력의 3대 요소를 설명해보시오.

소방기관이 소방업무를 수행하는 데에 필요한 대원(인원), 차량(장비), 소방용수를 말합니다.

엄격한 의미에서 소방력의 확보는 체계화된 조직에 편성되어 교육훈련을 받은 정예 대원, 완전하게 정비되어 있는 장비, 풍부하고 관리가 잘 되어 화재 발생 시 기능이 유기적으로 충분히 발휘될 수 있는 소방용수입니다.

① 소방기관이 소방업무를 수행하는 데에 필요한 인력과 장비 등에 관한 기준은 행정안전부령으로 정한다.
② 시·도지사는 소방력의 기준에 따라 관할구역 소방력을 확충하기 위해 필요한 계획을 수립하고 시행하여야 한다.
③ 소방자동차 등 소방장비의 분류·표준화와 그 관리 등에 필요한 사항은 따로 법률에서 정한다.

소방차의 종류를 말해보시오.

소방펌프차, 소방물탱크차, 소방화학차, 화생방 대응차, 소방사다리차, 무인방수차, 지휘차, 구조차, 구급차, 조명배연차, 화재조사차, 생활안전차, 안전진단차, 소방순찰차, 현장지원차, 행정 및 교육지원차, 이륜차, 중장비입니다.

소방장비에서 화재진압장비를 말해보시오.

화재진압활동에 사용되는 장비로 소화용수 기구, 관창, 사다리, 소방용 펌프, 소방호스, 소방용 보조기구, 이동식 진화기, 소화약제, 소방용 로봇이 있습니다.

소방장비는 무엇이 있는가?

기동장비, 화재진압장비, 구조장비, 구급장비, 정보통신장비, 측정장비, 보호장비, 보조장비가 있습니다.

TIP 소방장비관리법 시행령 제6조(소방장비의 분류)
① 기동장비 : 자체에 동력원이 부착되어 자력으로 이동하거나 견인되어 이동할 수 있는 장비
　　㉠ 소방자동차 : 소방펌프차, 소방물탱크차, 소방화학차, 소방고가차, 무인방수차, 구조차 등
　　㉡ 행정지원차 : 행정 및 교육지원차 등
　　㉢ 소방선박 : 소방정, 구조정, 지휘정 등
　　㉣ 소방항공기 : 고정익항공기, 회전익항공기 등
② 화재진압장비 : 화재진압활동에 사용되는 장비
　　㉠ 소화용수장비 : 소방호스류, 결합금속구, 소방관찬류 등
　　㉡ 간이소화장비 : 소화기, 휴대용 소화장비 등
　　㉢ 소화보조장비 : 소방용 사다리, 소화 보조기구, 소방용 펌프 등
　　㉣ 배연장비 : 이동식 송·배풍기 등
　　㉤ 소화약제 : 분말 소화약제, 액체형 소화약제, 기체형 소화약제 등
　　㉥ 원격장비 : 소방용 원격장비 등
③ 구조장비 : 구조 활동에 사용되는 장비
　　㉠ 일반구조장비 : 개방장비, 조명기구, 총포류 등
　　㉡ 산악구조장비 : 등하강 및 확보장비, 산악용 안전벨트, 고리 등
　　㉢ 수난구조장비 : 급류 구조장비 세트, 잠수장비 등
　　㉣ 화생방 및 대테러 구조장비 : 경계구역 설정라인, 제독·소독장비, 누출물 수거장비 등
　　㉤ 절단 구조장비 : 절단기, 톱, 드릴 등

   ⓗ 중량물 작업장비 : 중량물 유압장비, 휴대용 윈치(winch:밧줄이나 쇠사슬로 무거운 물건을 들어 올리거나 내리는
       장비를 말한다), 다목적 구조 삼각대 등
   ⓢ 탐색 구조장비 : 적외선 야간 투시경, 매몰자 탐지기, 영상송수신장비 세트 등
   ⓞ 파괴장비 : 도끼, 방화문 파괴기, 해머 드릴 등

④ 구급장비 : 구급활동에 사용되는 장비
   ㉠ 환자평가장비 : 신체검진기구 등
   ㉡ 응급처치장비 : 기도확보유지기구, 호흡유지기구, 심장박동회복기구 등
   ㉢ 환자이송장비 : 환자운반기구 등
   ㉣ 구급의약품 : 의약품, 소독제 등
   ㉤ 감염방지장비 : 감염방지기구, 장비소독기구 등
   ㉥ 활동보조장비 : 기록장비, 대원보호장비, 일반보조장비 등
   ㉦ 재난대응장비 : 환자분류표 등
   ㉧ 교육실습장비 : 구급대원 교육실습장비 등

⑤ 정보통신장비 : 소방업무 수행을 위한 의사전달 및 정보교환·분석에 필요한 장비
   ㉠ 기반보호장비 : 항온항습장비, 전원공급장비 등
   ㉡ 정보처리장비 : 네트워크장비, 전산장비, 주변 입출력장치 등
   ㉢ 위성통신장비 : 위성장비류 등
   ㉣ 무선통신장비 : 무선국, 이동 통신단말기 등
   ㉤ 유선통신장비 : 통신제어장비, 전화장비, 영상음향장비, 주변장치 등

⑥ 측정장비 : 소방업무 수행에 수반되는 각종 조사 및 측정에 사용되는 장비
   ㉠ 소방시설 점검장비 : 공통시설 점검장비, 소화기구 점검장비, 소화설비 점검장비 등
   ㉡ 화재조사 및 감식장비 : 발굴용 장비, 기록용 장비, 감식감정장비 등
   ㉢ 공통측정장비 : 전기측정장비, 화학물질 탐지·측정장비, 공기성분 분석기 등
   ㉣ 화생방 등 측정장비 : 방사능 측정장비, 화학생물학 측정장비 등

⑦ 보호장비 : 소방현장에서 소방대원의 신체를 보호하는 장비
   ㉠ 호흡장비 : 공기호흡기, 공기공급기, 마스크류 등
   ㉡ 보호장구 : 방화복, 안전모, 보호장갑, 안전화, 방화두건 등
   ㉢ 안전장구 : 인명구조 경보기, 대원 위치추적장치, 대원 탈출장비 등

⑧ 보조장비 : 소방업무 수행을 위하여 간접 또는 부수적으로 필요한 장비
   ㉠ 기록보존장비 : 촬영 및 녹음장비, 운행기록장비, 디지털이미지 프린터 등
   ㉡ 영상장비 : 영상장비 등
   ㉢ 정비기구 : 일반정비기구, 세탁건조장비 등
   ㉣ 현장지휘소 운영장비 : 지휘텐트, 발전기, 출입통제선 등
   ㉤ 그 밖의 보조장비 : 차량이동기, 안전매트 등

소화기 사용법을 말해보시오.

① 소화기를 불이 난 곳으로 옮깁니다.
② 손잡이 부분의 안전핀을 뽑습니다.
③ 바람은 반드시 등지고 사용합니다.

④ 호스(노즐)을 불쪽으로 향하게 합니다.

⑤ 손잡이를 움켜쥐고 빗자루로 쓸 듯이 방사합니다.

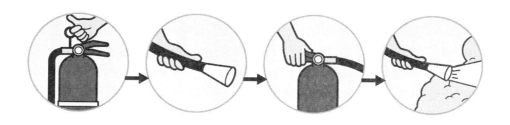

화재유형에 따른 소화기의 종류를 말해보시오.

화재는 4가지 유형이 있습니다. 나무·섬유·종이·고무·플라스틱이 타고 난 후 재가 남는 화재(A급), 휘발유·오일·페인트 등의 휘발성 액체가 타고 나서 재가 남지 않는 화재(B급), 전기가 흐르고 있는 전기기기·배선 관련 화재(C급), 동·식물유를 취급하는 주방에서 조리 시 기름으로 일어나는 화재(K급)입니다.

소화기는 분말소화기, 이상화탄소 소화기, K급 소화기가 있습니다. 분말소화기는 일반화재(A급), 유류화재(B급), 전기화재(C급)에 사용합니다. 이산화탄소 소화기는 유류화재(B급), 전기화재(C급)에 사용합니다. K급 소화기는 주방화재에 사용합니다.

TIP 소화기의 종류

① 분말소화기 : 화학적으로 제조된 소화분말을 소화기 용기 본체에 충전하여 화재발생 시 외부로 소화약제를 방사해 화재를 진압한다.

② 이산화탄소 소화기 : 이산화탄소를 고압으로 압축하여 액상으로 저장한다. 화재 발생 시 레버를 눌러 용기내의 이산화탄소 소화약제를 외부로 방사해 화재를 진압한다.

③ 물 소화기 : 물을 소화약제로 하여 방사한다. 방사원의 형태에 따라 다르다. 가스가압식·수동펌프식·축압식으로 구분한다.

④ 산·알칼리 소화기 : 소화기 본체 내부에 황산 및 탄산수소나트륨($NaHCO_3$)을 분리하여 충전한 것으로 사용 시 소화기를 거꾸로하여 두 물질을 혼합해 방사한다.

⑤ 강화액 소화기 : 탄산칼륨을 물에 용해시켜 비중을 1.3 ~ 1.4로 하고 소화기 내부에 충전하여 축압식·가압식·반응압식 등으로 용기 내의 소화약제를 외부로 방출시킨다.

⑥ 할로겐화물 소화기 : 할로겐화물을 소화기 본체 내부에 충전하여 화재 시 외부로 방사하여 소화한다. 약제는 전기부도체이므로 전기화재에 사용한다.

가압식 소화기와 축압식 소화기의 차이점을 말해보시오.

소화약제를 방출하는 가압가스(가압원) 저장방식에 따라서 가압식과 축압식으로 구분합니다.

ⅡP 가압식 소화기와 축압식 소화기
① 가압식소화기 : 소화약제와 가압가스(이산화탄소 · 질소)를 분리해서 설치한다. 용기 내에 가압용 가스용기를 별도로 설치하므로 가스가 누설되지 않기 때문에 압력게이지가 설치되지 않는다. 최초 방출 후 약제를 정지시킬 수 없는 단점이 있다.
② 축압식소화기 : 용기 내에 소화약제와 가압가스(질소)를 함께 설치한다. 용기 내에 가압용 가스용기를 별도로 설치하지 않기 때문에 가스가 누설될 수 있으므로 압력게이지가 설치된다. 최초 약제를 방출 후 약제를 정지시킬 수 있다. 손잡이를 누를 때만 약제가 방출된다.

전기통신실에 직접 사용할 수 있는 소화기의 종류는 무엇인가?

이산화탄소 소화기입니다. 소화약제에 의한 오손이 적으며 전기전열성도 크기 때문에 전기화재에 사용합니다.

재난의 의미와 유형을 말보시오.

재난은 국민의 생명 · 신체 · 재산과 국가에 피해를 주거나 줄 수 있는 것으로 정의합니다. 자연재난, 사회재난, 해외재난이 있습니다.
① 자연재난 : 태풍, 홍수, 호우, 강풍, 풍랑, 해일, 대설, 낙뢰, 가뭄, 폭염, 지진, 황사, 조류대발생, 조수, 화산활동, 그 밖에 이에 준하는 자연현상으로 인해 발생하는 재해이다.
② 사회재난 : 화재 · 붕괴 · 교통사고(항공사고 및 해상사고 포함) · 화생방사고 · 환경오염사고 등으로 인하여 발생하는 대통령령으로 정하는 규모 이상의 피해와 에너지 · 통신 · 교통 · 금융 · 의료 · 수도 등 국가기반체계의 마비, 「감염병의 예방 및 관리에 관한 법률」에 따른 감염병 또는 「가축전염병예방법」에 따른 가축전염병의 확산, 「미세먼지 저감 및 관리에 관한 특별법」에 따른 미세먼지 등으로 인한 피해이다.
③ 해외재난 : 대한민국의 영역 밖에서 대한민국 국민의 생명 · 신체 및 재산에 피해를 주거나 줄 수 있는 재난으로서 정부차원에서 대처할 필요가 있는 재난이다.

재난관리의 4단계를 말해보시오.

우리나라는 재난 및 안전관리기본법에 따라 재난관리 단계를 예방 · 대비 · 대응 · 복구단계의 4단계로 구분하고 있습니다. 이는 재난의 시간대별 진행과정을 중심으로 단계별로 구분한 것입니다.
① 예방단계 : 사회에서 발생할 수 있는 위험요인에 대해 예방을 어떻게 할 것인가를 결정하고 재난발생 위험요소를 사전에 감소 또는 제거하는 단계이다.
② 대비단계 : 실제 재난발생을 대비하여 구체적인 비상안전대책계획을 수립하고, 인적 · 물적 피해를 최소화하기 위한 비상발령체계 구축과 재난대응 조직의 일사불란한 대응을 위한 훈련활동을 하는 단계이다.

③ 대응단계 : 발생한 피해를 복구하고 원조를 제공할 뿐만 아니라 추가 손실발생 가능성을 감소시킴으로서 복구단계를 운영하는 과정에서 발생할 수 있는 문제를 최소화시키는 단계이다.

④ 복구단계 : 발생한 재난의 피해를 재난 이전의 상태로 회복시키고 제도개선 및 운영체계 보완 등을 통하여 재발방지와 재난관리 능력을 보완하는 사후관리 활동을 포함하는 단계이다.

재난관리 단계에서 대응단계의 주요활동에 대하여 말해보시오.

① 비상방송 및 경보시스템 가동

② 긴급대응계획 가동 및 대응자원 동원

③ 시민들에게 비상대비 방어 긴급지시

④ 긴급 대피 및 은신

⑤ 피해주민 수용 · 구호 및 응급의료 지원활동 전개

⑥ 긴급대피 · 은신 및 탐색 · 구조

TIP 단계별 주요 활동

단계	주요활동
예방 단계	① 재난영향의 예측 및 평가 및 위험지도 마련 ② 재난취약시설에 대한 주기적인 검사와 규제 ③ 위험시설이나 취약시설 보수 · 보강 ④ 재난의 감소를 위한 강제규정 마련 ⑤ 기상정보수집 · 분석 및 경보시스템 마련 ⑥ 수해상습지역 설정 및 수해방지시설 공사 ⑦ 안전기준 설정 및 비상활동 계획 수립
대비 단계	① 대응조직 관리 및 재난관리 우선순위체계 수립 ② 재난대응시스템의 가동연습 및 대응요원의 교육훈련 ③ 경보시스템 및 비상방송시스템 구축 · 관리 ④ 긴급대응계획의 수립 및 연습 ⑤ 자원관리체계구축, 자원의 수송 및 통제계획 수립 ⑥ 표준 운영절차 확립 ⑦ 응급복구를 위한 자재비축 및 장비의 가동준비
복구 단계	① 피해평가 및 대부 · 보조금 지급 · 이재민 구호 ② 피해주민 대응활동요원에 대한 재난심리상담(외상 후 스트레스증후군 관리) ③ 피해자 보상 및 배상관리 ④ 재난 발생 및 문제점 조사 ⑤ 복구 개선안 및 재발방지대책 마련 ⑥ 임시통신망 구축 및 전염병 통제를 위한 방제활동

재난관리의 대표적인 특성을 말해보시오.

불확실성, 상호작용성, 복잡성이라는 3가지 특성을 가집니다.

① 불확실성은 재난발생 시 일정한 유형의 피해가 일어난다는 사실은 알지만, 재난으로 인한 피해발생률, 시기 및 규모를 알지 못하는 상태를 의미합니다.

② 상호작용성은 재난발생 시 재난자체와 피해주민 및 피해지역의 주요 기반시설이 상호 영향을 끼치며 다양한 사건으로 전개될 수 있음을 말합니다.

③ 복잡성은 불확실성과 상호작용성이 복합적으로 작용함으로서 다수의 행정체제가 처리해야 할 업무를 재난발생 전 모두 파악하기 불가능함을 의미합니다.

재난심리회복지원에 대해서 설명하시오.

태풍, 호우, 가뭄, 지진, 화재, 붕괴, 폭발, 교통사고 등 각종 재난으로 심리적 충격을 받은 재난경험자에게 정신적 · 심리적 충격을 완화하고 후유증을 예방하기 위한 활동을 의미합니다. 특별재난지역으로 선포된 지역과 그 밖에 피해규모가 큰 지역으로서 행정안전부장관 또는 해당 지방자치단체의 장이 지원이 필요하다고 인정하는 지역을 대상으로 심리회복지원활동을 전개하는 것입니다.

자연재난과 인적재난의 특징을 비교해보시오.

자연재난	인적재난
① 발생과정이 돌발적이다.	① 발생과정이 돌발적이다.
② 발생강도가 강력하다.	② 발생강도가 강력하다.
③ 피해가시성은 환경의 변화와 밀접하다.	③ 새로운 형태의 재난등장으로 예측이 불가능하다.
④ 과거의 경험과 데이터에 의해 예측이 가능하다.	④ 인간의 실수, 우연을 제외하고는 인간의 통제가 가능하다.
⑤ 통제가 불가능하다.	⑤ 대부분 국소적인 영향을 미친다.
⑥ 주로 광범위하게 영향을 미친다.	⑥ 불신과 신뢰상실로 희생되지 않은 인간에게까지 영향을 미친다.
⑦ 인간에 대한 영향의 범위는 주로 재난희생자에게 한정된다.	⑦ 사건과 관련된 영향은 사안에 따라 단기간 또는 장기적으로 나타난다.
⑧ 영향은 비교적 단기간 지속된다.	

유도등이란 무엇인가?

화재 시 피난을 유도하기 위한 등입니다. 정상상태에서는 상용전원에 따라 켜지고 상용전원이 정전되는 경우 비상전원으로 자동전환되어 켜집니다.

TIP 유도등의 종류별 정의
① 피난구유도등 : 피난구 또는 피난경로로 사용되는 출입구를 표시하여 피난을 유도하는 등이다.
② 통로유도등 : 피난통로를 안내하기 위한 유도등으로 '복도통로유도등, 거실통로유도등, 계단통로유도등'이 있다.

- 복도통로유도등 : 피난통로가 되는 복도에 피난구의 방향을 명시한다.
- 거실통로유도등 : 계속적으로 사용하는 거실, 주차장 등 개방된 통로에 설치하는 유도등 피난의 방향을 명시한다.
- 계단통로유도등 : 피난 통로의 계단 또는 경사로에 설치하며 바닥면 및 디딤 바닥면을 비춘다.
③ 객석유도등 : 객석의 통로, 바닥 또는 벽에 설치하는 유도등이다.
④ 피난구유도표지 : 피난구 또는 피난경로 사용되는 출입구 표시 및 피난을 유도하는 표지이다.
⑤ 통로유도표지 : 피난통로가 되는 복도, 계단 등에 설치하며 피난구의 방향을 표지하는 유도표지이다.
⑥ 피난유도선 : 햇빛이나 전등불에 따라 축광하거나 전류에 따라 빛을 발하는 유도체로서 어두운 상태에서 피난을 유도할 수 있도록 띠 형태로 설치되는 피난유도시설이다.

공연장 · 집회장 · 관람장 · 운동시설에 필요한 유도등과 유도표지의 종류를 말해보시오.

대형피난구유도등, 통로유도등, 객석유도등이 있습니다.

복도통로유도등의 설치기준을 말해보시오.

① 복도에 설치합니다.
② 구부러진 모퉁이 및 보행거리 20m 마다 설치합니다.
③ 바닥으로부터 높이 1m 이하의 위치에 설치합니다.

연소의 3요소는 무엇입니까?

연소의 3요소는 물질, 발화점 이상의 열, 산소입니다. 불이 붙어서 물질이 타기 위한 조건으로 우선 탈 수 있는 물질인 연료와 그 연료를 태울 수 있는 열이 필요합니다. 열은 발화점을 말하며 각 연료마다 차이가 있습니다. 발화점은 낮을수록 불이 붙기 쉽습니다. 마지막으로 산소가 필요하며 물질 상태에 따라 산소 필요량이 다릅니다.

TIP 소화의 방법
① 물질을 제거하는 경우 : 가스레인지의 밸브를 잠가 가스의 공급을 차단하고 모닥불의 경우 장작을 제거한다. 큰 불이 났을 경우 맞불을 놓아 그 이상의 불의 진행을 막는다.
② 발화점 이하의 온도로 만드는 경우 : 물을 부어 불을 끈다.
③ 산소를 제거하는 경우 : 모래나 담요를 덮어 불을 끄고 알코올 램프의 경우 뚜껑을 덮어 불을 끈다.

연돌효과(굴뚝효과, Stack Effect, Chimney Effect)란 무엇인가?

건축물의 내부와 외부 온도차이로 공기가 유동하는 것을 말합니다. 건축물 상 · 하층의 내부와 내부의 온도 · 기압차로 인하여 찬 공기가 하부에서 유입되고 건물 내부 더운 공기가 굴뚝과 같은 긴 통로로 따라 올라가는 강한 통풍 현상입니다. 이는 폭에 비해 높이가 높은 고층빌딩의 비상계단이나 엘리베이터 등이 긴 수직통로 역할을 하기 때문에 생겨납니다.

TIP 굴뚝효과 · 역 굴뚝효과

① 굴뚝효과 : 건축물의 층의 높이, 화재실의 온도, 건축물 내 · 외의 온도차, 외벽의 기밀도 등과 관련이 있다.

② 역 굴뚝효과 : 고층건물 화재 시 내부온도가 높아져 건물 내부가 거의 굴뚝과 같아 굴뚝에 의해 연기가 상승한다. 하지만 외기가 건축물 내부의 공기보다 따뜻할 경우 공기가 내부에서 하향으로 이동하며 이러한 하향 공기의 흐름을 역 굴뚝 효과라고 한다. 예, 옆방에서 불이 난 경우

롤오버(Roll Over)현상이란 무엇인가?

화재가 발생한 장소(공간)의 출입구 바로 바깥쪽 복도 천장에서 연기와 산발적인 화염이 굽이쳐 흘러가는 현상을 의미합니다.

TIP 롤오버현상의 특징

① 연소과정에서 발생된 가연성가스가 공기 중 산소와 혼합되어 천정부분에 집적된 상태에서 발화온도에 도달하여 발화함으로서 화재의 선단부분이 매우 빠르게 확대된다.

② 롤오버현상은 플래시오버의 전조현상이다.

③ 롤오버 현상은 플래시오버 현상보다 먼저 일어난다.

롤오버(Roll Over)와 플래시오버(Flash Over)의 차이점을 말해보시오.

구분	롤오버(Roll Over)현상	플래쉬오버(Flash Over)현상
확산 매개체	상층부의 초고온 증기(가연성가스)의 발화	공간 내 모든 부분(상층과 하층) 가연물의 동시발화
복사열	열의 복사가 플래시오버 현상보다 약함	열의 복사가 강함
확대범위	화염선단부분이 주변공간으로 확대	일순간 전체공간으로 확대

플래시오버 전조현상을 말해보시오.

고온의 연기가 발생합니다. 뜨겁고 두터운 진한 연기가 아래로 쌓이고 일정 공간 내에서 계속적인 열이 집적됩니다. 일정 공간 내에서의 전면적인 자유연소가 일어나고 롤오버 현상이 목격됩니다. 온의 열기 때문에 소방대원이 낮은 자세로 진입할 수밖에 없는 경우입니다.

TIP 플래시오버 확대 조건 … 실내온도 · 압력 · 발열량 클수록, 화재하중이 클수록, 화염이 클수록

플래시오버(Flashover)와 백드래프트(Back Draft)의 차이점을 말해보시오.

플래시오버는 폭발이 아니지만 백드래프트는 폭발입니다. 또한 플래시오버가 백드래프트보다 발생빈도가 높습니다.

구분	플래시오버(Flashover)	백드래프트(Back Draft)
개념	실내 화재발생 시 화염의 발전과정으로 이전에 자유연소상태이며 공기의 순간유입으로 폭발하는 현상이다.	백드래프트 이전에 훈소연소 상태로 소화활동이나 피난을 위해 폐쇄된 화재실의 문을 순간적으로 개방할 때 폭발하는 현상이다.
화재현상	• 화재발생 시 성장단계에서 주변 화염물까지 범위를 확대한다. • 연소과정 중 가스가 천장부근에 축적된다. • 축적된 연소와 공기가 연소범위에 들어간다. • 연소범위에 들어간 상태에 공기의 순간 유입으로 폭발한다.	• 가연물과 온도는 연소하기에 충분하지만 산소가 부족하면서 밀폐된 공간에서 발생한다. • 밀폐된 공간의 물질들이 발화온도 이상으로 가열되어 있는 상태이다. • 화재진압을 위해 문을 열거나 창문을 부술 때 산소가 갑자기 많이 공급되면 발생한다.
화재의 특징	• 실내공간이 크면 발생시간이 길어지고 좁으면 짧아진다. • 화재실 개구부가 크면 냉각효과로 늦어지며 개구부가 너무 작아도 늦어진다.	• 화재현상의 작은 틈으로 공기가 빨려들어간다. • 화염이 보이지는 않으나 창문이 뜨겁다. • 유리창 안쪽으로 타르와 같은 기름성분이 흘러내린다.
대처법	• 화재진압 시 폐쇄된 입구에서 순간적인 문 개방은 금지한다. • 지붕이나 벽 등의 구멍을 통하여 내부에 주수소화한다.	• 건물의 가장 높은 위치를 개방하고, 소방관들이 지붕이나 벽에 구멍을 뚫어 호스를 집어넣고 주수하여 위험을 회피해야 한다.

보일오버(Boil Over)에 대해 설명해보시오.

유류탱크 주변에 화재가 발생하였을 경우 주변 화염의 접촉으로 탱크 내부 고온의 연소유류가 탱크 하단에 있는 수분을 가열시킵니다. 따라서 수분이 팽창하며 고온의 유류가 탱크 외부로 분출되는 현상입니다.

TIP 보일오버 현상 예시
① 중질류 탱크에서 장시간 조용히 연소하다 탱크 내 유류가 갑자기 분출하는 현상
② 탱크바닥에서 물과 기름의 에멀션으로 존재할 때 물의 비등으로 급격히 분출하는 현상
③ 유류저장 탱크의 화재 중 열유층을 현성하여 화재진행과 더불어 열유층이 점차 탱크바닥으로 도달해 탱크 저부에 물 또는 물과 기름이 수증기의 부피팽창을 하면서 탱크 내의 유류가 갑작스럽게 탱크 밖으로 분출되어 화재를 확대시키는 현상

TIP 보일오버 예측 및 방지 방법
유류탱크 내의 유류의 특성, 물성 등을 계산하면 보일오버 현상을 예측할 수 있다. 소화 작업 시 탱크 외부에 주수하면 그 건조 상태를 보고 고온층의 위치를 찾을 수 있다.
① 유류탱크 하단의 수분을 제거한다.
② 탱크 하부에 비등석을 넣고 물에 기포가 생기도록 하여 갑작스런 분출을 억제한다.
③ 탱크 내부에 유체를 넣어 물이 유류와 에멀션(유화) 상태에 있게 한다.

슬롭오버(Slop Over)에 대하여 말해보시오.

화재발생 시 고온의 유류에 주수소화를 하면 분사된 수분이 유류 표면에 기포를 발생시킵니다. 유류의 열류 교환으로 인해 하단층에 있는 차가운 기름이 급속하게 팽창하여 유류에 화재가 발생합니다. 유류화재 시에는 화염에 의하여 유류가 고온상태가 되고 주수소화를 할 경우 고온의 유류가 분출하기 때문에 서서히 소화작업을 진행해야 합니다.

> **TIP** 유류저장탱크의 화재
> ① 프로스 오버(Froth Over) : 고온에서 고점도 유류가 저장탱크 속의 물과 섞여 들어가 있을 때 기름과 섞여있는 물이 갑자기 수증기화 되면서 탱크 내의 일부 내용물을 넘치게 하는 현상이다. 화재를 수반하지 않는 기름이 넘쳐흐르는 단순한 물리적 작용이다. 대부분 뜨겁고 점성이 큰 아스팔트를 물이 들어 있는 탱크에 넣었을 경우 발생한다.
> ② 링파이어(윤화, Ring Fire) : 대형 유류저장 탱크 화재에 불꽃이 치솟는 유류표면에 포를 방출할 때 탱크 윗면의 중앙부분은 불이 꺼졌어도 바깥쪽 벽을 따라 환상으로 불길이 지속되는 현상이다. 즉, 유류표면에 물분무나 포를 방사하였을 때 포 등이 탱크 양쪽 벽면에 부딪치면서 탱크 벽면측은 산소차단이 되지 못하여 귀고리처럼 양쪽으로 불길이 남아 있는 상태이다.
> ③ 풀 파이어(Pool Fire) : 가연성·인화성 액체가 저장탱크 또는 웅덩이에서 일정한 액면이 대기 중에 노출되어 화염의 열에 의해 불이 붙는 액면화재를 말한다.
> ④ 오일오버(Oil Over) : 탱크 내의 유류가 50% 미만 저장된 경우 화재로 내부 압력이 상승하면서 탱크가 폭발하는 현상으로 가장 격렬하다.

화재란 무엇인가?

화재조사 및 보고규정에서 화재란 사람의 의도에 반하거나 고의에 의해 발생하는 연소 현상으로 소화시설 등을 사용하여 소화할 필요가 있거나 화학적인 폭발현상을 말합니다.

내화건축물 화재의 특징을 말해보시오.

발염연소가 억제되며, 화재초기부터 발열량이 많습니다. 또한, 인명피해가 발생하는 경우가 많습니다.

플라스틱 화재가 위험한 이유를 말해보시오.

플라스틱의 연소생성물은 이산화탄소와 일산화탄소를 함유합니다. 또한, 산소결핍·화염·열·유독성 연소생성물·연기·건물 붕괴 등의 위험성을 가집니다.

화재조사란 무엇인가?

화재의 원인과 그 화재로 인한 손해를 조사하는 것으로 방화·실화의 혐의가 있다고 인정되는 때에 소방기관은 지체 없이 관할경찰서장에게 그 사실에 대한 정보를 제공하고 필요한 증거를 수집·보존하여 그 범죄수사에 협력하는 것을 말합니다.

화재조사의 절차에 대해서 설명해보시오.

① 현장출동 중 조사 : 화재발생 접수, 출동 중 화재상황 파악 등
② 화재현장 조사 : 화재의 발화(發火)원인, 연소상황 및 피해상황 조사 등
③ 정밀조사 : 감식 · 감정, 화재원인 판정 등
④ 화재조사 결과 보고

화재조사 시 조사해야 하는 사항에 대해서 말해보시오.

「소방의 화재조사에 관한 법률」 제5조에 따라 화재원인에 관한 사항, 화재로 인한 인명 · 재산피해상황, 대응 활동에 관한 사항, 소방시설 등의 설치 · 관리 및 작동 여부에 관한 사항, 화재발생건축물과 구조물, 화재유형별 화재위험성 등에 관한 사항, 그 밖에 대통령령으로 정하는 사항이 있습니다.

화재안전조사에 대해서 말해보시오.

「화재의 예방 및 안전관리에 관한 법률」 제2조에 따라 소방청장, 소방본부장 또는 소방서장)이 소방대상물, 관계지역 또는 관계인에 대하여 소방시설이 소방 관계 법령에 적합하게 설치 · 관리되고 있는지, 소방대상물에 화재의 발생 위험이 있는지 등을 확인하기 위하여 실시하는 현장조사 · 문서열람 · 보고요구 등을 하는 활동을 말한다.

C형 화재란 무엇이며 특징과 진화 방법을 설명해보시오.

C형 화재는 전기화재입니다. 정전기 · 누전 · 과전류(과부하) · 합선 · 불꽃방전 · 도체 접속부 과열 및 용접 불꽃에 의한 발화로 발생합니다. 전력을 차단하고 가연물에 따른 냉각소화법과 질식소화법을 사용하여 진화합니다.

화재의 종류와 특징, 소화 방법에 대해 설명해보시오.

화재의 종류에는 일반 · 유류 · 전기 · 금속 · 가스 화재가 있습니다.
① 일반화재(A급, 백색) : 연소 후 재를 남기는 화재입니다. 가연물질이 다양하기 때문에 화재 발생건수가 많습니다. 많은 물을 이용하여 냉각소화 합니다.
② 유류화재(B급, 황색) : 화재로 연소 후 남는 것이 없는 화재입니다. 일반화재보다 연소성이 좋기 때문에 위험합니다. 화재는 유류표면으로부터 발생된 증기가 공기와 혼합하여 연소범위 내에 있을 경우 발화원에 의해 발생합니다. 유류표면을 덮는 질식소화법으로 소화합니다.
③ 전기화재(C급, 청색) : 화재로 전기에너지가 발화원이 되어 전기시설이 있는 장소에서 발생하는 화재입니다. 전력 차단 후 가연물에 따라 냉각소화법, 질식소화 합니다.

④ 금속화재(D급) : 가연성 금속인 칼륨, 나트륨, 마그네슘 등의 금속화재를 말합니다. 물로서 소화할 수 없으며 주수소화의 경우 물과 반응하여 폭발합니다. 따라서, 분말소화, CO_2, 할론소화계로 소화합니다.

⑤ 가스화재(E급, 황색) : 연소 후 재가 남지 않으며 산소와의 접촉과정에서 폭발 발생이 쉬워 다른 가연물보다 화재 위험성이 큽니다. 누설 부분을 막고, 물을 이용한 냉각소화를 합니다.(우리나라의 경우 B급 화재로 본다)

화재예방과 화재진압에 대하여 설명해보시오.

화재예방은 화재가 일어나지 않도록 사전에 대비하는 것으로 예방교육입니다. 소화기 사용법, 실생활에 일어날 수 있는 화재예방 교육 등이 있습니다. 화재진압은 화재발생 시 대응하는 소방활동을 말합니다.

화재진압 시에 소방차를 방해하는 차의 벌금은 얼마입니까?

소방차의 우선통행을 방해할 경우에는 도로교통법에 의거 200만 원 이하의 과태료 처분이 처해지며 긴급출동 소방차를 고의로 방해할 경우 소방기본법에 따라 5년 이하의 징역 또는 5,000만 원 이하의 벌금이 부과됩니다.

TIP 소방차의 우선 통행 등〈소방기본법 제21조〉

① 모든 차와 사람은 소방자동차가 화재진압 및 구조 · 구급 활동을 위하여 출동을 할 때에는 이를 방해하여서는 아니 된다.

② 소방자동차가 화재진압 및 구조 · 구급 활동을 위하여 출동하거나 훈련을 위하여 필요할 때에는 사이렌을 사용할 수 있다.

③ 모든 차와 사람은 소방자동차가 화재진압 및 구조 · 구급 활동을 위하여 사이렌을 사용하여 출동하는 경우에는 다음과 같은 행위를 하여서는 아니 된다.
- 소방자동차에 진로를 양보하지 아니하는 행위
- 소방자동차 앞에 끼어들거나 소방자동차를 가로막는 행위
- 그밖에 소방자동차의 출동에 지장을 주는 행위

④ ③의 경우를 제외하고 소방자동차의 우선 통행에 관하여는 「도로교통법」에서 정하는 바에 따른다.

TIP 벌칙〈소방기본법 제50조〉

다음 어느 하나에 해당하는 사람은 5년 이하의 징역 또는 5천만 원 이하의 벌금에 처한다.

① 위력(威力)을 사용하여 출동한 소방대의 화재진압 · 인명구조 또는 구급활동을 방해하는 행위

② 소방대가 화재진압 · 인명구조 또는 구급활동을 위하여 현장에 출동하거나 현장에 출입하는 것을 고의로 방해하는 행위

③ 출동한 소방대원에게 폭행 또는 협박을 행사하여 화재진압 · 인명구조 또는 구급활동을 방해하는 행위

④ 출동한 소방대의 소방장비를 파손하거나 그 효용을 해하여 화재진압 · 인명구조 또는 구급활동을 방해하는 행위

⑤ 소방자동차의 출동을 방해한 사람

⑥ 사람을 구출하는 일 또는 불을 끄거나 불이 번지지 아니하도록 하는 일을 방해한 사람

⑦ 정당한 사유 없이 소방용수시설 또는 비상소화장치를 사용하거나 소방용수시설 또는 비상소화장치의 효용을 해치거나 그 정당한 사용을 방해한 사람

소방자동차 전용구역에 방해행위는 무엇이 있는가?

「소방기본법 시행령」제7조의14에 따라서 전용구역에 물건 등을 쌓거나 주차하는 행위, 전용구역의 앞면, 뒷면 또는 양 측면에 물건 등을 쌓거나 주차하는 행위(다만, 「주차장법」제19조에 따른 부설주차장의 주차구획 내에 주차하는 경우는 제외), 전용구역 진입로에 물건 등을 쌓거나 주차하여 전용구역으로의 진입을 가로막는 행위, 전용구역 노면표지를 지우거나 훼손하는 행위, 그 밖의 방법으로 소방자동차가 전용구역에 주차하는 것을 방해하거나 전용구역으로 진입하는 것을 방해하는 행위가 있습니다.

특수가연물에 해당하는 품명에는 무엇이 있는가?

일반 가연물보다 화재 위험성이 훨씬 높은 물질로 다량 보관 시 급격한 연소 확산이 우려되어 소방청장이 지정한 특별한 관리 대상 가연성 물질을 말합니다. 면화류, 나무껍질 및 대팻밥, 넝마 및 종이부스러기, 사류(絲類), 볏짚류, 가연성 고체류, 석탄·목탄류, 가연성 액체류, 목재가공품 및 나무부스러기, 고무류·플라스틱류가 있습니다. 창고나 공장, 물류센터 등에서 대형 화재로 이어질 수 있는 핵심 요인이 되기 때문에 사전 점검과 저장 방식의 철저한 관리가 필요합니다.

목조건축물 화재에서 목재의 연소에 영향을 주는 요인을 말해보시오.

목재의 비표면적, 공급상태, 온도, 수분 함유량, 열전도율, 열팽창, 가열속도 및 시간입니다.

TIP 목조건축물의 화재원인
① 비화 : 화재로 인해 불꽃 등이 먼 거리까지 날아가 발화하는 현상으로 풍화방향이 10 ~ 25도 범위에서 가장 위험하며, 800m 전후의 비화범위에서 잘 발생한다.
② 접염 : 화염 직접 접촉에 의한 다른 화재 유발 요인이다.
③ 복사열 : 온도가 높을수록 화염의 크기가 클수록 복사열의 전파거리는 길어진다.

방화와 실화에 대하여 말해보시오.

① 방화 : 악의적인 목적을 가지고 시행되는 범죄입니다. 때문에 형법상에 방화라는 인식이 필요합니다. 고의적으로 연소를 일으키는 것뿐만이 아니라 목적물을 훼손하면 방화로 처분됩니다.
② 실화 : 과실로 발생하며 부주의한 행위로 인한 화재를 말합니다. 발화과정 중에 소화시킬 시설이나 출화방지조치를 하지 않은 경우 실화로 처분됩니다.

방화문은 어떻게 유지해야 하는가?

방화문은 항상 닫힌 상태를 유지해야 하며 언제나 개방이 가능하고 기계장치(도어릴리즈)등에 의해 스스로 닫혀야 합니다.

TIP 방화문의 종류

① 갑종
- 공구를 철재로 하고 그 양면에 각각 두께 0.5mm이상의 철판을 붙인 것
- 철재로서 철판의 두께가 1.5mm이상인 것

② 을종
- 철재로서 두께가 0.8mm이상 1.5mm미만인 것
- 철재 및 망입 유리로 된 것
- 골구를 방화목재로 하고 옥내면에는 두께 1.2mm이상의 석고판을 붙이고 옥외면에 철판을 붙인 것

점화원이란 무엇인가?

점화원(열)은 가연물과 산소의 조화로 연소범위를 만들었을 때 연소를 시작하는데 필요한 최소의 활성화 에너지입니다.

TIP 주요 점화원

① 전기불꽃 : 전기설비회로·전기기구 등에서 접점 스파크나 고전압에 의한 방전, 자동제어기의 경우 릴레이의 접점 등 작은 불꽃에서도 가연성 가스를 착화시킬 수 있다.
② 단열압축 : 단열팽창과 반대개념이며, 기체를 높은 압력으로 압축하면 온도상승으로 오일이나 윤활유가 열분해 되면서 저온 발화물을 생성하여 발화물질이 발화하여 폭발하게 된다.
③ 나화 : 항상 화염을 가지고 있는 열 또는 화기이다.
④ 고온표면 : 작업장의 화기, 가열로, 건조장치, 굴뚝, 전기·기계설비 등이다.
⑤ 정전기 불꽃 : 물체가 접촉하거나 결합한 후 떨어질 때 양(+)전하와 음(−)전하로 전하의 분리가 일어나 발생한 과잉 전하가 물체(물질)에 축적되는 현상이다.
⑥ 충격·마찰열 : 두 개 이상의 물체가 상호간 충격·마찰에 발생되는 작은 불꽃이다.
⑦ 자연발화 : 가연성의 물질 또는 혼합물이 외부가열이 없어도 내부의 반응열 축적만으로 발화점에 도달하여 연소를 일으키는 현상이다.

액화천연가스(LNG)와 액화석유가스(LPG)의 차이점에 대해서 설명해보시오.

LNG는 비중이 공기보다 가볍기 때문에 누출경보기를 천장 쪽에 설치하며 혹시 누출되었을 경우에는 창문을 열고 환기를 시켜야 합니다. 주로 도시가스배관을 통해 운반하며 가정용 에너지원으로 사용됩니다. 그에 비해 LPG는 비중이 공기보다 무겁기 때문에 누출경보기를 바닥에 설치하며, 누출되었을 경우 문을 열고 바닥의 공기를 쓸어내는 느낌으로 밀어서 환기시켜야 합니다. 자동차 연료나 도시가스 배관을 설치하기 힘든 곳에서 사용합니다.

TIP LNG와 LPG의 특성

① LNG(Liquefied Natural Gas) : 천연가스를 정제하여 얻어진 메탄을 주성분으로 하는 가스를 액화시킨 것으로 액화천연가스라고도 한다. 천연가스보다 청결하고 해가 적으며 고칼로리이다. 주로 가정용 연료로 사용되고 공기보다 가벼우며 유출 시 창문을 열어 환기를 시켜야 한다.
② LPG(Liquefied Petroleum Gas) : 석유의 성분 중 부탄가스나 프로판 등 비등점이 낮은 가스에 압력을 가하여 액화한 것으로 액화석유가스라고도 한다. 주로 자동차 연료로 사용되며 공기보다 무거워 유출되면 바닥에 깔리게 된다.

소화의 4대 원리를 말해보시오.

냉각, 질식, 제거, 억제소화입니다. 화재 발화온도 이하로 낮추거나 산소의 공급을 차단시켜 가연물질을 화재 현상으로부터 제거하는 등의 조취를 취해 연소의 연쇄반응을 차단·억제하는 것입니다.

TIP 소화방법
① 냉각소화법 : 연소되고 있는 가연물질 또는 주위의 온도를 활성화 에너지 이하로 냉각시켜 소화하는 방법이다.
② 질식소화법 : 연소물에 산소를 차단하거나 산소 농도를 15% 이하로 억제하여 화재를 소화하는 방법이다. 산소 함유 물질의 연소, 셀룰로이드와 같은 자기연소성 물질에는 적합하지 않다.
③ 제거소화법 : 연소의 3요소 중에 가연물질의 공급을 차단하거나 안전한 장소로 이동시켜 더 이상 연소가 진행되지 않도록 하는 소화방법이다.
④ 부촉매 작용에 의한 소화법 : 연소의 4요소 중 화학적 연쇄반응을 일으키는 화염의 전파물질인 수산기 또는 수소기의 활성화 반응을 억제하고 연쇄반응을 차단하여 화재를 소화하는 방법이다.

희석소화가 가능한 액체가연물에는 무엇이 있는가?

수용성 성질을 갖는 알코올류, 에스테르류, 케톤류, 에테르류, 알데히드류 등이 있습니다.

제2류 위험물이란 무엇인가?

가연성 고체 물질로 황화린·적린·유황(지정수량 100kg), 철분·마그네슘·금속분(지정수량 500kg), 인화성 고체(지정수량 1,000kg)입니다. 평소에 산소를 멀리하고 수소를 가까이하는 환원성 물질입니다. 금속분은 물이나 산과 접촉하여 발열합니다.

TIP 위험물의 위험도(3·5류＞4류＞2류＞1·6류)

TIP 제2류 위험물 예방대책
① 산화제(제1·6류)와의 혼합, 혼촉을 피하며 통풍이 잘되는 냉암소에 보관·저장한다.
② 위험물 게시판은 "화기주의(인화성고체는 "화기엄금")이다.

TIP 제2류 위험물 소화대책
① 황화린, 철분, 금속분, 마그네슘 : 건조사, 건조분말 등 질식소화
② 적린, 인화성고체 등 : 물에 의한 냉각소화
③ 유황 : 물 분무

옥내출화와 옥외출화에 대하여 말해보시오.

① 옥외출화는 가옥의 벽, 지붕, 추녀 밑 창, 출입구 등에 발염착화한 때를 말합니다.
② 옥내출화는 천정 면에 발염착화한 때, 불연 천정인 경우 실내의 그 뒷면 판에 착화, 천정 속, 벽 속 등에 발염착화한 때를 말합니다.

소화 설비에 대해서 말해보시오.

물이나 그 밖의 소화약제를 사용하여 소화하는 기계 · 기구와 설비를 말합니다.

TIP 소화설비
① 소화기구 : 소화기, 간이소화용구, 자동확산소화기
② 자동소화장치 : 주거용 · 상업용 주방자동소화장치, 캐비닛형 · 가스 · 분말 · 고체에어로졸식 자동소화장치
③ 옥내소화전설비 : 호스릴 옥내소화전설비
④ 스프링클러설비 등 : 스프링클러설비, 간이스프링클러, 화재조기진압용 스프링클러설비
⑤ 물분무 등 소화설비 : 물분무소화설비, 미분무소화설비, 포소화설비, 이산화탄소소화설비, 할로겐화합물소화설비, 청
  정소화약제소화설비, 분말소화설비, 강화액소화설비, 고체에어로졸 소화설비
⑥ 옥외소화전설비 : 수동식 물소화설비

연결수송관 설비에 대해 아는 대로 말해보시오.

① 고층건물 화재발생 시 신속하고 효율적인 소화활동을 위한 설비입니다.
② 설계 시 배관과 가압용 펌프를 설치하면 화재 시 소방차와 연결할 수 있습니다.
③ 송수구 · 배관 · 방수구 · 호스 · 관창 등으로 구성되어 있으며 건식배관과 습식배관 방식이 있습니다.
④ 여러 번의 소방호스 연장 없이 해당 층의 방수구에서 단시간 내에 방수작업을 할 수 있게 한 고정설비입
  니다.
⑤ 소방대상물 옥외에 연결 송수구와 옥내에 방수구가 설치된 옥내소화전 설비, 스프링클러 설비, 연결살수
  설비가 갖추어진 경우 설치하지 않을 수 있습니다.

방화댐퍼란 무엇인가?

화재발생 시 연돌효과에 의해 다른 방화구획으로 급속하게 확산되는 화염이나 연기의 흐름을 자동적으로 차
단시키는 기구입니다.

소방 시설 종류에 대해 설명해보시오.

소방시설은 화재 발생 시 특정소방대상물에 있는 사람과 재산을 보호하기 위한 목적으로 소화설비 · 경보설
비 · 피난설비 · 소화용수설비 · 소화활동설비가 있습니다.

TIP 정의〈화재예방, 소방시설 설치 · 유지 및 안전관리에 관한 법률 제2조〉
① '소방시설'이란 소화설비, 경보설비, 피난구조설비, 소화용수설비, 그 밖에 소화활동설비로서 대통령령으로 정하는
  것을 말한다.
② '소방시설 등'이란 소방시설과 비상구(非常口), 그 밖에 소방 관련 시설로서 대통령령으로 정하는 것을 말한다.
③ '특정소방대상물'이란 소방시설을 설치하여야 하는 소방대상물로서 대통령령으로 정하는 것을 말한다.
④ '소방용품'이란 소방시설 등을 구성하거나 소방용으로 사용되는 제품 또는 기기로서 대통령령으로 정하는 것을 말
  한다.

식당의 주방에서 화재가 발생했을 때 이를 진화할 목적으로 설치하는 소화시설은 무엇인가?

주방용 자동 소화장치입니다. 이는 가연성가스 등의 누출을 자동으로 차단하며 소화약제를 방사합니다.

TIP 자동 소화장치

소화약제를 자동으로 방사하는 고정된 소화장치로 형식승인 받은 유효설치범위(설계방호제적, 최대설치높이, 방호면적 등) 이내에 설치하여 소화하는 것이다.

① 주방용자동 소화장치 : 가연성가스 등의 누출을 자동 차단하고 소화약제를 방사하는 소화장치
② 캐비넷형자동 소화장치 : 열 · 연기 · 불꽃을 감지하여 소화약제를 방사하는 캐비넷 형태의 소화장치
③ 가스식자동 소화장치 : 열 · 연기 · 불꽃을 감지하여 가스계 소화약제를 방사하는 소화장치
④ 분말식자동 소화장치 : 열 · 연기 · 불꽃을 감지하여 분말의 소화약제를 방사하는 소화장치
⑤ 고체 에어로졸식 소화장치 : 열 · 연기 · 불꽃을 감지하여 에어로졸의 소화약제를 방사하는 소화장치
⑥ 자동확산소화장치 : 화재 시 화염이나 열에 따라 소화약제가 확산하여 국소적으로 소화하는 소화장치

옥외소화전 설치대상에 대하여 말해보시오.

「소방시설 설치 및 관리에 관한 법률 시행령」 별표 4에 따라 다음과 같다.

① 지상 1층 및 2층의 바닥면적 합계가 9,000㎡ 이상인 곳. 이 경우 같은구(區) 내의 둘 이상의 특정소방대상물이 행정안전부령으로 정하는 연소(延燒) 우려가 있는 구조인 경우에는 특정소방대상물로 본다.
② 문화재보호법에 의해 보물 또는 국보로 지정된 목조건축물
③ ①에 해당하지 않는 공장 또는 창고시설로 지정수량의 750배 이상의 특수가연물을 저장 · 취급하는 곳

옥내소화전의 물은 어디에서 나오는가?

가압수송장치의 펌프보다 수원의 수위가 낮은 위치에 설치된 지하수조(가압수조), 수조 내부에 압력을 넣어 물을 밀어내는 형식의 압력수조, 주수노즐보다 수조가 높은 곳(옥상, 외부 설치물)에서 공급되어 방수하는 고가수조가 있습니다.

TIP 옥내소화전 수조 설치 기준

① 점검에 편리한 곳에 설치할 것
② 동결방지조치를 하거나 동결의 우려가 없는 장소에 설치할 것
③ 수조의 외측에 수위계를 설치할 것(다만, 구조상 불가피한 경우에는 수조의 맨홀 등을 통하여 수조 안의 물의 양을 쉽게 확인할 수 있도록 해야 함)
④ 수조의 상단이 바닥보다 높은 때에는 수조의 외측에 고정식 사다리를 설치할 것
⑤ 수조가 실내에 설치된 때에는 그 실내에 조명설비를 설치할 것
⑥ 수조의 밑 부분에는 청소용 배수밸브 또는 배수관을 설치할 것
⑦ 수조의 외측의 보기 쉬운 곳에 "옥내소화전설비용 수조"라고 표시한 표지를 할 것
⑧ 옥내소화전펌프의 흡수배관 또는 옥내소화전설비의 수직배관과 수조의 접속부분에는 "옥내소화전설비용 배관"이라고 표시한 표지를 할 것

옥내소화전 사용법을 순서대로 설명해보시오.

① 소화전의 비상버튼을 누릅니다.

② 호스를 화재현장까지 끌고 갑니다.

③ 개폐밸브를 시계방향으로 돌려 열어줍니다.

④ 노즐을 돌려 불길의 가장자리에서 중심부로 물을 분사합니다.

⑤ 불을 끈 후 개폐밸브를 잠그고 호스를 잘 말려 소화전함에 정돈합니다.

TIP 옥내소화전

① 개념 : 소방대상물에서 화재가 발생한 초기에 관계자(소유자·관리자·점유자), 자위소방대원이 복도 등에 설치된 소화전함내 장치·기구를 조작하여 화재를 진압할 수 있도록 설치한 고정된 수동식 초기 진화용 소화설비이다.

② 구성 : 수원, 가압송수장치, 배관, 옥내소화전함, 전원, 비상전원, 제어반, 연결송수구 등

소화약제의 조건을 말해보시오.

① 연소 4가지 중 한 가지 이상의 소화효과를 가져야 합니다.

② 화재진압 시 대량의 소화를 위해서는 구입비용이 저렴해야 합니다.

③ 소방진압 과정에서 소방대원과 주변 환경오염이 없어야 합니다.

④ 유지관리가 쉽고 소화작업 전까지 약제의 변질이 적어야 합니다.

소화약제는 무엇인가?

소화설비, 기구를 통하여 소방활동에 필요한 고체·액체·기체의 물질로서 물의 사용여부를 기점으로 하여 수계 소화약제, 비수계 소화약제로 구분합니다. 또한, 비수계 소화약제는 가스계 소화약제로 구분합니다.

TIP 소화약제의 개별 특징

구분	수계 소화약제		가스계 소화약제	
	물	포	이산화탄소	할로겐화합물
소화방법	냉각	질식, 냉각	질식	억제
연소물 냉각	대	대	소	소
재발화 가능성	없음	없음	있음	있음

물을 소화약제로 사용하는 이유를 말해보시오.

① 구하기 용이하고 가격이 저렴합니다.

② 1kg 물이 증발하면 약 1,700배의 수증기로 변한 후 연소면을 덮으므로 질식작용의 효과가 큽니다.

③ 비열이 커서 수증기가 기화되면 잠열을 빼앗아 가며 냉각소화 효과를 타나냅니다.

TIP 물의 소화작용

① 냉각소화

- 일반적으로 20℃ 물 1kg은 100℃의 수증기로 변하면 619kcal의 열량을 탈취한다.
- 냉각작용으로 연소물의 온도가 떨어지면서 연소반응에 필요한 가연성가스의 발생이 줄어들어 소화작용을 한다.
- 인화점이 낮은 물질은 낮은 온도에서 가연성가스가 발생하기 때문에 냉각소화가 어렵다.

② 질식소화

- 화염으로 발생한 열에 의해 물이 수증기로 변할 때 물1kg이 약 1,700배의 수증기로 늘어난다.
- 공기 중에 가연성가스 분산에서 수증기가 공기 중의 산소와 결합하는 작용을 억제하며 동시에 연소 면을 덮어 질식소화 시킨다.

③ 유화소화

- 윤활유와 같이 물보다 비중에 큰 물질에 물을 방수하면 유류와 물의 중간에 얇은 유화층을 형성하면서 공기를 차단하거나 가연성증기의 발생을 억제하여 소화한다.
- 유화층 형성을 위한 소화작업을 위해서는 질식소화작업 때보다 더 강한 방사압력과 물입자의 직경이 큰 것이 필요하다.

포 소화약제를 사용하는 이유를 말해보시오.

유류화재의 경우 주수소화를 하면 물이 유류 밑으로 가라앉아 질식소화를 하지 못하게 됩니다. 따라서 유류보다 가벼운 기포로 표면을 덮어 산소공급원을 차단하여 소화작용을 하는 포 소화약제를 사용합니다.

포 소화약제가 가지는 한계점을 말해보시오.

소화작업 후 거품에 의한 현장 주변의 오염을 제거하기 어려운 단점을 가집니다. 물이 주 성분이기 때문에 전기화재의 소화작업에는 사용하기 어렵습니다.

이산화탄소 소화약제를 사용하면 안 되는 곳을 말해보시오.

① 자체적으로 산소를 가지고 있는 화재입니다.

② 이산화탄소를 분해시키는 물질(나트륨, 마그네슘, 티타늄 등)이 있는 곳입니다.

TIP 이산화탄소 소화약제의 한계점

① 이산화탄소는 지구온난화를 일으키는 원인 중의 하나로서 대중적인 사용이 자제된다.

② 액체 이산화탄소는 극저온상태로 보관되기 때문에 소화작업 사용 시 소화 작업자가 보호장비를 착용하지 않으면 피해를 입을 수 있다.

③ 밀집된 구획실에서 방사할 경우 호흡곤란을 야기할 수 있다.

이산화탄소 소화약제의 장점을 말해보시오.

① 소화작업 시 기체인 이산화탄소가 가연물 내부까지 들어갑니다.

② 물 소화약제와 달리 전기화재 시 사용이 가능합니다.

③ 액체상태로 저온보관 시 장기간 소화약제의 변질이 없습니다.

④ 소화 후에 부식·손상이 없고 소화흔적이 남지 않습니다.

⑤ 저온상태로 보관하며 소화작업 시 내부 온도상승으로 소화약제는 자연방출 됩니다.

분말 소화약제의 소화효과를 말해보시오.

① 부촉매 효과 : 분말 소화약제의 가장 주된 소화효과로 연소의 연쇄 반응을 중단시켜 소화하는 화학적인 소화효과입니다.

② 질식효과 : 분말 소화약제의 열분해 시 발생되는 불활성 기체(CO_2, H_2O 등)가 공기 중의 산소를 한계산소농도 이하로 희석시키는 소화효과입니다.

③ 냉각효과 : 열분해 시 동반하는 흡열반응과 고체분말의 비열에 의한 화염온도 저하를 통해 냉각효과가 나타납니다.

④ 복사열의 차단 : 분말 운무를 형성하여 화염의 복사열을 차단합니다.

⑤ 탈수·탄화 및 방진효과 : H_3PO_4의 탈수·탄화 효과, HPO_3의 방진효과 등도 제3종 분말 소화약제의 특별한 소화효과로 볼 수 있습니다.

청정소화약제에 대하여 설명해보시오.

청정소화약제는 할로겐화합물(할론1301, 할론2402, 할론1211 제외) 및 불활성기체입니다. 전기적으로 비전도성이며 휘발성이 있거나 증발 후 잔여물을 남기지 않는 소화약제를 말합니다. 할로겐 소화약제를 대신하여 오존층 보호요인 친환경적인 소화약제로서 개발되고 있지만 소화효과가 우수하지 못하여 아직 널리 유통되고 있지 않고 있습니다.

▣TIP 청정소화약제의 종류 및 특징

① 종류
  ㉠ 할로겐화합물 청정소화약제 : 불소, 염소, 취소(브롬), 옥소(요오드), 중 하나 이상의 원소를 포함하고 있는 유기화합물을 기본성분으로 하는 소화약제
  ㉡ 불활성가스 청정소화약제 : 헬륨, 네온, 아르곤, 질소 중 하나 이상의 원소를 기본성분으로하는 소화약제

② 특징
  ㉠ 소화효과 : 냉각·질식·억제 효과 등
  ㉡ 적응화재 : B급·C급 화재(전역방출식 : A급 화재 가능), 지하층, 무창층 사용가능
  ㉢ 청정소화약제의 사용 제외장소(CO_2 할로겐 동일) : 최대허용설계농도를 초과하는 사람이 상주하는 장소, 자연발화성 및 금수성 물질인 제3류 위험물과 자기연소성물질인 제5류 위험물을 사용하는 장소 등(다만, 소화성능이 인정되는 위험물은 제외)

제1종 분말소화약제의 주 성분이 무엇인지 말해보시오.

탄산수소나트륨입니다.

TIP 분말소화 약제의 종류

종별	화학식	명칭	적응 화재
제1종	$NaHCO_3$	탄산수소나트륨	B · C
제2종	$KHCO_3$	탄산수소칼륨	B · C
제3종	$NH_4H_2PO_4$	제1인산암모늄	A · B · C
제4종	$KHCO_3+(NH_2)_2CO$	탄산수소칼륨 + 요소혼합물	B · C

봉상, 적상, 무상에 대한 차이점을 말해보시오.

분사방법의 차이입니다.

① 봉상(Stream) : 굵은 물줄기를 가연물에 방수하기 위하여 소방용 방수노즐을 이용합니다. 일반 대형화재에 유효합니다.

② 적상(Drop, 입자상) : 스프링클러 헤드의 형태로 저압방출하며 물방울 평균 직경이 0.5 ~ 0.6Mm정도입니다. 주로 고체 가연물 화재에 적용합니다.

③ 무상(Spray, 분무상) : 물분무 소화설비 또는 소방 분무노즐에서 안개형태로 고압방수합니다. 물방울 평균 직경은 0.1mm ~ 1.0mm정도입니다.

맥동현상(Surging)에 대해 설명해보시오.

송출 압력과 송출 유량의 주기적인 변동이 발생하는 현상입니다. 공동현상 이후 발생하며 유량이 단속적으로 변하여 펌프의 입·출구에 설치된 진공계와 압력계가 흔들리고 진동과 소음이 일어나며 펌프의 토출유량이 변화하는 현상입니다.

TIP 써징현상

① 발생원인
- 펌프의 양정곡선이 산형을 보이며 사용범위가 정우상(우향강하) 특성일 경우
- 공동현상 또는 배관 중에 외부와 접촉할 수 있는 물탱크나 공기탱크

② 써징현상의 방지대책
- 펌프의 양수량을 증가시키거나 임펠러 회전수를 변화시킨다.
- 배관 내의 공기제거 및 단면적·유속·유량을 조절한다.

스프링클러란 무엇입니까?

스프링클러는 건물의 천장이나 벽에 부착되어 있는 자동 소화 장치로 스프링클러헤드의 금속이 화재의 열에 의해 녹아 뚜껑이 떨어져 나가면서 물이 화재가 난 곳에 분사되는 것을 말합니다. 또한 화재 경보를 울려줌으로써 화재통보와 소화가 자동적으로 실행됩니다.

TIP 스프링클러의 특징

① 고층 및 대형건물, 특수한 위험물 취급시설에 설치되어 사용하는 자동식 소화설비이다.
② 소방관의 진화가 어려운 고층 및 대형빌딩 화재에서 사용되며 화재방호가 크게 향상되었다.
③ 화재를 자체적으로 감지하여 경보를 발하고, 화재발생지역에 제한되게 물을 살포하여 초기 화재를 진화하고 인명·재산 피해를 줄인다.
④ 시설이 복잡하므로 초기시설비용이 많이 들어간다.

스프링클러의 종류를 말해보시오.

습식, 건식, 준비작동식, 일제살수식입니다.
① 습식 : 배관 내부의 물이 화재발생 지역의 스프링클러 헤드를 개방하여 소화합니다.
② 건식 : 배관 내에 압축공기, 질소 등이 방출되고 스프링클러 헤드에서 물이 방수됩니다.
③ 준비작동식 : 배관에 공기, 압축공기가 채워져 있는데 화재발생 시 화재탐지설비가 동작하여, 가압된 물을 배관으로 보내고 스프링클러가 개방되면 물이 살포됩니다.
④ 일제살수식 : 스크링클러 헤드를 개방형으로 설치해 화재 발생 시 물이 살포됩니다.

TIP 스프링클러 헤드의 개방형, 폐쇄형

① 개방형(특수한 장소에 설치) : 일제살수식
② 폐쇄형(일반적 장소에 설치) : 습식, 건식, 준비작동식

능동적 피난시설과 수동적 피난시설의 특징을 말해보시오.

능동적 피난시설은 안전한 피난과 피난경로 확보, 화재진압과 구조의 원활한 수행을 목적으로 하며 피난기구, 유도등·유도표지·비상조명 등이 있습니다.
수동적 피난시설은 피난계단, 옥외피난계단, 계단, 복도, 비상탈출구 등이 있습니다. 피난동선은 출구, 계단, 옥외출구, 소화에 필요한 통로로 연결되도록 합니다.

TIP 피난기구의 종류

① 피난교 : 화재 시 건물의 옥상층이나 다른 층에서 다른 건물로 이동하기 위한 다리
② 피난용 트랩 : 지하층에서 건물 밖으로 탈출하기 위한 피난기구, 사다리와 비슷
③ 구조대 : 3층 이상의 발코니, 창 등에 설치하며 포대 형태로 내부에 사람이 미끄러져 탈출
④ 완강기 : 사람 무게를 이용하여 1초에 1.5미터를 내려올 수 있는 기구
⑤ 피난사다리 : 창문 등에 설치하여 화재가 발생하면 인명대피 활동에 사용
⑥ 미끄럼대 : 노약자·어린이·장애인의 탈출이 쉽도록 도와주는 기구

제연방식에는 무엇이 있는가?

기계제연방식, 밀폐제연방식, 스모크타워제연방식, 자연제연방식이 쓰입니다.

TIP 제연방식

① 기계식제연방식 : 송풍기 및 배풍기를 사용하여 실내 연기를 강제로 옥외 배출시키는 방식이다. 가장 많이 사용하는 방식이지만 시스템이 복잡하고 유지·관리가 어려운 단점을 가진다.

② 밀폐제연방식 : 밀폐도가 많은 벽·개구부를 밀폐하고 외부 공기유입을 차단시켜 실내의 연기를 배출시키는 방식이다. 공동주택, 호텔 등 밀폐구역이 작은 건축물에 적합하다.

③ 스모크타워제연방식 : 건물 외부의 루프모니터를 사용하여 제연하는 방식이다. 주로 고층빌딩에 적합하다. 창살이나 넓은 유리창이 달린 지붕 위의 원형 구조물이다.

④ 자연제연방식 : 연소 시 생성한 열기류의 부력이나 외부바람의 흡출효과에 의해 구획된 실의 상부에 설치된 창 또는 배연구로부터 연기를 외부로 배출시키는 방식이다.

PART

06

인성면접

인성면접 특징

CHAPTER 01

인성면접의 정의와 특징과 함께 직접 답변을 써볼 수 있습니다.

Section 01 | 정의

(1) 개념

인성면접은 면접시험 전에 작성했던 사전조사표와 종합적성검사 결과를 기반으로 질문을 한다. 이에 따라 조직 적합도와 직무에 필요한 가치·동기·태도·성인지 감수성 등 검증한다. 최대한 솔직히 작성한 종합적성 결과를 기반으로 보는 것으로 종합적성결과에서 솔직한 답변을 하는 것이 중요하고, 자기인식이 얼마나 잘 되어있는가, 자기노력을 얼마나 하고 있는지를 주요하게 평가하는 면접이다.

(2) 특징

① 응시자의 가치관, 목표, 업무에 임할 때의 태도, 성인지 감수성 등을 평가하여 응시자가 어떠한 생각을 가지고 삶을 살아가고 있는가에 대한 기준을 확인하는 질문을 한다.

② 소방공무원의 특수성을 반영하여 면접에 임하여야 한다. 재난현장에서의 태도, 협업능력, 감정조절능력, 공공의식, 봉사정신 등을 전방위로 확인하고자 한다.

③ 목숨을 걸고 현장에서 일하는 직무이므로 현장을 중심으로 사고하는가를 주요하게 평가한다.

④ 극단적 상황에서 침착할 수 있는가를 확인하기 위해서 감정조절능력과 스트레스에 내성이 있는가를 주요하게 확인한다.

⑤ 공공을 위해 봉사하는 직무인 소방은 국민의 안전과 생명을 지키는 사명감을 중요시 확인한다.

Section 02 | 답변요령

① **소방공무원으로서의 공직관** : 소방은 특수성을 가지고 있는 공무에 해당한다. 봉사정신과 사명감이 중요하다. 목숨을 걸고 현장에 뛰어드는 업무이므로 실제 상황에 어떻게 대처하는지, 국민의 생명과 안전을 지키기 위한 사명감을 설명한다.

② **협업능력** : 혼자서 일하는 곳이 아니라 함께 일하는 곳이다. 그러므로 자기중심적이거나 고집이 있는 사람은 탈락가능성이 높다. 갈등을 조율하고 의견이 다른 사람과 어떻게 협동하였는지를 표현하는 것이 좋다.

③ **침착성 및 책임감** : 면접장이라는 긴장된 상황에서도 차분하게 말하며 표정과 목소리도 일관되며 안정되게 말하면서 감정조절능력이 있다는 것을 보여주어야 한다. 또한 사소한 일이라도 내게 주어진 책임은 끝까지 책임지겠다는 태도를 보여주어야 한다.

Section 03 | 빈출질문 답변 써보기

다음과 같은 상황에서 어떻게 대처하겠는가?

긴급한 구조 활동을 하러 나가서 도로에 주차를 한 구급차로 시민불편이 접수되었다. 시민은 구조를 마치고 온 당신에게 격렬하게 항의하고 있다. 상사는 그에게 공무 중이었음을 설명하고 오라고 했다. 하지만 시민은 설명하였음에도 항의가 격렬하다

답변 :

다음과 같은 상황에서 어떻게 대처하겠는가?

화재 현장에서 구조 임무를 수행 중인데, 구조 대상자가 '반려동물도 꼭 데리고 나가달라'며 눈물로 호소하고 있다. 하지만 현장 상황은 급박하고 연기와 불길로 인해 추가 진입이 위험하다. 상사는 '우선 사람부터 구출하자'고 지시했고, 대상자는 '그럴 거면 나도 못 나간다.'며 저항하고 있다.

답변 :

다음과 같은 상황에서 어떻게 대처하겠는가?

동료 대원 한 명이 반복적으로 팀 훈련에 성실히 참여하지 않고, 준비도 미흡한 상태로 출동에 나선다. 당신은 몇 차례 조용히 조언했지만 변화가 없고, 현장에서도 반복된 실수로 팀 전체가 위험에 처할 뻔했다. 이 상황을 계속 두고 보기엔 위험하지만, 팀 분위기와 관계도 걱정된다.

답변 :

다음과 같은 상황에서 어떻게 대처하겠는가?

> 당신이 현장 지휘관으로 투입된 재난 상황에서, 한 시민이 '왜 우리 지역엔 이렇게 늦게 왔냐'며 고성과 욕설을 퍼붓는다. 현장에는 다수의 부상자와 불안해진 시민들이 있어 상황 통제가 필요하다. 동료 대원은 '무시하고 일부터 합시다.'라고 했지만 시민의 항의는 점점 더 거칠어진다.

답변 :

다음과 같은 상황에서 당신의 선택과 구체적인 이유를 기술하시오.

화재 현장에서 노인 1명과 어린아이 3명이 서로 다른 방에 갇혀 있다. 산소가 부족해 모두 구조하긴 어려운 상황이다. 동료는 노인은 거동이 불편하니 먼저 가자고 말하고, 다른 대원은 아이들이 많으니 아이부터 가야 한다고 주장한다. 현장 지휘는 당신에게 맡겨진 경우 누구를 먼저 구할 것인가?

답변 :

다음과 같은 상황에서 어떻게 행동할 것인지 구체적으로 기술하시오.

교통사고 현장에서 심정지 환자가 발생했다. 구급 지침에 따라 CPR을 우선 시행해야 한다. 하지만 그 환자는 당신 가족과 가까운 사이이고, 현장을 목격한 유족이 오열하면서 당신에게 환자를 살려달라고 애원하고 있다. 현장을 통제해야 할 당신은 감정적으로도 동요되고 있다.

답변 :

다음과 같은 상황에서 시민과 동료 사이에서 어떻게 대처하시겠습니까?

화재 진압 중 동료가 부주의로 소형 폭발을 유발했지만 다친 사람은 없었다. 현장에 있던 시민은 이 장면을 영상으로 찍고 언론에 제보하겠다며 항의한다. 동료는 본인들의 업무상 잘못을 인정하며 나중에 조용히 사과하자고 말하고 있다.

답변 :

목표를 위해서 노력했으나 상황이 좌절되었을 때 얻었던 교훈에 대해서 구체적으로 기술하시오.

답변 :

동료와 갈등을 겪었던 경험과 어떻게 해결하였는지 설명하고 그때의 판단에 따른 결과도 구체적으로 기술하시오.

답변 :

공동체 생활을 하면서 가장 스트레스를 받았던 경험을 구체적으로 기술하시오.

답변 :

조직에서 의견차이로 인해서 화합에 실패했던 경험을 구체적으로 기술하시오.

답변 :

02 인성면접 답변

CHAPTER

면접 질문과 함께 답변을 직접 작성할 수 있습니다.

Section 01 | 인성면접 답변 TIP

① 미리 사전조사서에서 작성했던 내용을 복기하며 그에 따른 꼬리질문으로 무엇이 나올지를 정리해둔다.

② 답변을 작성하면서 핵심적으로 기억해두고 있어야 하는 사항을 정리해둔다.

③ 공직관, 협업능력, 침착성, 책임감에 대한 주요한 요소를 잘 기억하고 그에 따라 답변을 한다.

Section 02 | 평정요소별 질문

01 소방공무원으로서의 공직관

공무원의 8대 의무와 4대 금지규약을 말해보시오.

① 공무원의 8대 의무 : 성실의 의무, 복종의 의무, 친절·공정의 의무, 비밀엄수의 의무, 청렴의 의무, 품위 유지의 의무, 종교 중립의 의무, 선서 의무입니다.

② 공무원의 4대 금지 : 직장이탈 금지, 영리 업무 및 겸직 금지, 정치 운동의 금지, 집단 행위의 금지입니다.

공직자의 삶에 대해 자신의 생각을 말해보십시오.

① 개인이 더욱 중요해지는 사회분위기지만 공익을 위해 움직여야하는 공직자는 국가와 국민에 봉사하는 마음을 가지고, 선후배 동료 간 서로 존중하고 배려하는 마음으로 복무하여 조직의 단합을 이루어야 합니다.

② 일반인들 보다 공직자는 본인이 속한 조직과 주변 사회에 더 큰 영향을 미칠 수 있습니다. 따라서 공직자는 신분에 대한 책임감을 가지고 모범적인 업무태도와 삶을 살 수 있도록 노력해야 합니다.

소방공무원으로서 특별히 요구되는 윤리는 무엇이라고 생각합니까?

① 소방관은 화재 및 기타 자연재해로부터 국민의 생명과 자산을 보호하는 역할을 합니다. 그러므로 소방관에게는 자신이 맡은 일을 책임지고 완수해 내는 책임감과 사명감이 중요하다고 생각합니다.

② 제가 생각하는 소방관의 주 임무는 화재예방 및 화재진압이라고 생각합니다. 타인의 목숨을 구하기 위해서 자신이 위태로워지거나 목숨을 잃는 경우도 생깁니다. 이런 상황에서 자기의 임무를 다할 수 있는 자기희생정신이 필요하다고 생각합니다.

소방관에게 중요한 덕목이란 무엇인가?

저는 소방공무원에게 가장 중요한 덕목은 침착함이라고 생각합니다. 현장에서 상황은 시시각각 변하고, 작은 판단 실수도 치명적인 결과를 낳을 수 있기 때문입니다. 특히 시민들이 불안해할 때, 대원이 감정적으로 휘말리기보다는 차분하게 대응하며 신뢰를 주는 것이 중요하다고 생각합니다. 그래서 저는 평소에도 긴장된 상황에서 숨을 고르고 우선순위를 정하는 훈련을 해왔고, 실제 위기 상황에서도 빠르게 판단하고 침착하게 움직일 수 있도록 준비하고 있습니다.

소방조직에서 성인지 감수성이 왜 중요하다고 생각하십니까?

소방조직은 다양한 성별, 연령, 배경을 가진 대원들이 한 팀으로 움직이는 조직입니다. 특히 현장은 긴박하고 물리적인 접촉이 많기 때문에, 무의식적인 언행이나 행동이 성적 불쾌감을 줄 수 있는 환경이기도 합니다. 성인지 감수성은 단순히 예의를 지키는 수준을 넘어서, 상대방의 입장에서 생각하고 배려하며, 불편함을 사전에 방지하는 조직 문화를 만들기 위한 핵심 역량이라고 생각합니다.

소방관에게 필요한 역량을 말해보시오.

역량은 현장상황이 매번 다르게 발생하기 때문에 경험이 부족한 상태에서는 백퍼센트 드러나기 힘들다고 생각합니다. 소방시설 및 관련법령, 기초체력 등 평상시 꾸준히 다져놓는다면 업무에 투입됐을 경우 충분히 발휘할 수 있으며 이후 경력이 쌓인다면 더 빛을 발할 것이라고 생각합니다.

소방관에게 필요한 자질이 무엇이 있는가?

① 화재현장 활동에서 적극적으로 임할 수 있는 체력을 필요합니다. 또한 화재진압기술을 끊임없이 숙달해야 하며 시민과 동료를 구하기 위해 항상 적극적으로 임하는 자세가 필요하다고 생각합니다.
② 소방관의 자질과 덕목은 평소 남을 돕거나 봉사정신이 뛰어난 것에서 나아가 본인이 힘든 상황에서도 타인을 생각할 수 있는 마음가짐이 있어야 합니다.

소방관이 되면 어떤 자세로 임하겠습니까?

① 주어진 직책에 어쩔 수 없는 의무감으로 수행하는 것이 아닌 내 일, 내 가족처럼 국민에게 헌신적으로 봉사하고 노력해 국가의 안녕을 위해 노력하겠습니다.
② 모든 일에 적극적으로 수행하며 위험한 상황에서도 동료를 믿고 나만이 할 수 있는 일이라는 사명감으로 일하고 싶습니다.

왜 소방관이 되려고 하는가?

평소 위급한 상황에 빠진 사람을 도와주고 싶다는 마음이 컸습니다. 특히 과거 가족 중 한 분이 구조 지연으로 인해 생명을 위협받은 경험이 있었고, 그때 소방관분들이 빠르게 대처해주시는 모습을 보고 깊은 인상을 받았습니다. 그때부터 저도 누군가의 생명을 지키는 일을 하고 싶다는 꿈을 갖게 됐습니다. 소방공무원은 체력, 기술뿐만 아니라 침착한 판단력과 공공에 대한 사명감이 필요한 직무라고 생각합니다.

불이익을 감수하더라도 원칙을 지켜야 하는 상황에 어떻게 하겠습니까?

소방공무원에게 가장 중요한 가치는 원칙과 신뢰라고 생각합니다. 업무 중에는 누구에게나 불이익이 따를 수 있는 순간이 있지만, 그럴수록 기준을 지키는 사람이 조직과 국민에게 신뢰를 줄 수 있다고 믿습니다. 불이익이 두려워 원칙을 무너뜨리면, 결과적으로는 더 큰 문제와 책임으로 돌아온다고 생각합니다. 과거에도 팀 활동에서 원칙에 맞지 않는 행동을 단호히 거절한 경험이 있고, 그로 인해 관계가 잠시 불편해졌지만 결국 팀 전체의 결과에는 긍정적인 영향을 줬습니다.

소방관의 비전에 대해 말해보시오.

급격한 기술 발전으로 많은 직업이 사라지는 현대사회에서 소방은 필수적으로 조직이라고 생각합니다. 자연재해와 질병 등에 맞서 과학으로 대처하기 어렵고 인력이 필요한 경우가 많기 때문입니다. 소방관은 국가에 꼭 필요한 일원이며 그만큼 직업에 대한 자부심도 충분히 느끼기 때문에 비전이 좋다고 생각합니다.

소방을 한단어로 표현한다면 무엇이라고 생각하는가?

공생입니다. 소방대원도 누군가의 가족이자 친구이기 때문에 무조건적인 희생이 아닌 요구조자와 함께 살아갈 수 있는 공생을 꾀하고 다 같이 안전하게 살 수 있는 사회를 만들기 위해 노력할 것입니다.

소방의 날은 언제입니까?

현재 소방의 날은 11월 9일로 화재신고 전화번호와 같아 인식이 쉬우며 경각심을 불러일으킵니다. 처음부터 소방의 날이 정해진 것은 아니었으며 월동기에 불조심 강조의 기간으로 설정되면서 운영되었습니다. 지역단위의 행사였던 소방의 날이 1963년 내무부 주관 하에 전국적으로 거행되면서 1991년 소방법 개정과 함께 소방의 날이 법정일로 정해졌습니다.

TIP 방재의 날은 매년 5월 25일 재해 예방에 대한 국민의식을 높이고 방재훈련을 추진하기 위하여 제정한 날이다.

소방공무원 직무와 유사하다고 느꼈던 과거 경험이 있습니까?

대학 시절 응급처치 자원봉사활동을 하며 실제로 실신한 시민을 목격한 적이 있습니다. 당시 당황하지 않고 주변 사람들과 함께 119를 부르고, 제가 알고 있던 기초 응급처치 지식을 바탕으로 상태를 체크하며 응급대원이 올 때까지 돕는 역할을 했습니다. 그 경험을 통해 위기 상황에서도 침착함과 정확한 판단이 얼마나 중요한지 체감했고, 내가 대응하지 않았다면 더 위험해졌을 수 있었겠다는 생각에 소방공무원의 역할이 어떤 것인지 피부로 느꼈습니다.

PTSD(Post-traumatic Stress Disorder)란 무엇인가?

외상 후 스트레스 장애는 생명을 위협당할 정도의 정신적 외상으로 심한 스트레스를 겪음으로써 발생하는 신체·정신적인 증상을 말합니다.

소방공무원 외상 후 스트레스 증후군 관리방안을 말해보시오.

PTSD는 자신도 모르는 사이 내면에서 생겨나기 때문에 깊은 감정을 나눌 수 있는 사람들과 대화로 풀어야 한다고 생각합니다. 가족과 친구 등 주변사람들과의 인간관계가 더 가까울지 모르지만 소방조직만의 직업 특성상 업무로 인한 PTSD는 깊게 공감하기 어렵다는 점이 있습니다. 따라서 같은 환경, 업무, 경험을 하고 이겨낸 선배·후배들과 관련 대화를 나누고 감정을 공유하는 것이 큰 도움이 될 것 같습니다.

본인은 순직할 수 있다고 생각하십니까?

① 네, 저는 시민과 동료를 위하여 순직할 수 있습니다. 따라서 항상 유사시에 대비하는 마음가짐을 가지고 있어야 한다고 생각합니다.
② 모두가 순직할 수 있다고 생각합니다. 하지만 역량에 따라 확률을 최대로 줄일 수 있다고 생각합니다.

순직한 소방관에 대하여 들은 적이 있는가? 느낀 점을 말해보시오.

존경심이 크게 듭니다. 나라면 과연 같은 상황에서 같은 선택을 할 수 있을지, 어떻게 하면 그러한 사명감을 가질 수 있는지 현장에서 부딪치며 선배들에게 많이 배우고 싶습니다.

First in Last out 이란 무엇인가?

'제일 먼저 들어가고 가장 늦게 나온다'는 뜻으로 소방관을 묘사할 때 사용하는 표현이라고 들었습니다. 남들이 두려워하는 일을 가장 선두로 들어가 제일 늦게 나오는 것이 소방관의 숙명이라고 생각합니다. 이렇게 가장 늦게 나올 수밖에 없는 이유는 한 사람이라도 구조해야 하며 남은 하나의 불씨도 정리해야 하기 때문이라고 생각합니다.

본인의 생활신조가 무엇인지 말해보십시오.

저의 생활신조는 "Carpe diem"으로 '현재를 즐겨라'입니다. 저는 걱정을 많이 하는 편이라 제 주장을 잘 펴지 못하고 나중에 후회하는 일이 많았습니다. 우연히 본 영화에서 현재를 즐기라고 하는 말을 듣고 제 모습을 돌아보게 되었습니다. 저는 과거를 후회하거나 미래를 걱정하면서 지금 순간을 허비하곤 했는데 그때 이후 지금 이 순간에 내가 할 수 있는 일에 최선을 다하자는 마음으로 지내고 있습니다.

사회봉사에 대해 어떻게 생각하십니까?

사회봉사라고 하면 상당히 거창하거나 돈이 많이 드는 일이라고 생각하시는 분들도 있는 것 같습니다. 하지만 제가 생각하는 사회봉사는 남을 위해서 할 수 있는 일을 하는 것이라고 생각합니다. 그래서 저는 헌혈을 주기적으로 합니다. 저의 피가 누군가에게 도움이 될 수 있다고 생각하면 뿌듯합니다.

나의 인생을 바꾼 책이 있다면 말해보시오.

루스 베네딕트의 '국화와 칼'이라는 책을 읽었습니다. 저희는 일본과 지리·역사적으로 매우 가까운 나라임에도 불구하고 일본의 객관적인 모습을 알 수 없습니다. 그러나 이 책은 서양인의 시선에서 동양인을 바라보고 있어 일본에 대해 지극히 객관적인 시각으로 서술하고 있습니다. 저는 이 책을 통해 그동안 일본에 대해 알고 있었던 것과는 다른 모습을 볼 수 있었고, 이를 통해 제가 다른 사람에게 가지는 선입견을 조금이나마 없앨 수 있는 계기가 되었습니다.

터널 안에 요구조자가 있는데 현재 본인은 휴가 중인 소방관이다. 어떻게 대처할 것인가? 가족들이 요구조자를 구하지 말라고 할 경우에도 구할 것인가?

초기 상황이 심하지 않고 장비 없이 구조가 가능한 상태라면 바로 들어가겠습니다. 평소에 가족들에게 직업에 대한 충분한 이해와 사명감을 드러낼 것이며 위급상황 시에도 확신을 준 뒤에 들어갈 것입니다.

출동을 했는데 동료 구급대원이 폭행당하는 것을 목격하였다. 어떻게 할 것인가?

소방공무원 특성상 민원인에게 힘을 가해 저지하는 것에는 한계가 있다고 생각합니다. 하지만 폭행을 당하는 등 급박한 경우에는 최대한 상대가 다치지 않도록 주변사람들의 도움을 받아 저지하겠습니다. 또한, 경찰 인계전까지 안전확보를 위해 거리를 둘 것입니다.

자신의 동네에 불이 났을 경우 소방공무원이 아닌 당신은 무엇을 하겠습니까?

우선 소방서에 화재 신고를 하과 동네 주민들을 깨워 대피할 수 있도록 하겠습니다. 이후 소방관들의 지시에 따라 행동하여 시민으로서 할 수 있는 일을 찾아 화재 진압을 돕겠습니다.

구조작업 중 본인과 동료가 위험에 처한 상태에서 한 명만 살 수 있다면, 어떻게 하겠는가?

처한 상황에 따라 확률이 높은 쪽을 선택할 것입니다. 서로를 구하다 모두 위험해지는 것보다는 한 명이라도 살 확률이 더 높은 쪽을 선택하여 행동할 것입니다.

주위 사람들이 일부 소방공무원의 부적절한 응급상황 대처를 비난한다면 어떻게 대처할 것입니까?

① 매뉴얼대로 대처하였음을 알리며 응급환자를 이송하는데 주력합니다. 인명 구조가 최우선이므로 정식으로 민원이 제기되었을 경우 대처하도록 합니다.

② 현장사고·실수 등으로 부득이한 경우였다면 최선을 다했지만 일어난 일이라고 설득할 것입니다. 하지만 업무태만 등으로 일어난 일이라면 현 사항에 대해 옹호하기는 힘들겠지만 소방조직 전체가 비난 받는 일이 없도록 이해시키겠습니다.

어디까지 승진하고 싶습니까?

지금은 합격하는 것이 최우선이라는 생각에 진급이라는 것은 생각을 못했습니다. 승진은 일의 결과로서 뒤따라오는 것이라고 생각하므로 열심히 노력해서 최선을 다하겠습니다.

02 협업능력

당신은 친구가 얼마나 있습니까?

정말 친한 친구 세 명이 있습니다. 이 세 명의 친구는 초등학교 친구들입니다. 모두 성격이 다르지만 서로를 위하고 아끼는 마음은 같습니다. 명절에 불가피하고 국내를 떠나야 하는 상황이 있었습니다. 국내에 남아서 쓸쓸하게 보내실 부모님이 걱정되었지만 친구들이 명절에 저 대신 아버지와 벌초를 하고 평소에도 자주 방문했다는 말을 듣고 가족 같은 친구들의 소중함을 새삼 다시 깨닫게 되었습니다.

다른 사람과 견해차이가 있을 경우, 어떻게 이겨냈는가?

모든 사람이 다 같은 생각을 가질 수 없으므로 상대방의 이야기를 먼저 듣는 것이 중요하다고 생각합니다. 무조건 저의 생각이 옳은 것은 아니라고 생각합니다. 하지만 상대방의 이야기를 충분히 들어본 후, 정말 부당하다는 부분에 대하여 다시 생각하고 정리하여 제 의견을 피력할 것입니다.

함께 준비한 친구가 본인보다 성적이 좋지 않지만 합격한다면 어떻게 할 것인가?

속은 많이 상하겠지만, 제가 모르는 다른 부분에서 그 친구의 뛰어난 능력이 다른 분들의 눈에 띄었을 것이라고 생각합니다.

주위사람들은 나를 어떤 사람이라고 평가하는가?

사람들은 '행동으로 실천하는 사람'이라고 말합니다. 도움을 요청하지 않아도 다른 이들에게 도움을 주려고 먼저 다가갔습니다. 친구들은 굳이 왜냐고 하지만 해외여행을 다니면서 낯선 이들에게 도움을 받았던 기억을 계기로 제가 필요로 하는 곳에 언제든지 도움이 되어야 한다는 생각입니다. 따라서 주변인에게 행동이 앞서는 사람이라는 평가를 받는 것 같습니다.

자신보다 타인을 먼저 배려했던 상황이 있나요?

학창시절 조별과제 발표 전날, 팀원이 갑자기 가족사로 인해 발표를 못 하겠다고 했습니다. 원래 역할 분담상 그 친구가 맡기로 했던 발표였지만, 상황을 듣고 무조건적으로 책임을 묻기보다는 제가 대신 발표를 준비하겠다고 나섰고, 밤을 새워 내용을 정리해 다음 날 무사히 마쳤습니다. 개인적으로는 힘든 상황이었지만, 팀 전체의 결과와 팀원의 상황을 함께 고려한 선택이었고, 결국 그 친구도 고맙다며 나중에 더 적극적으로 참여해줬습니다. 그때 나보다 우리를 우선하는 태도의 중요함을 배웠고, 소방조직처럼 협업이 중요한 환경에서도 이런 마음가짐을 유지하려고 합니다.

동료와 의견이 충돌할 때 어떻게 대처하겠습니까?

동료와 의견이 충돌하는 상황은 누구와 함께 일하든 발생할 수 있는 일이라고 생각합니다. 그럴 때 저는 상대의 입장을 먼저 듣고, 왜 그런 판단을 했는지 이해하려는 태도를 중요하게 여깁니다. 내 생각이 더 옳다고 주장하기보다는, 상황의 목적이나 팀 전체의 목표가 무엇인지에 기준을 맞춰 대화하려 합니다. 이전에도 협업 프로젝트 중 업무 분담 방식으로 충돌이 있었지만, 서로 충분히 대화하고 타협점을 찾은 덕분에 오히려 팀워크가 더 단단해졌던 경험이 있습니다. 소방 조직은 개인보다 팀 전체의 판단과 조율이 더 중요한 직무라고 생각하기 때문에, 앞으로도 경청과 존중을 바탕으로 조율하는 태도를 유지하며 협력하겠습니다.

당신보다 능력이 부족한 동료와 팀을 이뤄야 한다면 어떻게 하시겠습니까?

현장에서 함께 일하다 보면 동료 간의 역량 차이는 어느 정도 존재할 수 있다고 생각합니다. 하지만 소방조직은 개인의 역량보다 팀워크와 협력이 훨씬 더 중요한 조직이라고 생각합니다. 제가 동료보다 경험이나 이해도가 더 앞서 있다고 느껴진다면, 그걸 지적하거나 비판하기보다는 상대가 더 편안하게 따라올 수 있도록 도와주는 역할을 하겠습니다. 누군가가 뒤처질 때 손을 내밀어 끌어주는 태도가 팀 전체의 성과를 높인다고 믿고 있고, 그런 과정을 통해 저 또한 배울 것이 많다고 생각합니다.

본인의 실수로 팀 전체가 피해를 본 상황이 있다면 어떻게 책임지시겠습니까?

만약 제 실수로 팀 전체에 피해가 생겼다면, 먼저 실수를 인정하고 책임을 회피하지 않겠습니다. 실수가 확인된 순간 빠르게 상황을 정리하고, 피해를 최소화할 수 있도록 후속 대응에 집중할 것입니다. 그 과정에서 동료들에게 진심으로 사과하고, 업무가 다시 원활히 돌아갈 수 있도록 필요한 뒷수습이나 추가 업무도 자청하겠습니다. 무엇보다 중요한 건 실수를 통해 제가 무엇을 놓쳤고 왜 발생했는지를 분석하고, 동일한 상황이 반복되지 않도록 개인적·조직적 예방책을 마련하는 것이라고 생각합니다. 실수는 누구나 할 수 있지만, 책임을 다하는 태도가 결국 팀을 살리는 힘이라고 믿습니다.

상사의 의견이 부당하다고 생각되거나 자신의 주장과 다르다면 어떻게 하겠습니까?

상사가 지시한 명령이 부당하다고 느껴질 수 있으나 제가 신입이라 일에 대해 정확하게 파악하지 못하여 생기는 오해일 수도 있습니다. 그렇기 때문에 우선 그 명령을 따르고 저의 의견을 다시 한 번 검토해 보겠습니다. 그런 후에도 부당하다는 생각이 든다면, 저의 생각을 정리하여 제시하겠습니다.

현장에 나가면 긴급한 순간에 강압적인 명령들을 받는 경우가 있다. 이 경우 어떻게 대처할 것인가?

위법한 지시가 아닐 경우에는 상사의 명령에 우선 따르겠습니다. 하지만 이렇게 부당한 지시가 반복이 될 경우 따로 만나 말씀드리겠습니다. 또한, 이같은 일이 반복될 경우 믿을 수 있는 다른 상사에게 상담을 요청할 것입니다.

현장에서 동료가 성차별적 발언을 했을 때 어떻게 대처하시겠습니까?

소방 현장은 신속하고 정확한 대응을 위해 서로 간의 신뢰가 중요합니다. 그래서 저는 누군가가 성차별적 발언을 했을 때 즉각적으로 감정적으로 대응하기보다는, 해당 발언이 상대에게 불편하게 느껴질 수 있다는 점을 조심스럽게 지적하겠습니다. 대화가 가능한 분위기라면 직접 조언하고, 반복되거나 문제가 심각한 경우에는 적절한 경로(팀장, 고충처리 채널 등)를 통해 문제를 공유해 재발을 막는 방법을 택하겠습니다. 저는 조직 내 소통과 조율이 중요하다고 믿고 있으며, 작은 농담도 누군가에겐 상처가 될 수 있다는 감수성을 잃지 않겠습니다.

타인의 고통이나 감정에 공감하며 행동한 적이 있다면요?

아르바이트 시절, 한 고객이 눈에 띄게 지쳐 보이고 목소리에도 힘이 없었습니다. 단순히 주문만 처리하는 게 아니라, 따뜻한 말 한마디를 건네며 괜찮으신지 조심스럽게 여쭤봤고, 그 고객이 누가 이렇게 물어봐 준 건 처음이라며 눈물을 흘린 적이 있습니다. 그 이후 저는 작은 관심과 공감도 누군가에게는 큰 위로가 될 수 있다는 걸 느꼈고, 사람을 대할 때 표정이나 말투 같은 비언어적인 부분에도 더욱 신경 쓰게 되었습니다.

자신보다 팀의 이익을 우선했던 경험이 있다면 말씀해보세요.

대학교에서 팀 프로젝트를 진행할 때, 발표 역할을 두고 의견이 나뉘었습니다. 저는 발표 경험이 많아 처음에 맡기로 했지만, 발표에 도전해보고 싶다는 팀원이 있었습니다. 그 친구는 처음이라 부담스러워하면서도 성장하고 싶다는 의지가 있었고, 저는 팀 전체의 발전과 분위기를 고려해 발표를 양보했습니다. 대신 발표 자료 구성과 리허설 준비를 제가 철저히 도와줬고, 그 결과 발표도 성공적으로 마무리됐으며 팀원 간의 신뢰도 높아졌습니다. 그때 팀의 이익이 곧 나의 성과라는 것을 몸으로 느꼈습니다.

팀의 목표를 위해 본인의 의견을 양보한 경험이 있나요?

대학교에서 토론 주제를 정하는 과정에서, 저는 현실적인 이슈를 다루자고 주장했고 다른 팀원은 철학적인 주제를 원했습니다. 저는 처음엔 제 의견이 더 효과적이라 생각했지만, 여러 명이 그 주제에 흥미를 느끼고 더 적극적으로 참여하려는 분위기를 보면서 내용보다 팀의 몰입도가 더 중요하다는 판단을 내렸습니다. 결국 제 의견을 양보하고 다수 의견을 따르기로 했고, 대신 저는 전체 발표 구성을 정리하고 자료 조사에 적극적으로 참여하며 팀에 기여했습니다. 그 결과 팀원들이 모두 주도적으로 참여해 발표 결과도 좋았고, 무엇보다 서로를 더 신뢰하게 되는 계기가 됐습니다. 그 경험을 통해 협업에서 중요한 건 옳고 그름보다 함께의 방향성이라는 걸 느꼈습니다.

당신의 친한 동료가 내부고발을 하려고 한다. 내부고발을 할 경우 혼란이 예상되는 상황에 당신이라면 동료와 함께 내부고발을 할 것인가? 아니면 어떠한 발언도 하지 않은 채 조용히 있을 것입니까?

원인을 정확히 알아보고 내부고발을 당하는 당사자와 고발자 간의 소통을 권할 것입니다. 고발 당사자가 의사소통의 의지가 없고 해결 기미가 보이지 않는다면 주변 선후배에게 상담을 요청하겠습니다. 하지만, 그 후에도 해결이 어렵다면 고발을 막을 순 없을 것 같습니다.

03 침착성 및 책임감

그동안 해 온 운동이 있다면 말해보시오.

운동을 좋아하기 때문에 헬스와 수영을 꾸준히 했습니다. 공부를 하다가 막히거나 힘들 때에는 운동하러 갔습니다. 운동을 하고 나면 다시 집중이 잘 되고, 복잡했던 마음이 정리가 됩니다.

휴일에는 주로 무엇을 하면서 보내는가?

저는 주로 휴일에 대청소를 합니다. 이렇게 주말에 대청소를 하고 푹 쉬면 마음도 편안하고 피로도 풀려서 다음 한 주를 새로운 기분으로 맞이할 수 있습니다.

소방공무원 준비하면서 어려웠던 점이 무엇인가?

가장 힘들었던 점은 인간관계였습니다. 수험기간 중 지인들을 만나고 싶었던 유혹은 수험생활 중 두 가지 명언으로 극복했습니다. '더딘 것을 염려하지 말고 포기할 것을 염려하라', '인생은 가까이서 보면 비극이지만 멀리서 보면 희극이다' 이를 마음속에 새겨두었으며 매순간 유혹 때문에 인생을 바꿀 수 있는 회를 놓치지 않기 위해 열심히 공부하였습니다.

스트레스 해소법이 있다면 말해보시오.

퍼즐 맞추기로 스트레스를 해소합니다. 하나하나 딱 맞아 떨어지게 들어가는 퍼즐을 볼 때 마음이 편안해지며, 완성이 될 경우 성공했다는 작은 성취감으로 스트레스가 풀립니다.

학창시절 아르바이트를 해 본 경험에 대해 말해보시오.

편의점 아르바이트를 한 적이 있습니다. 쉽게만 생각했었는데 사람을 직접 상대한다는 것이 쉬운 일이 아니었습니다. 술을 마시고 난동을 부리는 취객, 무시하는 손님, 그리고 술·담배를 사려는 미성년자들을 설득하는 것이 가장 힘들었습니다. 이를 계기로 사람을 상대하는 부분에서 쉽게 설득시킬 수 있다고 생각했습니다.

예상치 못한 상황에서 판단을 내렸던 경험이 있습니까?

학교 체육대회 운영 자원봉사 중, 경기 일정이 갑자기 엉켜 혼란이 생긴 상황이 있었습니다. 책임자가 부재한 상황에서 저는 참가자들에게 양해를 구한 뒤, 신속하게 순서를 재조정하고, 진행요원들과 역할을 나눠 자연스럽게 상황을 수습했습니다. 예상치 못한 상황에서도 침착하게 판단하고 주변과 협력해 해결한 경험이었고, 그 뒤로는 위기 상황에서 당황하지 않도록 우선순위를 파악하는 습관을 갖게 되었습니다.

업무 중 큰 실수를 했을 때 어떻게 대처하셨습니까?

인턴 근무 중 데이터 정리 과정에서 필수 항목을 누락해 전체 보고자료 오류가 발생한 적이 있습니다. 실수를 인지한 즉시 담당자에게 먼저 알리고, 수정 자료를 빠르게 재정리한 후, 보고 전까지 재검토를 요청하며 최종 책임을 졌습니다. 그 경험을 계기로 실수 자체보다 대응과 책임 태도가 더 중요하다는 걸 배웠고, 이후로는 매 작업 후 반드시 두 차례 이상 검토하는 습관을 들였습니다.

출동 도중 실수로 장비를 빠뜨렸다는 걸 깨달았다면 어떻게 대처하시겠습니까?

우선 현장의 상황과 긴급도에 따라 대처 우선순위를 판단하겠습니다. 만약 빠뜨린 장비가 필수 장비라면, 가장 가까운 팀에 지원을 요청하거나 대체 수단을 확보하겠습니다. 현장 안전에 지장이 없다면 신속히 회수하되, 보고는 즉시 하여 추후 재발 방지를 위한 점검 체계를 강화하겠습니다. 소방 업무는 실수보다 실수 이후의 대응과 책임 태도가 더 중요하다고 생각합니다.

어떤 일을 끝까지 책임지고 마무리했던 경험이 있습니까?

졸업작품 전시 준비를 맡았을 때, 중간에 팀원이 개인 사정으로 빠지면서 일이 두 배로 늘어났습니다. 저는 끝까지 책임지고 자료 정리, 세팅, 브리핑까지 모두 수행했고, 밤을 새며 준비한 끝에 전시를 무사히 마쳤습니다. 힘들었지만, 그 경험을 통해 맡은 일은 끝까지 해내는 것이 나에겐 자연스러운 태도라는 걸 확인할 수 있었습니다.

스스로 실수를 인정하고 해결했던 경험이 있다면 말해보세요.

과거 동아리 회계 업무를 맡았을 때, 소액의 지출을 잘못 기재한 것을 뒤늦게 발견했습니다. 저는 변명하지 않고 바로 인정한 뒤, 정정 자료를 만들고 회장단과 회의 후 투명하게 공유했습니다. 그 결과 오히려 신뢰를 얻었고, 이후 정산 체계를 엑셀 자동화로 개선하는 데까지 발전했습니다. 실수 자체보다 바로 인정하고 개선하려는 태도가 더 중요하다는 걸 알았습니다.

힘들었지만 포기하지 않고 끝까지 해낸 경험이 있나요?

자격증 공부를 병행하며 야간 아르바이트를 한 시기가 있었습니다. 육체적으로 매우 힘들었지만, 저는 매일 30분이라도 책을 펼치는 습관을 지키며 학습 흐름을 놓치지 않으려 했습니다. 결국 3개월 뒤 자격증에 합격했고, 그 과정에서 조금씩이라도 포기하지 않으면 결과는 따라온다는 것을 경험했습니다.

예상치 못한 문제가 발생했을 때, 침착하게 대처한 경험이 있나요?

아르바이트 중 기계 오류로 주문이 일시 정지되자, 고객이 항의하며 화를 내는 상황이 있었습니다. 저는 당황하지 않고 차분한 말투로 사과하고, 즉시 매니저 호출 및 수동 결제 대안을 제시했습니다. 그 고객은 결국 침착하게 응대해줘서 감사하다며 돌아가셨고, 그 일을 계기로 저는 위기일수록 감정보다 침착함이 가장 큰 힘이라는 걸 배웠습니다.

시간이 부족하거나 자원이 제한된 상황에서 해결책을 찾은 경험이 있습니까?

홍보 포스터 제작을 맡았을 때, 갑작스럽게 예산이 삭감되어 디자인 인쇄가 어려운 상황이 생겼습니다. 저는 디지털 게시물로 방향을 전환하고, SNS 홍보를 통해 더 넓은 타깃층에 노출되도록 전략을 바꿨습니다. 결국 예산보다 더 높은 홍보 효과를 얻었고, 자원이 부족할수록 창의적이고 유연한 사고가 중요하다는 걸 느꼈습니다.

PART

07

부록

01 소방상식

CHAPTER

출처 : 소방청(2025.5.22. 기준)

Section 01 | 소방청

소방 사무를 관장하는 대한민국 행정안전부 소속 외청이다.

Section 02 | 소방청 역할

육상재난의 총괄대응 책임기관으로서 안전한 대한민국, 국민이 안심하고 생활할 수 있는 대한민국을 만들기 위한 모든 역량을 집중해 나아간다.

Section 03 | 소방청 주요업무

① 소방정책 수립 및 조정
 ㉠ 소방업무 종합계획 수립, 소방력 기준 설정 및 운영
 ㉡ 소방공무원 인사 · 교육훈련, 복지 및 상훈제도 기획 · 운영
 ㉢ 지방소방관서 설치 및 지방소방행정에 대한 지도 · 감독
② 화재예방 및 소방시설 관련 제도 운영
 ㉠ 화재예방, 소방시설 설치 · 유지 및 안전관리 법령 제 · 개정
 ㉡ 국가화재안전기준 운영, 다중이용업소 · 초고층건물 안전관리
 ㉢ 소방대상물 화재예방대책 수립 및 소방특별조사
③ 화재진압 및 화재조사 기술개발
 ㉠ 화재진압기술 개발 · 보급, 화재경계 및 진압훈련 지도
 ㉡ 화재원인조사 · 분석 · 감식 및 소방특별사법경찰관리 운영
 ㉢ 위험물 안전관리 및 석유화학단지 사고예방 대책 수립
④ 긴급구조 역량 강화 및 구조 · 구급정책 기획 · 조정
 ㉠ 구조 · 구급제도 운영 및 정책 기획 · 조정
 ㉡ 긴급구조 역량 강화 및 통합적 대응체계 구축
 ㉢ 구조 · 구급대원 교육 · 훈련, 응급환자 대상 의료지도 · 상담
⑤ 소방산업 진흥 및 국민 생활안전 기반 강화
 ㉠ 소방시설업 및 소방기술자 지도 · 관리
 ㉡ 소방산업진흥 정책 개발 및 소방용품 형식승인
 ㉢ 생활안전사고 예방 · 대응, 대국민 소방안전교육 · 홍보

⑥ 소방장비 보급 및 항공구조구급 정책 개발
　　㉠ 소방장비 관련 제도 제ㆍ개정 및 관리체계 고도화
　　㉡ 소방장비 표준화 및 소방정보통신 체계 구축
　　㉢ 항공구조ㆍ구급 정책 개발 및 재난현장 헬기 통합운영

Section 04 | 소방 기구 변천사

① 조선~구한말
　　㉠ 1426 금화도감, 수성금화도감
　　㉡ 1481 수성금화사
　　㉢ 1925 경성소방서(현 종로소방서)

② 미군정시대(1946~1948)
　　㉠ **중앙** : 소방위원회(소방청)
　　㉡ **지방** : 도 소방위원회(지방소방청)
　　㉢ **시ㆍ읍ㆍ면** : 소방부

③ 내무부(치안국)
　　㉠ 정부수립 이후(1948~1975)
　　㉡ **중앙** : 내무부 치안국 소방과
　　㉢ **지방** : 경찰국 소방과, 소방서

④ 내무부(소방국)
　　㉠ **체제** : 서울ㆍ부산 자치소방
　　㉡ **기구** : 1975. 8. 내무부 소방국 설치
　　㉢ **신분** : 1978. 3. 소방공무원법 제정(1978. 7. 소방학교 설치)

⑤ 내무부ㆍ행정자치부(소방국)
　　㉠ 1992년 이후
　　㉡ **체제** : 시ㆍ도 책임으로 일원화
　　㉢ **기구** : 1992. 4. 시ㆍ도 소방본부 설치
　　㉣ **신분** : 시ㆍ도 지방직으로 전환(1995. 1.)

⑥ 소방방재청
　　㉠ 2004. 6. 1. 이후
　　㉡ **기구** : 2 국, 7 과, 2 소속기관, 18 시ㆍ도 소방본부
　　㉢ **신분** : 소방방재청(국가직), 시ㆍ도(지방직)

⑦ 국민안전처(중앙소방본부)
　　㉠ 2014. 11. 7. 정부조직법 개정안 통과

    ⓛ 기구 : 1 본부, 2 국, 8 과, 2 소속기관, 18 시·도 소방본부

    ⓒ 신분 : 중앙소방본부(국가직), 시·도(지방직)

⑧ 소방청

    ㉠ 2017. 7. 26. 정부조직법 개정안 (소방청 신설 내용) 통과

    ⓛ 기구 : 1 관 2 국, 14 담당관·과, 2 소속기관, 18 시·도 소방본부

    ⓒ 신분 : 소방청(국가직), 시·도(지방직)

⑨ 국가소방공무원

    ㉠ 기구 : 1관 2국 15과, 3소속기관, 18개 시도소방본부

    ⓛ 신분 : 국가직

Section 05 | 소방청 상징

① 심벌 : 주위를 예방·경계하다가 사고가 발생하면 새매처럼 신속하게 날아가 소중한 인명을 구하고 힘차게 비상하는 소방청을 상징한다.

새매	우리나라 전통 텃새로서 천연기념물로 지정. 예방과 경계·용맹 상징
방수모	완전한 안전 상징
무궁화	소방청의 대표성 상징
횃불	국민에게 희망을 전달하는 소방활동 상징
리본	소방청의 단합 상징
육각수	맑은 소방용수와 투명한 신념의 소방청 의미
관창	소방본부의 대표장비로 소방청의 정체성 상징

② 캐릭터 : 안전을 책임지는 안전 지킴이로 인간형 캐릭터는 국민을 위해 희생·봉사하는 영웅(Hero)을 의미하며, 통합 캐릭터는 영웅이로 여자 캐릭터는 영이, 남자 캐릭터는 웅이로 불린다. 또한 동물형 캐릭터는 119(일일구)와 119구조견이 합쳐진 단어로 일구로 불린다.

③ 슬로건 : '국민 곁에 준비된 든든한 119'이다. 국민안전 가치 실현을 위한 소방청책 추진의 실행력을 확보하기 위한 소방청 브랜드 슬로건이다. 국민 중심의 안전이 당연 시 되고, 당연 시 되는 안전에 일상의 안심(국민의 마음) 까지 배려하는 소방청 정책의지의 표현이다.

Section 06 | 핵심 추진과제

① 현장 중심의 실전적 대응역량 강화

    ㉠ 현장 중심의 재난대응체계

    ⓛ 119 시스템의 첨단·고도화

    ⓒ 신속·전문적 대응역량 강화

② 사회변화에 발맞춘 예방 정책
  ㉠ 新 산업 안전관리 제도화
  ㉡ 高 위험 시설 안전관리 강화
  ㉢ 국민 체감형 안전문화 조성

③ 소방장비의 첨단 · 고도화 및 소방산업 진흥
  ㉠ 소방장비 첨단 · 고도화
  ㉡ 체계적인 장비운용 · 관리
  ㉢ K-소방산업 발전 지원

④ 국민안전에 전념하는 조직문화 구현
  ㉠ 국민 안전에 전념하는 소방
  ㉡ 우수 소방인재 육성 · 관리
  ㉢ 국가 소방으로 단계적 발전

Section 07 | 핵심가치

명예, 신뢰, 헌신, 청렴

Section 08 | 2025년 지역 특성에 맞는 특수시책 활성화

① 서울 : AI 화재순찰로봇, 전통시장 화재안전관리
② 부산 : 미래전략형 팀 전술 시뮬레이터(TS) 훈련 도입
③ 경기 : 취약계층 위기 극복 「희망 나눔」 프로젝트
④ 대구 : 소방차 출동 취약지역 빅데이터 분석
⑤ 인천 · 세종 : 지하공간, 전기차 화재안전관리 강화
⑥ 울산 : 특수재난훈련센터 신설 운영
⑦ 강원 : 119출동알림서비스 시스템 구축
⑧ 충북 : 소방드론 활용, 재난현장 Mapping 체계 구축
⑨ 전북 : 우리아이 스마트 119구급서비스 운영
⑩ 전남 : 피난약자시설 「360° 영상」 모바일 시스템 구축
⑪ 경북 : 권역별 교육훈련센터 구축
⑫ 경남 : 다문화 가족 119안전체험의 날 운영
⑬ 광주 : IOT기반 스마트 소화전 전광판 실증사업
⑭ 대전 : 모바일앱 기반, 가까운 AED, 병 · 의원, 약국 조회
⑮ 제주 : 노후 공동주택 옥상피난설비 보급

02 소방이슈

출처 : 2050 소방미래비전보고서

Section 01 | 현장지휘관 AI 참모시스템

축적된 재난 및 소방활동 데이터와 현장정보를 연계하여 현장지휘관의 지휘활동을 체계적으로 보좌하는 것이다. 디지털 전환과 스마트 대응력 강화를 위해 도입되고 있다. AI 기반의 의사결정 지원 시스템으로, 소방현장의 지휘관이 보다 신속하고 정확한 판단을 내릴 수 있도록 화재 규모, 유해물질, 구조물 정보 등의 실시간 정보를 분석·제공해주는 기술 체계이다. 실시간 드론 영상 분석, 건물 구조도 자동 추출, 가스·전기 등과 같은 현장 위험요소 AI 식별, 출동 인력·장비 위치 추적 및 배치 제안 등이 있다.

Section 02 | 무인·지능화 장비(로봇) 활용

드론, 소방로봇 등 무인·지능화 소방장비를 활용하여 재난 대응의 안전성 및 효율성을 제고하는 것이다. 최근에 드론이 재난현장에서 많이 활용되고 있다. 드론을 통해서 화재규모, 화재의 확산 방향, 지역 수색활동에 활용되어 빠른 정보수집과 지휘관의 의사결정을 돕는다. 유럽연합의 경우는 초소형 실내 드론을 통해서 위험한 환경에서 소방대원이 요구조자 위치를 특정할 수 있도록 돕는다. 또한 궤도·바퀴형 무인소방로봇, 4족 보행 소방로봇 등이 있다. 소방로봇에는 현장배치 신속성, 원격 운용성, 이동성, 기민성, 물리적 강건성, 서비스의 신뢰성, 내구성과 경제성, 안전성 등의 핵심 성능이 있다.

Section 03 | 디지털 트윈 기반 재난대응 강화

현실 공간, 시설, 장비 등을 디지털 공간에 그대로 복제하고 그 안에서 시뮬레이션, 예측, 분석을 할 수 있도록 한 기술이다. 실제 재난이 발생하기 전에 다양한 상황을 가상으로 미리 실험하고 대응 방안을 준비할 수 있다. 건물 구조 기반으로 불길 확산 경로 예측, 대피 동선 최적화를 할 수 있다. 또한 실시간 교통·현장 정보를 반영하여 출동 전략을 세울 수 있다. 산업단지에서 유해물질이 유출되면 확산 범위를 미리 계산하여 대피 구역을 제시할 수 있다.

Section 04 | 소방공무원 정년제도

초고령 사회를 목전에 두고 인구변화를 통해 고령인구가 점차 늘어나고 있다. 화재 진압과 생명을 구하는 일이 주된 업무인 소방공무원은 인지능력, 기술능력, 신체능력이 필요하다. 2024년 국가인권위원회는 한국전력공사를 대상으로 만 65세가 되면 변전 전기원의 자격을 말소시키는 한국전력공사의 자격증 규정은 나이에 따른 차별이라며 해당 자격 규정을 삭제할 것을 권고했다. 이에 따라 소방의 정년연장도 고려해야 한다.

Section 05 | 119안심콜서비스

공공 및 민간의 인프라를 통합하여 1인 가구 위기상황 인지 및 대응을 위한 사회적 안전망을 구축해야 한다. 핵개인화 시대에 접어들면서 새로운 안전망 구축이 필요해졌다. 119안심콜서비스를 통해서 국민 누구나 위급 상황시 맞춤형으로 응급처치를 도와주는 119서비스를 시행하고 있다. 정보나 지자체 및 민간기관에서 핵개인 시대에 발맞춰 다양한 대책을 시행하고 있다. 사회적 인프라 통합으로 통일된 서비스 체계를 구축하는 것이 필요하다.

Section 06 | 소방 E-라키비움

소방 분야의 지식과 역사를 체계적으로 보존하고 활용하기 위해 구축된 디지털 기반의 복합문화정보시스템이다. 도서관(Library), 기록관(Archives), 박물관(Museum)의 기능을 통합한 라키비움(Larchiveum) 개념을 도입한 것이다. 소방 E-라키비움은 소방청이 소방 도서, 기록물, 정책자료, 역사적 유물 등을 디지털화하여 통합 관리하고, 이를 통해 소방 정책 연구와 교육, 대국민 서비스에 활용하기 위해 구축한 시스템이다. 소방의 과거와 현재를 연결하고 미래를 준비하는 데 중요한 역할을 한다. 정책 연구 지원, 교육 및 훈련 자료 제공, 대국민 서비스 강화 등의 목적이 있다.

Section 07 | IoT 지능형 소화전

사물인터넷(IoT) 활용하여 소화전의 상시 유지·관리체계를 확립하는 것이다. 2021년 12월 싱가포르 민방위청에서는 스마트 소화전 시범 프로젝트를 도입하였다. 이 소화전은 소방호수를 별도의 도구 없이 빠르게 연결하고 클라우드를 기반으로 실제 압력과 수류에 대한 경고를 자동으로 전송한다. 이러한 데이트는 수집되어 모니터링 되면서 소화전 점검에 필요한 인력과 시간을 절약할 수 있다. 화재 현장 도착 후 소화전을 썼는데 수압이 약하거나 고장으로 골든타임을 놓치는 것을 방지할 수 있다.

Section 08 | ZEV(Zero Emission Vehicle) 소방차량

운행중에 탄소, 질소산화물, 미세먼지 등의 오염물질을 배출하지 않는 전기차와 수소차를 기반으로 한 친환경 소방차량이다. 내연기관 대신 배터리 또는 수소 연료전지를 동력원으로 사용해 소방 출동 시에도 대기오염을 유발하지 않는다. 친환경 출동 인프라 확보하고 도시 소음과 공해를 저감할 수 있다.

가볍게! 빠르게! 확인하는 용어사전 시리즈

시사용어사전 | 경제용어사전 | 부동산용어사전

시사용어사전 1228

매일 접하는 각종 기사와 정보! 공기업/언론사/기업체/공무원 채용을 준비하는 수험생과

현대인이 꼭 알아야 할 최신 시사상식을 쏙쏙 뽑아 이해하기 쉽도록 영역별로 정리

경제용어사전 1050

주요 경제용어는 거의 다 실었다! 금융권/공기업/언론사/기업체/공무원 채용을 준비하기 전에,

경제 공부를 시작하기 전에 읽어보면 경제가 쉬워지도록 사전식으로 구성

부동산용어사전 1310

부동산에 대한 이해를 높이고 부동산의 개발과 활용, 투자 및 부동산 용어 학습에도

적극적으로 이용할 수 있는 교재, 공인중개사 출제용어도 수록